U0515750

本 研 究 得 到

国家社会科学基金资助

第二章　宋代青白瓷窑址分布的历史地理考察 ·············· 86
　第一节　宋代青白瓷窑址的分区 ······················· 86
　　一　长江中下游南岸沿江地区(A区) ················· 86
　　二　赣江流域(B区) ······························· 88
　　三　湘江流域(C区) ······························· 89
　　四　钱塘江流域(D区) ···························· 90
　　五　闽江、晋江流域等东南沿海地区(E区) ·········· 91
　　六　岭南地区(F区) ······························· 93
　第二节　宋代青白瓷窑址分布的时空变化 ··············· 94
　　一　五代至北宋早期:从白瓷生产到青白瓷的兴起 ······ 94
　　二　北宋中晚期到南宋早期:青白瓷烧造区域的扩大 ···· 98
　　三　南宋中晚期:青白瓷窑场分布格局的变化 ········· 103
　第三节　相关问题讨论 ······························· 107
　　一　繁昌窑:五代至北宋早期青白瓷的生产中心 ······· 107
　　二　景德镇:北宋中期以后青白瓷的生产中心 ········· 120
　小　结 ··· 121

第三章　宋代青白瓷的销售区域与运输线路 ·············· 127
　第一节　宋代青白瓷在大陆的出土情况 ················· 127
　　一　北宋早期:以州府城市为主要服务对象 ··········· 129
　　二　北宋中期:青白瓷分布范围的扩大 ··············· 131
　　三　北宋晚期:青白瓷生产和销售的高峰期 ··········· 133
　　四　南宋前期:青白瓷分布范围的收缩 ··············· 136
　　五　南宋后期:青白瓷分布区域的变化 ··············· 138
　第二节　宋代青白瓷的外销情况 ······················· 141
　　一　出土宋代青白瓷的国家和地区 ··················· 143
　　二　宋代青白瓷的外销港口和运输线路 ··············· 147
　小　结 ··· 153

目　录

绪　论 ……………………………………………………………… 1

　一　问题的缘起 ………………………………………………… 1

　二　研究史回顾 ………………………………………………… 4

　三　人文地理的相关概念与瓷业地理研究 ………………… 22

　四　本书的章节安排及主要内容 …………………………… 26

第一章　青白瓷起源的社会文化背景 ……………………… 36

　第一节　"南青北白"瓷业地理布局的形成 ……………… 38

　　一　白瓷在北方的创烧与发展 …………………………… 38

　　二　北方地区唐墓出土白瓷的增多与上层对白瓷的偏爱

　　　　……………………………………………………… 41

　第二节　北方白瓷在南方的传播与南方白瓷的创烧 ……… 48

　　一　中晚唐：南方地区出土白瓷的增多 ………………… 48

　　二　五代十国时期：白瓷在南方出现普及的趋势 ……… 50

　第三节　南方的白瓷生产与青白瓷的产生 ………………… 53

　　一　白瓷生产在南方的兴起 ……………………………… 53

　　二　青白瓷的技术来源 …………………………………… 55

　　三　早期白瓷与青白瓷生产的地域特点与原因 ………… 64

　　四　青白瓷出现年代的初步推断 ………………………… 67

　小　结 ………………………………………………………… 68

化研究层面,考古学家与历史地理学家的结合,有着天然的优势。当然,历史地理学所关注的区域内涵,还包含其他非物质的特性。

本书是对古代制瓷手工业考古遗存所做的地理学思考,书中选取宋代一类瓷器——青白瓷为主要对象,研究古代制瓷业中所包含的诸多历史地理问题,如青白瓷起源与发展带来的中国瓷业地理格局的改变,青白瓷烧造技术体现的北人南迁与文化传播,青白瓷窑系各窑场的选址与南方原有窑场的关系,以及青白瓷的流布所体现的区域经济文化交流。最后通过观察10世纪的皖南、鄂东和赣江流域的开发过程,试图说明青白瓷烧造在这一区域率先发生的历史背景。

瓷器的收藏与鉴赏越来越成为国人的需要,瓷器研究的文章可谓汗牛充栋。相比这种热闹,对古代制瓷手工业本身的研究则相对冷清。瓷器研究所投入的人力与物力,与这种研究对中国乃至世界的学术贡献并不成正比,其中多学科研究的欠缺是一个重要的原因。本书的写作,带着考古学与历史地理学对话的愿望。因为是一种尝试,盼望着学界同仁的批评指正。

　　在寻找古代瓷业遗存与地理学的结合点的过程中,在我的导师唐晓峰先生的引导下,注意到美国伯克利学派代表人物索尔的景观与文化过程理论。索尔认为,文化景观是某一文化群体利用自然环境的产物。文化是驱动力,自然区是媒介,而文化景观则是结果。由于文化本身随着时间的变化而变化,因而文化景观也会经历不同的发展阶段。但随着某种外来文化的介入,也会推动文化景观的更新,使某些新的文化附加在原有景观之上(Sauer,C. O 1925:The morphology of landscape. Reprinted in Leghly,J.,ed.,1974:Land and Life:selections from the writings of Carl Ortwin Sauer. Berkeley,CA:University of California Press,pp315—350)。

　　这样的景观定义很有启发,"景观"的概念不只是指自然风光,它也可以是人类依托大地所创造的一切成果,甚至是非物质文化的创造。它可以指山川河流,可以是雄伟的建筑,也可以指独特的区域瓷业技术系统。古代制瓷业的存在,属于一种文化景观,它依赖着环境,也改造着环境。它创造着文化,也记录着文化。从景观的角度观察制瓷业,不失为考古学与地理学结合的一个途径。

　　区域观察方法则可以成为考古学与地理学结合的另一个途径。瓷器在古代是一种手工艺品,不同区域的瓷器,因为原料的不同,有着各异的风格;又因技术系统的差异,留下了不同的窑具组合;不同的技术系统之间还因为人员往来或商品竞争会发生频繁的交流。瓷窑的选址既要考虑自然条件,如原料、水源与交通,又要考虑社会条件,如人口、市场和风俗。总之,制瓷业与区域存在着千丝万缕的联系,研究制瓷业,特别需要地理学的基本方法——区域观察方法。对于考古学者而言,区域观察方法其实并不陌生,考古研究中的两大基本任务是分期和分区,其中分区就是对考古实物所做的区域观察。在物质文者在 20 世纪 80 年代的统计,陶瓷考古发现的古代瓷窑遗址分布于我国 19 个省、市、自治区的 170 县,其中分布有宋窑的达 137 县,占总数的 75%(中国硅酸盐学会主编:《中国陶瓷史》,北京:文物出版社,1987 年,第 228—229 页)。另有学者统计,截止 1990 年,已知中国古代窑址达 2270 处,窑炉遗迹 6100 多座(熊海堂:《东亚窑业技术发展与交流史研究》,南京:南京大学出版社,第 150 页)。每一处瓷业遗存的面积少则几百平方米,多则几万平方米。仅根据对湖南调查资料的统计,已发现的 399 处窑址分布面积达 6794808 平方米(国家文物局主编:《中国文物地图集•湖南分册》,西安:西安地图出版社,1997 年)。制瓷业占用的土地不能与农田相比,但肯定超过大多数手工业。

如此庞大的实物遗存,暗示着制瓷业对古代社会生活不可忽视的影响。但迄今我们对制瓷手工业本身,以及它所反映的社会实际还知之甚少,诸如制瓷业从业人员的组成、信仰与知识传承方式,瓷业技术的传播路径,瓷器市场网络与瓷商资本,瓷器消费情况和影响瓷器消费的因素,制瓷业在区域或国家经济中的地位,地方政府对制瓷业的管理和征税政策,瓷业中的人地关系等方面的问题,有力度的讨论还不多见。这一方面是由于有关古代制瓷业的历史文献相对不足,另一方面也由于古代瓷业研究中多学科视角的缺乏。

早在十多年前,我着手研究湖北地区宋代瓷器手工业遗存的时候,就注意到对一些考古现象的解释,需要参考历史地理学的研究成果。比如为什么湖北历代瓷窑绝大部分集中在鄂东梁子湖地区?为什么到了 10 世纪,梁子湖地区的瓷产品由青瓷转变为青白瓷,它的技术从何而来?对这些问题的追问,不得不回到对区域历史的考察中,进而涉及区域开发、移民、文化交流等历史地理问题,我也因此产生回北大攻读历史地理博士学位的想法。

自 序

　　瓷器是中国古代的伟大发明,但今天我们生活中的瓷器,已经变成一种平常不过的用品。以现代工艺批量生产出来的瓷器,吸引大多数人注意的只是它们的造型、质地与价格,较少能引起人们对之进行专门的文化考察。古代瓷器则有所不同,它们的年代、工艺、纹样、造型等都包含大量的历史文化信息,所以成为研究者的研究对象。对于鉴赏与收藏家而言,他们需要对古代瓷器进行准确的年代、产地和市场价值的判断,还需要对生产工艺、造型纹饰等有所研究,以提高鉴赏价值。考古工作者则通过对瓷窑遗址的实地考察与科学发掘,了解古代制瓷手工业的工艺流程;通过对发掘品的断代、分期来认识区域瓷业的发展阶段、变化轨迹;通过对了解相关的社会文化背景来对古代瓷业遗存中的有关现象做出合理的解释。美术史研究者也关心古代瓷器,但吸引他们的主要是有特殊意义的瓷器图像,这是瓷器的一部分,而不是全体。

　　就学术观察而言,瓷器生产具有二重性。一方面,相对于政治制度和社会结构这样的宏大主题,瓷器生产似乎只是一个小问题。即便在社会经济史的研究中,与农业、采矿业、制茶业等生产部门相比,制瓷业似乎也是一个无关紧要的门类。已有的经济史研究在论及制瓷业时,大多是简略言之。但另一方面,遍布于大江南北的古代瓷业遗存,其规模之大,遗存数量之多,远远超过了古代任何一个手工业门类,没有人可以忽略它的存在。据有关学

专家推荐意见(二)

　　黄义军著《宋代青白瓷的历史地理研究》是在她的博士论文《宋代青白瓷考古学文化的历史地理研究》的基础上补充、修改而成的。

　　青白瓷是宋代瓷器中颇有特色的品种,生产地域广、规模大,在宋代乃至中国古代制瓷手工业中占有重要的地位,对其进行研究很有意义。以往研究者对宋代青白瓷的研究多是从考古学、工艺学、文物学的角度进行的,从历史地理学的角度进行研究很有新意。

　　该著作者较全面搜集了宋代青白瓷的考古资料和文献资料,并对这些资料做了全面梳理和详细鉴别。然后,从历史地理学的角度,结合考古学、陶瓷工艺学、经济史的研究成果,对宋代青白瓷的起源、窑址分布、生产、销售等问题做了细致的分析,进而探讨了与其相关的区域经济、区域文化、区域开发等问题。

　　该著作开阔了宋代青白瓷乃至中国古代瓷器的研究视野,为陶瓷考古与其他学科,特别是与历史地理学科的交叉研究做出了有益的探索。其出版对宋代青白瓷乃至中国陶瓷考古的研究定会有促进作用。

　　该著作资料翔实,分析、论证充分,写作规范,插图得当,达到了出版水平,特推荐出版。

北京大学考古文博学院教授　权奎山

2010 年 6 月 11 日

　　本书的研究成果主要表现为以下五个方面：

　　1. 首次从历史地理学的角度尝试研究宋代青白瓷窑系。

　　2. 提出了青白瓷起源的新观点。

　　3. 得出了关于青白瓷窑址的分区结论；窑址空间变化的结论；产品分布空间变化的结论；产品运输线路的结论。

　　4. 将青白瓷分为实用器和明器两类。讨论了青白瓷销售反映的区域经济联系以及政治因素对销售市场的影响。以多角坛、堆塑盘口瓶两类明器为例，讨论了宋代江南丧葬文化的地域性及各区域的文化交流问题。

　　5. 讨论了制瓷业与各种地理要素的互动，得出了关于唐宋之际的区域开发与早期青白瓷窑场兴起之关系的结论。

　　以上结论在历史地理和古陶瓷研究中均具有原创性。

　　本书主要内容为作者独立完成。在写作方面，全书条理清楚，逻辑性强，文笔流畅。书写格式及图表、文献的引用等符合规范，达到了出版水平，特推荐出版。

北京大学历史地理研究中心主任、教授

2010 年 6 月 7 日

专家推荐意见(一)

本书稿在作者的博士论文《宋代青白瓷考古学文化的历史地理研究》的基础上修改完成。

宋代是我国古代制瓷业发展的高峰期,其中青白瓷的生产从起源至衰落延续四百余年,在同时期各窑系的窑址中数量最多,产品分布最广,在宋代外销瓷中也属于最大宗的产品。以考古学文化为中心所做的王朝时代历史地理研究目前尚不多见,本书的写作开拓了历史地理学的研究视野,也深化了考古学的研究成果,扩大了其社会影响,为历史地理学与其他学科,特别是考古学的多学科交叉研究做出了有益的探索。因此,本书选取宋代青白瓷考古学文化进行历史地理研究具有重要的学术意义。

作者在搜集和整理各类文献资料方面下了很大的工夫。在总结考古学、陶瓷工艺学及社会经济史等相关研究成果的同时,全面检索和整理了唐宋时期的考古资料,并对之做了仔细的鉴别与分析,运用地理学的区域观察、实地考察方法以及考古学类型学方法,对宋代青白瓷的起源、生产、销售等情况进行了梳理和分析,进而讨论与之相关的区域经济文化交流、区域开发等历史地理问题。由于作者的研究基于扎实的资料工作,因此,得出的结论基本符合唐宋时期的社会实际。

内容提要

宋代是我国古代制瓷业发展的高峰期，其中青白瓷的生产从起源至衰落延续四百余年，在同时期各窑系的窑址中数量最多，产品分布最广，在宋代外销瓷中也属于最大宗的产品。以考古学文化为中心所做的王朝朝代历史地理研究目前尚不多见，本书作者在总结考古学、陶瓷工艺学及社会经济史等相关研究成果的同时，全面检索和整理了唐宋时期的考古资料，并对之做了仔细的鉴别与分析，运用地理学的区域观察、实地考察方法以及考古学方法，对宋代青白瓷的起源、生产、销售等情况进行了梳理和分析，进而讨论了与之相关的区域经济文化交流、区域开发等历史地理问题。本书的写作开拓了历史地理学的研究视野，也深化了考古学的研究成果，扩大了其社会影响，为历史地理学与其他学科，特别是考古学的多学科交叉研究做出了有益的探索。

考 古 新 视 野 丛 书

宋代青白瓷的
历史地理研究

◉ 黄义军 著

文物出版社

第四章　青白瓷流布反映的区域经济联系 ·········· 188

第一节　区域之间商品流通的非均衡性:长江下游平原与

中原北方地区 ·········· 188

一　长江下游平原 ·········· 189

二　中原北方地区 ·········· 191

第二节　供求关系与政权阻隔的交互影响 ·········· 195

一　辽境出土的青白瓷 ·········· 195

二　金国境内出土的青白瓷 ·········· 202

第三节　政治中心的转移与青白瓷流向变化:以宋代川峡

地区为例 ·········· 204

一　青白瓷出土地点的地理特性 ·········· 206

二　从出土青白瓷看长江上游与中下游地区的经济交往

·········· 209

小　结 ·········· 211

第五章　青白瓷流布反映的区域文化特性 ·········· 216

第一节　青白瓷生活用品与使用者身份 ·········· 216

一　长江下游平原出土的青白瓷与使用者身份 ·········· 216

二　青白瓷与宋辽社会上层的日常生活 ·········· 221

第二节　瓷质明器神煞与江南地区丧葬文化的地域性 ·········· 229

一　多角坛与盘口瓶的丧葬功能 ·········· 230

二　多角坛的分区与区域交流 ·········· 233

三　盘口瓶的分区及区域交流 ·········· 242

四　根据《太平寰宇记》复原的宋初江南风俗区 ·········· 252

五　讨论:多角坛、盘口瓶分区与《太平寰宇记》体现的

风俗区的对比 ·········· 257

小　结 ·········· 258

第六章 宋代南方瓷业与区域开发 ················· 265
　第一节 瓷业生产与各种地理要素的互动 ········· 265
　　一 原　料 ······························· 265
　　二 水源与交通 ························· 267
　　三 人口数量与人口构成 ············· 270
　　四 州府城市与镇市 ·················· 277
　第二节 个案研究:唐宋之际的区域开发与早期青白瓷窑场的
　　　　　兴起 ····························· 283
　　一 皖南沿江地区的开发与繁昌窑的兴起 ········· 283
　　二 鄂东沿江地带的经济开发与青山窑的兴起 ······· 288
　　三 赣江流域的开发与赣州窑等窑场的兴起 ········· 292
　　小　结 ······························· 296

结语:瓷器生产与古代社会——地理学的反思 ··········· 312

附录:征引古籍版本备览 ···················· 317

后　记 ···································· 320

图表目录

第一章

图 1-1　中晚唐时期:南青北白的瓷业地理格局　············　39

图 1-2　偃师杏园唐墓出土瓷器统计图(1)　············　44

图 1-3　偃师杏园唐墓出土瓷器统计图(2)　············　44

图 1-4　偃师杏园唐墓出土白瓷统计图(3)　············　44

图 1-5　北方初唐墓出土白瓷分布图　·················　45

图 1-6　北方盛唐墓出土白瓷分布图　·················　46

图 1-7　北方中晚唐墓出土白瓷分布图　···············　47

图 1-8　南方出土唐代白瓷分布图　···················　49

图 1-9　南方出土五代白瓷及白瓷窑址分布图　···········　51

图 1-10　漏斗形匣钵单件仰烧碗类示意图　············　62

表 1-1　偃师杏园唐墓各期随葬品种类统计表　···········　43

表 1-2　偃师杏园唐墓各期随葬瓷器釉色与器类统计表

　···················　43

表 1-3　唐宋时期南北方白瓷、青白瓷胎的化学组成　·····　57

表 1-4　北方唐宋白瓷、南方五代宋白瓷和青白瓷及越窑

　青瓷釉的化学组成　················　58

附表 1-1　文献记载的唐代窑址　·················　74

附表 1-2　北方初唐墓出土白瓷统计表　·············　75

附表 1-3　北方盛唐墓出土白瓷统计表　·············　76

附表1—4 北方中晚唐墓出土白瓷统计表 ……………… 77

附表1—5 南方唐墓出土白瓷统计表 …………………… 80

附表1—6 南方五代墓出土白瓷统计表 ………………… 82

第二章

图2—1 宋代青白瓷窑址分区示意图 ……………………… 87

图2—2 北宋早期青白瓷窑址分布示意图 ……………… 95

图2—3 北宋中晚期至南宋早期青白瓷窑址分布示意图

……………………………………………………… 99

图2—4 南宋中晚期青白瓷窑址分布示意图 …………… 104

图2—5 繁昌窑瓷器的断代 ………………………………… 109

图2—6 繁昌窑瓷器器类与器型组合(1) ……………… 112

图2—7 繁昌窑瓷器器类与器型组合(2) ……………… 113

图2—8 繁昌窑与定窑瓷器对比图 ……………………… 115

图2—9 繁昌窑瓷器的仿金银器造型 …………………… 116

图2—10 繁昌窑、梁子湖窑、桂平窑三窑青白瓷比较图(1)

……………………………………………………… 117

图2—11 繁昌窑、梁子湖窑、桂平窑三窑青白瓷比较图(2)

……………………………………………………… 118

图2—12 繁昌窑青白瓷与湖南衡阳窑青瓷比较图 ……… 119

表2—1 五代至北宋早期南方白瓷或青白瓷窑址产品组合表

……………………………………………………… 111

第三章

图3—1 北宋早期出土青白瓷分布图 …………………… 130

图3—2 北宋中期出土青白瓷分布图 …………………… 132

图3—3 北宋晚期出土青白瓷分布图 …………………… 134

图 3—4 南宋前期出土青白瓷分布图 ⋯⋯⋯⋯⋯⋯ 137

图 3—5 南宋后期出土青白瓷分布图 ⋯⋯⋯⋯⋯⋯ 140

图 3—6 宋代繁昌窑青白瓷外运线路示意图 ⋯⋯⋯⋯ 148

图 3—7 宋代景德镇窑青白瓷外运线路示意图 ⋯⋯⋯ 149

附表 3—1 北宋早期出土青白瓷统计表 ⋯⋯⋯⋯⋯⋯ 158

附表 3—2 北宋中期出土青白瓷统计表 ⋯⋯⋯⋯⋯⋯ 161

附表 3—3 北宋晚期出土青白瓷统计表 ⋯⋯⋯⋯⋯⋯ 166

附表 3—4 南宋前期出土青白瓷统计表 ⋯⋯⋯⋯⋯⋯ 178

附表 3—5 南宋后期出土青白瓷统计表 ⋯⋯⋯⋯⋯⋯ 182

第四章

表 4—1 辽五京道出土青白瓷统计表 ⋯⋯⋯⋯⋯⋯ 196

表 4—2 辽国出土主要输入瓷器数量统计表 ⋯⋯⋯⋯ 197

表 4—3 川峡地区窖藏宋代青白瓷伴出物统计表 ⋯⋯ 205

表 4—4 川峡地区出土宋代青白瓷统计表 ⋯⋯⋯⋯⋯ 207

第五章

图 5—1 辽墓壁画中的备宴图 ⋯⋯⋯⋯⋯⋯⋯⋯ 222

图 5—2 辽墓壁画中的备茶图 ⋯⋯⋯⋯⋯⋯⋯⋯ 223

图 5—3 辽墓壁画中的备经图 ⋯⋯⋯⋯⋯⋯⋯⋯ 224

图 5—4 辽墓壁画中的家居场景 ⋯⋯⋯⋯⋯⋯⋯ 225

图 5—5 辽墓壁画中的出行图 ⋯⋯⋯⋯⋯⋯⋯⋯ 226

图 5—6 青白瓷茶具、酒具、香具与金银器的对比 ⋯ 227

图 5—7 宋代多角坛分区示意图 ⋯⋯⋯⋯⋯⋯⋯⋯ 234

图 5—8 湘江中下游及周边地区出土的多角坛 ⋯⋯⋯ 235

图 5—9 闽江、衢江与瓯江流域出土的多角坛 ⋯⋯⋯ 238

图 5—10 宋代盘口瓶分区示意图 ⋯⋯⋯⋯⋯⋯⋯ 243

图 5—11　湖南盘口瓶的演变 ······················· 244

图 5—12　越窑与婺州窑盘口瓶造型及其对周边盘口瓶的
　　　　　影响 ·· 246

图 5—13　江西宋代长颈堆塑盘口瓶及其对周边盘口瓶的
　　　　　影响 ·· 247

图 5—14　广西容县、藤县青白瓷对异地文化因素的吸收 ······ 249

表 5—1　《大汉原陵秘葬经》记录的明器神煞与堆塑瓶上
　　　　神煞图像对照表 ······························ 232

表 5—2　根据《太平寰宇记》复原的江南主要风俗区 ······ 253

附表 5—1　出土青白瓷的部分辽墓墓主身份统计表 ······ 263

附表 5—2　宋代长颈堆塑瓶出土地点统计表 ·············· 264

第六章

图 6—1　北宋中晚期至南宋虔(赣)州人口变化曲线图 ······ 272

图 6—2　中唐至北宋中后期鄂州人口变化曲线图 ········· 289

附表 6—1　发现窑址的宋代江南各州客户比率 ············ 302

附表 6—2　中唐至北宋皖南户数统计表 ··············· 305

附表 6—3　唐五代宋初时期皖南新增州县统计表 ········ 305

附表 6—4　唐宋之际鄂东新增州县统计表 ··············· 306

附表 6—5　唐开元至宋元丰年间江西地区户数统计表 ··· 307

附表 6—6　唐宋之际江西新兴瓷器窑场统计表 ········· 307

附表 6—7　唐宋之际江西新设州县统计表 ··············· 310

绪　论

一　问题的缘起

本书是以一类瓷产品——宋代青白瓷为中心所做的瓷器手工业历史地理研究。

在工业化时代以前,制瓷业是一门对自然环境有着极大依赖的手工业门类,中国南北地理环境的巨大差异,给各地制瓷手工业传统的形成造成了深刻影响。

南方地区是中国古代制瓷手工业的发源地。至迟到东汉晚期,南方地区一些生产原始青瓷的窑场已烧制出成熟的青瓷[①]。大约在4世纪末的北魏晚期,南方青瓷生产工艺传入北方地区,到北朝晚期的北齐时代,北方已开始生产白瓷。经过隋代的发展,到唐代,中国的瓷器手工业生产呈现出"南青北白"的地理布局[②]。

中晚唐以后南北方经济文化交流增多,至迟到五代十国时期,南方地区的部分窑场开始增烧白瓷。南方早期白瓷发展的结果之一便是青白瓷的产生。青白瓷是一种介于青瓷和白瓷之间的瓷器品种。其胎质坚致细腻,釉色洁白淡雅,唯有积釉处映现青色。从陶瓷工艺学的角度看,青白瓷就是南方生产的白瓷[③]。青白瓷包含了元代以后青花及各种彩瓷最直接的技术基础。它的产生与发展,是陶瓷工艺史上值得关注的内容。

青白瓷是在唐宋之际中国社会变迁的宏大背景下产生的,是伴随着晚唐以来自北向南的大规模移民运动出现的文化现象,也是中原文化向南方地区扩散、影响的结果。青白瓷在南方产生并渐成风尚，对南方传统的青瓷产区形成冲击，并最终打破了唐代以来瓷器手工业生产"南青北白"的局面，体现了中国古代瓷业地理格局的重大转变。

宋代是中国古代制瓷业发展的一个高峰，青白瓷则在宋代制瓷业中具有典型意义。青白瓷生产从起源到衰落跨越 4 个世纪，在宋代六大瓷窑体系中，青白瓷窑系窑址数量最多、产品分布最广。同时，青白瓷也是宋代外销瓷中最大宗的产品。因此，青白瓷的生产必然对当时的社会经济生活造成一定的影响。

青白瓷窑址分布与产品流通的空间差异，包含着宋代各区域经济与文化交流的内容，反映出南方地区区域开发的一般进程。本书即通过疏理宋代青白瓷的生产与销售的地理脉络，以此为切入点，试图了解唐宋之际南方地区的社会变迁，以及瓷业生产与其他自然和人文地理因素的关联性。

1. 时空范围

本书所指的南方地区主要指秦岭—淮阳山地以南的区域。东西向的秦岭—淮阳山地，是我国南北的重要地貌分界，地势西高东低，西段的秦岭山地，海拔多在 2000 米以上，北以大断裂俯临渭河断陷平原，南以米仓山、大巴山与四川盆地接壤；东段的淮阳山地，呈一向南突出的弧形，主要由桐柏山、大别山组成，海拔一般在 500—1000 米，东端仅是一些基岩丘陵，淮河与武汉至南京段的长江谷地，分别沿着弧形山地的北侧和南侧发育[①]。

本书的研究时段主要在宋代，这是青白瓷生产从发展到鼎盛的时期，在追溯青白瓷的源起时，也涉及晚唐五代的有关内容。

2. 对"青白瓷窑系"概念的界定

本书的写作围绕宋代青白瓷的生产和销售展开，主要依据考古发现的瓷窑遗址中的废弃堆积以及各种遗迹单位出土青白瓷的情况。在讨论青白瓷的生产时,借用了陶瓷史家所说的"青白瓷窑系"概念,将所有在宋代生产一类釉色产品——青白瓷的窑场都纳入本书的研究范围。

　　关于窑系这一概念,《中国陶瓷史》这样表述:"陶瓷史家通常用多种瓷窑体系的形成来概括宋代瓷业发展的面貌。瓷窑体系的区分,主要根据各窑产品工艺、釉色、造型和装饰的同异,根据它们之间的同异可以大致看出宋代形成的瓷窑体系有六:北方地区的定窑系、耀州窑系、钧窑系、磁州窑系,南方地区的龙泉窑青瓷系、景德镇的青白瓷系"⑤。可见窑系是根据生产品种对窑场所做的划分。所谓窑系的形成,是唐宋时期商品化的瓷业生产竞争加剧,普通窑场出于赢利的目的模仿名窑(中心窑场)的结果。一个窑场的产品越畅销,模仿它的窑场就越多,最后就会在一个较大的地域内出现一批生产同一类釉色品种的窑场。这一群窑场构成一个窑系。窑系应有中心窑场与普通窑场的区分,它们分别代表技术的源和流。窑系的形成,可以视为瓷业技术传播的过程。这一过程,既可以通过对产品的简单模仿来实现,也可以通过工匠的流动来完成。因此,对窑系的观察包含了技术传播的内容。

　　窑系的空间范围和窑场密度不是一成不变的。在以商品生产为导向的宋代制瓷手工业中,窑系空间变化的原因说到底是由于市场对不同瓷器产品需求的波动。同一窑系中的中心窑场,也不是一成不变的。原料问题或竞争等原因会导致窑系发生中心窑场的转移。

　　各窑系相互之间的空间关系是复杂和运动的。一处窑场可以同时仿造几个名窑的产品,导致各窑系在空间上的重叠甚至重合。窑系的空间范围与窑场的分布密度,可以作为各中心窑场的技术辐射力或市场竞争力的评价指标之一。

　　窑系只是针对一定时期内某类瓷产品在民窑中的生产情况而

言的,它并不能全面反映一个区域或一处窑场瓷业生产的全貌。不过,为什么有的窑场可以成为中心窑场,而另一些窑场只能通过模仿来维持生产,这本身也包括区域瓷业生产的差异性。

窑系这一概念在陶瓷考古或制瓷手工业史的研究中可能存在一些局限性,但它体现的众多空间差异,符合地理学的观察视角。因此,本书借用这一概念,并结合"中心窑场"和"普通窑场"的区分,来说明宋代青白瓷生产中存在的空间问题。

宋代生产青白瓷的窑场,一般也同时生产其他的釉色品种,青白瓷在各窑场中的分量也各不相同。但本书关注的只是青白瓷窑系在南方的形成过程和空间变化,以及青白瓷窑系的中心窑场与普通窑场的关系。因此,本书并不对宋代青白瓷系中各窑场全面的生产情况作出介绍和评述。

二　研究史回顾

有关宋代青白瓷器的生产和流通的文献资料主要有三个方面,即古代文献、近现代考古发现与研究、陶瓷工艺学研究。此外,社会经济史和手工业史的研究者在讨论古代制瓷手工业时,对宋代青白瓷也会有所涉及。

1. 有关青白瓷的历史文献记载

早在北宋英宗治平元年(1064年),蔡襄在其所著《茶录》中就提到"青白盏"[6],南宋《梦粱录》等书讲到杭州城的店铺商品时,也多次提到"青白"瓷器。

较多地记载青白瓷的历史文献主要有南宋蒋祈《陶记》[7]、元朝汪大渊《岛夷志略》、明人费信《星槎胜览》和清人蓝浦《景德镇陶录》等。近世的清赏类图书对青白瓷也有记载。

《陶记》是中国历史上第一篇谈论瓷器生产的专文。已知最早刊有《陶记》的文献是景德镇发现的康熙二十一年《浮梁县志》。康熙以后历年《浮梁县志》、《饶州府志》和《江西通志》中都相沿收录⑧。关于《陶记》的著作年代，陶瓷界曾有元代和南宋二说。从考古发现、税制情况等方面考证，南宋说似乎能得到更大的支持。

《诸蕃志》一书为南宋人赵汝适所著，据原作序言记载成书于南宋理宗宝庆元年（1225年）。《诸蕃志》记录了宋代陶瓷外销的有关情况。书中有12处提到瓷器博易，其中明确提到的釉色品种有青瓷、青白瓷和白釉瓷，涉及瓷器贸易的地区或国家有占城、真腊、三佛齐、单马令等15个。这一记载得到了考古材料的支持。20世纪，在亚非许多国家的城市废墟或贸易港口，都发现了不少来自中国的宋代瓷器或瓷片。事实上，海外各地出土宋代瓷器，包括青白瓷的地点远远超出了《诸蕃志》的记载。

《岛夷志略》为元朝人汪大渊所著。据苏继庼研究，汪大渊生于元至大四年（1311年），至顺元年（1330年）由泉州出洋，游历了印度洋一带，五年后返国。至元三年（1337年），汪大渊再次出海，于至元五年（1339年）返国，至正九年（1349年）撰《岛夷志略》⑨。《岛夷志略》中记载了50余处有中国贸易瓷的地点，其中青瓷15处、青白花瓷16处、青白瓷3处、处州瓷5处⑩。这些地点分布于今菲律宾、印度尼西亚、马来西亚、泰国、缅甸、孟加拉、印度、巴基斯坦、伊朗和沙特阿拉伯等国，在东自吕宋、西到麦加的主要港口都有分布。

根据陈万里的统计，明代费信的《星槎胜览》中也有4处提到"青白瓷器"，9处提到"青白花瓷器"或"青花白器"或"青花白瓷器"。

陶瓷界对《陶记》、《诸蕃志》、《岛夷志略》、《星槎胜览》中的"青白瓷"和"青白花瓷"存在争议。一种观点认为"青白瓷器"不是影青瓷，而是"青白花瓷器"，即青花瓷的省称或简称⑪；另一种观点认为《诸蕃志》中提到的"青白瓷器"指青白瓷⑫。还有学者认为，《岛夷志略》中的"青白花瓷器"除指一般带花纹的瓷器外，还包括青白瓷中带花纹装饰的瓷器⑬。

考古发现青花瓷大量用于外销,应迟至元代,南宋时期的外销瓷中青白瓷还是最主要的品种之一。所以,认为上述文献中"青白瓷"即青花瓷的第一种观点,学术界多不认同,我同意后一种观点,即宋元文献中的"青白瓷"与今天所说的"青白瓷"为同一类产品。

明清以及民国时期的著述中也记录有青白瓷,如《景德镇陶录》卷八引清雍正内务府员外郎督陶官唐英《陶成示谕稿》曰:"从(景德)镇东南去二十里余,地名湘湖,有故宋窑址。尝觅得瓷砾旧器不完者,质颇薄,却是米色粉青二式。"

民国时期,青白瓷出现于古玩市场,如刘子芬《竹园陶说》记载:"近来出土之器甚多,有一种碗碟,质薄而色白,微似定,市肆人呼为映青,以其釉汁微带青色也。据言出自江西,为宋时所制"[14]。

2. 各地青白瓷窑址的发现与研究

(1)江西   江西宋代各大窑场如景德镇窑、赣州窑、吉州窑和南丰白舍窑均生产青白瓷。

景德镇宋代青白瓷窑场,早在 20 世纪 50 年代就受到陶瓷界的重视。50 年代,陈万里曾到景德镇调查了杨梅亭窑址[15]。此后,陈定荣对该窑的窑场概况、产品特点、装烧方法、生产时代等进行了介绍和探讨[16]。1972 年,刘新园、白焜对景德镇湖田窑做了考察和小规模试掘,对该窑从北宋到元代各时期的堆积分布、产品特征、装烧方法等进行了分析研究,有了初步的结论[17]。近二十年,江西省文物考古研究所配合基本建设对湖田窑进行了多次发掘。80 年代,江西省文物工作队对景德镇柳家湾窑址做了调查,了解到该窑分布、制瓷时代、工艺等方面的信息[18]。1988—1999 年,江西省文物考古研究所配合中国航空工业总公司第 602 研究所的生活区建设,进行了 10 次抢救性考古发掘,发掘面积 6000 余平方米,出土了一批窑炉、作坊、生活居址等遗迹和大量瓷器、窑具、制瓷工具等文化遗物,表明该窑址自五代兴烧,经两宋延续至元明时期。这十次发掘突出的收获是位于窑包以外的平地上的窑业遗迹,如 1995 年在 A 区发掘出房屋、路面、水沟、淘洗池、陈腐池、蓄泥池、凉坯台、陶车基座、釉缸等,这些遗迹位于同一层位上,布局井然有序,展现了制瓷作坊的各项工序[19]。除了考古发掘,景德镇的文物工作者还对该地区古代窑址进行了全面调查[20]。

南丰白舍窑是以烧制青白瓷为主的窑场。20 世纪 60－80 年代,江西省文物考古研究所的陈柏泉、陈定荣,南丰县博物馆的花兴如等对南丰白舍窑做过调查与研究工作,陈定荣对该窑址做了专题调查和局部试掘,绘制了窑包分布图,对保存下来的窑包作了编号[21]。1998 年 10 月－1999 年 1 月,配合昌厦一级公路建设,江西省文物考古所、南丰县博物馆联合组成考古队,对公路所经过的饶家山窑址进行了抢救性考古发掘。此次发掘发现龙窑窑炉一座,澄泥池 8 个,灰沟 2 条,出土了瓷器、陶器、窑工具等遗物万余件。瓷器有青白瓷和黑瓷两类,其中青白瓷约占 99.8%。饶家山出土的青白瓷釉色多泛白,包括日常生活用瓷和文娱陈设用瓷两大类。其中日常生活用瓷有碗、盘、碟、盏、盏托、壶、盖、盆、杯、炉、盒、盅、灯盏、罐、钵、瓶等,陈设用瓷包括鸟食罐、人物与动物瓷塑和象棋。窑工具有制瓷工具,如轴顶帽、荡箍、研磨棒、器模、漏器、无底碗形器、模拍、利头,装烧具包括匣钵(漏斗形和筒形两类)、匣钵盖、垫烧具、支烧具、垫钵、火照。发掘者将饶家山窑址分为三期,即北宋晚期、两宋之际和南宋初年[22]。

赣州窑发现于 1956 年的文物普查[23],此后又进行了多次调查[24]。1985－1986 年发掘砂子岭、周屋岭、张家岭 3 处窑址,揭露窑炉 3 座,出土包括青白瓷在内的各类瓷器近 5000 件[25]。1991 年,再次对该窑进行发掘[26]。

吉州永和窑于 20 世纪 50 年代初发现,经 1980、1981 年两次发掘。在本觉寺岭窑包堆积上揭示窑炉一座。在桐木桥村东北隅、斜家岭与枫树岭窑址之间,发现了作坊遗迹。产品以乳白釉、黑釉、黄釉和绿釉为主㉗。1990年配合向吉铁路工程,在吉州临江窑揭示两座馒头窑炉,并在簸箕岭马蹄窑西侧坡地上揭示2600平方米的作坊遗迹,出土了包括青白瓷在内的各类瓷器标本、窑具和制瓷工具㉘。

除上述名窑外,在江西的其他地点也发现了宋代烧制青白瓷的窑址㉙,在此不一一叙述。

在江西宋代瓷业遗存中,景德镇青白瓷备受学术界关注,研究主要集中在考古学、手工业史和陶瓷工艺学等方面。

《景德镇宋、元芒口瓷器与覆烧工艺初步研究》等文,在细致考察湖田窑等窑址的基础上,对湖田窑及景德镇宋元瓷器的产品特征、演变情况及装烧工艺等做了总结㉚。

20世纪70年代末,冯先铭通过梳理古代文献以及国内外景德镇青白瓷的出土情况,对宋元时期的青白瓷进行了综合研究㉛。随后在他编撰的《中国陶瓷史》第六章"景德镇与青白瓷系"部分中,讨论了景德镇窑始烧时间、景德镇青白瓷行销情况及各种器形的演变、景德镇的瓷盒作坊以及其他地区青白瓷的概况。

《景德镇宋代窑业遗存与相关问题的探讨》一文,根据湖田窑的发掘资料,结合部分纪年墓出土材料,对景德镇宋代窑业遗存及相关问题进行了讨论,并根据典型器物对景德镇宋代窑业做了分期研究㉜。《景德镇青白瓷分期研究》一文,以纪年墓为依据,对宋元时期景德镇青白瓷进行了考古学分期研究㉝。

与景德镇青白瓷生产相关的手工业史方面的研究,主要包括宋元镇税制度和景德镇窑场生产性质两个方面。围绕蒋祈《陶记》的著作年代的考证,研究者试图认识宋元时期景德镇窑场的税收制度㉞。还有研究者从考古资料入手,讨论了景德镇窑生产贡瓷的问题㉟。

青白瓷的陶瓷工艺学研究取得了多项成果,为研究青白瓷的历史文化内涵提供了科学依据。20世纪60年代,周仁和李家治提出景德镇在宋代以前制胎仅用瓷石一类原料的看法[36]。《高岭土史考》一文再次证明这一观点,但在景德镇二元配方法出现的具体时间上,二文的看法略有差异[37]。Nigel Wood 于 1978 年提出,宋代景德镇青白瓷是用一种与南港瓷石很类似的高岭化岩石制成的[38],并于 80 年代讨论了有关影青和高岭化的南港瓷石的关系[39]。1982 年,郭演仪发表了关于元大都发掘的影青瓷、枢府瓷和青花瓷的比较研究,认为元代已将高岭土加入胎中,针对不同的品种,在制釉时,釉灰与釉石的调配比例也有变化[40]。1992 年郭演仪再次撰文,系统研究了景德镇历代瓷胎和釉的变化规律及所用原料的配制方式和技术的进步[41]。

1998 年出版的《中国科学技术史稿・陶瓷卷》第十章"南方白釉瓷的兴起——景德镇窑和德化窑白釉瓷"中,作者从陶瓷工艺学的角度,将青白瓷定义在白釉瓷之列,并得出了关于景德镇烧造白釉瓷的年代、景德镇制瓷原料的化学组成、景德镇白釉瓷胎釉的化学组成及显微结构与烧制工艺、窑炉、窑具、烧成过程及烧成温度的一系列结论[42]。

根据陶瓷工艺学的研究成果,一些研究者还对景德镇五代白瓷的创烧[43]、白瓷向青白瓷的过渡[44]等问题进行了讨论。

(2)安徽　安徽已报道生产青白瓷的窑址有泾县晏公窑和繁昌窑。

泾县晏公窑是安徽境内近年发现的一处青白瓷窑址,位于皖南泾县晏公镇琴溪河上游。1997 年,张勇、李广宁公布了 1996 年对该窑的调查资料。调查中发现有龙窑和作坊的遗迹。青白瓷品种有碗、盘、钵、壶、枕,窑具有匣钵、垫饼、垫圈、托珠。有的匣钵上有姓氏和数目字,一件有大中祥符四年(1011 年)的纪年。泾县窑的白瓷釉色不尽统一,有些泛黄。总体来看,五代白瓷质量高于宋代,故作者认为晚唐五代为泾县晏公窑盛烧期。此外,该窑场生产的 3 种瓷器青瓷、白瓷、青白瓷似存在一定的分区,或可作为分工协作的证据⑮。

在繁昌县南郊和西郊的岗地上分布着很多的古瓷窑址,南郊有柯家村、张塘、半边街等,西郊有柳墩、骆冲等窑址,统称繁昌窑。

繁昌窑柯家冲窑址发现于 1955 年,1958 年安徽省考古队试掘繁昌窑柯家冲窑址,确定 11 座窑址,选择一处试掘一条探沟,发现窑顶砖和烟囱,出土了一些瓷片和窑工具,作者认为"从地理上观察,它可能与宣州窑有关"⑯。

20 世纪 80 年代王业友对繁昌柯家冲窑进行了调查,在调查报告中介绍了 9 类器物(碗、盘、碟、壶、盏托、罐、钵、粉盒、炉),4 类窑具,即匣钵(筒形、钵形)、托钵、垫饼、碾轮。通过与纪年墓的比对,认为繁昌窑至迟从北宋早期已开始烧瓷,北宋中、晚期处于盛烧年代,南宋时期的产品和种类都比较少,开始衰落。作者对五代始烧说持保留态度,认为尚需证据。本文认为除安徽宋墓外,江苏镇江、句容均出土有繁昌窑青白瓷。关于繁昌窑的兴衰,认为与当时的社会状况有关⑰。此后,一些研究者继续对该窑进行调查⑱。1996 年安徽省文物考古研究所对该窑进行了小规模发掘,清理残龙窑一座,获得一批瓷器与窑具标本⑲。

2002 年,由安徽省文物考古研究所主持,中国科学技术大学科技史与科技考古系与繁昌县文物管理所组成联合考古队,对繁昌柯家冲窑址进行了历时 2 月的正式发掘。发掘出龙窑窑炉一座,作坊基址一处,获得大量瓷器、窑具标本。此次发掘的产品均为青白瓷,器形有碗、盏、盏托、执壶、盂、盒、炉、盘、罐等,以碗、盏数量最多。通过观察各类器物的演变情况,作者将柯家冲窑 2002 年发掘品分为 4 期,即五代时期、北宋早期、北宋早中期之交、北宋中期⑳。

骆冲窑位于繁昌城关镇西北 4 公里的阳冲村,与柯家冲窑相距 5 公里左右。1996 年 9—10 月,开探方 4 个,发掘面积 124 平方米,发现五代时期龙窑一座,清理尾部 7 米。产品主要是碗、盘、盏、壶、盒㉑。

　　对繁昌窑的研究主要集中在窑址年代和产品特色[32]、窑场地位以及胎釉成分等4个方面。关于繁昌窑地位与生产性质的讨论,主要围绕文献记载的"宣州窑"展开。1958年,安徽省文物队在对繁昌柯家冲窑遗址进行一次试掘,发掘认为认为"从地理上观察,它(繁昌窑)可能与宣州窑有关"[33],1973年,冯先铭根据地方志的记载将宣州窑列为未发现尚待调查的窑址[34]。陈衍麟在1991年的调查报告中,也讨论了"宣州窑"的问题。认为在古宣州地区存在两种窑系,一种是烧造仿越窑青瓷的窑场,如泾县琴溪窑;另一种是专烧青白瓷的窑场,如繁昌窑。陈衍麟认为繁昌窑即属宣州窑,其青白瓷是在青瓷基础上烧造出来的。其根据是泾县琴溪窑址中有一个面积不足1000平方米的烧制青白瓷的窑头岭窑,出土了具有五代风格的卷沿厚唇碗、碟和二系盘口短流壶等青白瓷器,与柯家冲窑完全相同,证明它们有传承关系,因此可以视繁昌窑(含柯家冲窑)为宣州窑主要集中生产地。《宣州窑白瓷的发现与探索》一文,在介绍泾县晏公窑调查资料的同时,指出泾县窑就是文献中所说的宣州窑,即五代南唐国的御窑所在[35]。《宣州窑及相关问题研究》一文则通过疏理文献,试图澄清关于"宣州官窑"的一些问题,认为宣州窑为五代北宋时期窑址。明代《宁国府志》中记载生产"官瓶"的窑场和芜湖县东门渡的"宣州官窑"都是曾为官府生产粗糙酒器的地方窑场,与文献记载中的生产颇为精美瓷器的宣州窑具有不同的性质,繁昌窑可能就是文献中记载的宣州窑[36]。另一些研究者还对繁昌窑与景德镇等窑场的关系进行了讨论,指出繁昌窑的创烧青白瓷的年代早于景德镇窑[37]。

　　对繁昌窑瓷器的科学研究也有不少进展。据胡悦谦、邓泽群等对繁昌窑青白瓷器标本瓷胎及当地制瓷矿料的化学成分分析,瓷胎中三氧化二铝远远高于矿料中的含量[38]。对繁昌窑瓷器胎釉化学组成的分析表明,该窑在制胎料时采用了较先进的瓷石与高岭土的二元配方方法[39]。2006年,杨玉璋通过实验,对繁昌窑瓷器胎料和制瓷原料进行对比研究,也得出繁昌窑瓷器胎料使用二元配方的结论。他认为,繁昌窑瓷胎和制瓷原料的化学组成中,三氧化二铝的含量与制瓷原料差异很大,在古代单纯依靠淘洗是无法产生这种效果的,只有在当地所产的原料中另外加入富铝的黏土类原料方可达到,也就是说使用了二元配方[⑩]。2008 年,杨玉璋、张居中利用扫描电镜、X 射线衍射仪与电子探针能谱仪对安徽繁昌窑青白瓷釉的显微结构、物相和化学组成进行了分析,并与同时期的湖北青山窑和江西景德镇窑青白瓷釉进行了对比研究,认为繁昌窑青白瓷釉属于钙系釉中钙釉类型,其瓷釉配方工艺与青山窑与湖田窑相似,应由一种"釉石"加入石灰石及草木灰制成[㉛]。

(3)湖北　湖北地区宋代青白瓷窑业遗存集中发现于鄂东梁子湖地区。在政区上,它们分属鄂州市和武汉市江夏区。关于这一地区的瓷器手工业,历史上仅有零星的记载,如"器用之属有陶砚"[㉜]。对这一地区瓷器手工业的认识始于 20 世纪 70 年代。本区陶瓷考古可分为两个阶段,第一阶段,从 20 世纪 70 年代到 80 年代末,以零星的调查和试掘为主;第二阶段,从 80 年代末至 90 年代,普查与典型窑址发掘相结合。

就宋代青白瓷窑业遗存而言,已公布的调查资料有螃蟹山窑址、杨家山窑址、湖泗窑址等;经正式发掘的窑址有浮山窑、王麻窑、青山窑 3 处,共发掘龙窑遗迹 5 座,作坊遗迹一处,三窑均已发表了部分发掘资料。

螃蟹山窑址、杨家山窑址均为 1974－1982 年调查发现。前者位于鄂州市涂山镇涂家垴村螃蟹山,在螃蟹山与大栗山之间的一片狭窄山沟之中。调查时发现窑炉一座,形制不明。瓷器有罐,窑具仅见漏斗形匣钵一种。后者位于梁子湖区公友乡杨家山南面。未发现窑炉遗迹。瓷器种类仅见碗一种,窑具有漏斗形匣钵。两处窑址的时代均为北宋时期[㉝]。

湖泗窑包括武汉市江夏区的一系列古窑群,因最早发现于湖泗镇而得名。1982 年，湖北省博物馆等单位对湖泗、舒安、保福 3 个公社（乡）的古瓷窑址进行了专题调查，共发现窑业堆积 63 处，它们分布在梁子湖、张桥湖、斧头湖等湖塘沿岸的低矮台地上，这次调查初步确定了以湖泗窑为中心的、以烧制青白瓷为主的北宋窑址群[64]。

　　1992 年秋，武汉市博物馆、江夏区博物馆联合调查了梁子湖古瓷窑址，共发现窑业堆积 85 处、窑炉遗迹 105 座，它们集中分布于湖泗、保福、土地堂、舒安、龙泉、贺站等 6 个乡的沿湖地带及湖汊周围。此次调查，还发现其中的 15 处窑址同时建造 2 座或 2 座以上的龙窑，最多的可达 4 条龙窑。瓷产品分青釉和青白釉两个品种，器类有碗、盏、碟、盘、盂、执壶等，窑具有漏斗形、直筒形两类匣钵及垫柱、垫饼。发掘者认为这些窑场兴起自晚唐五代，北宋中、晚期及南宋初为其鼎盛时期，之后逐渐废弃[65]。

　　对湖北瓷窑遗址的大规模发掘始自 1989 年，该年湖北省文物考古研究所对位于江夏区土地堂乡的青山窑窑址进行了发掘。窑址位于青山村林场东缘、梁子湖西岸。发掘中共揭露东西并列的龙窑 2 座，清理了蓄泥池、窑体护墙等遗迹，获得了大批五代至北宋晚期的遗物。瓷器以青白瓷为主，器类有碗、盘、碟、盏、钵、盂、执壶等。窑具有筒形和漏斗形匣钵、匣钵盖、垫饼、支柱、火照，制瓷工具有轴帽[66]。

　　1989－1995 年武汉市博物馆对位于江夏区舒安乡的王麻窑进行了大规模发掘，共清理龙窑遗迹 2 座，作坊遗迹 1 处。出土瓷器以青白瓷为主，器类有碗、盏、盘、碟、杯、执壶、香炉、六管瓶、盘口瓶、瓷枕等，窑具有筒形、漏斗形匣钵，匣钵盖，垫饼，垫圈，支柱，火照。制瓷工具有轴帽、荡箍等[67]。

　　1992 年，武汉市博物馆等对湖泗窑群中的浮山窑窑址进行了发掘。该窑址位于湖泗镇浮山村西北的一座低矮的小山丘上，为 1982 年调查发现的 63 处窑址之一。共揭露东西并列的龙窑 2 座，清理了窑前工作场所（挡土墙、灰坑、排水沟）、窑体护墙等遗迹。瓷产品以青白釉为主,器类有碗、盏、碟、钵、壶、香炉、器盖 7 类。窑具有筒形和漏斗形匣钵、垫柱、垫饼等[⑧]。

研究者主要根据经过正式发掘的土地堂乡青山窑、保福乡浮山窑和舒安乡王麻窑 3 处窑址资料,从窑炉形制、产品特点、制作与装饰工艺、兴衰原因等方面作了一些探讨。如有研究者讨论了青山窑 2 号龙窑与龙泉窑的关系。从烧瓷时间、窑场分布、窑炉特点、烧制工艺及瓷器的造型、胎釉、装饰花纹等方面,比较其与龙泉窑的异同[⑨]。《土地堂青瓷与龙泉青瓷装饰异同浅析》一文,将青山窑青瓷与龙泉青瓷在装饰上的异同作了一番对比,认为青山窑早期的刻划花纹饰与龙泉窑青瓷的早期特点有些相似[⑩]。

有研究者提出湖泗窑的概念,并总结其分布情况,产品、窑炉和作坊年代及销售情况,探讨了湖泗窑与景德镇、潮州窑及西村窑的关系,认为湖泗窑"创于唐末五代,终于南宋初,有长达二百余年的烧瓷历史。产品以日用的青白瓷为主,有粗瓷和细瓷两类,细瓷代表了湖泗窑的最高水平,……窑炉采用龙窑,烧成技术成熟。材料表明,湖泗窑在发展过程中,可能学习了景德镇窑的技术,并与潮州窑、西村窑有一定关系"[⑪]。

对梁子湖地区宋代瓷器与窑具的化学组成与制作工艺方面的研究也取得了一些成果。

陈尧成等对青山窑五代至北宋的白瓷、青白瓷、青瓷样品作了胎、釉化学成分分析、岩相分析和物理性能测试,并与其他窑口的青白瓷作了比较,认为青山窑的化学组成以高硅、高钾、低铝为特征,白瓷、青白瓷的胎釉组成均与宋代德化窑白瓷胎的组成最为接近,而青瓷的化学组成则与宋代龙泉窑比较接近[⑫]。1996 年,陈尧成等再次对青山窑古瓷制作工艺作了系统的科学研究,在胎、釉组成等方面得出了与以前研究相同的结论,并对青山窑各种釉色品种的胎土组成、装烧方法、烧成温度等进行了比较[⑬]。彭长琪、陈尧成等对青山窑瓷器、匣钵和垫饼的矿物相组成、显微结构、化学和热性能作了科学分析[74]。另外有研究者对火照进行了研究[75]。

《湖北梁子地区宋代瓷业遗存的初步研究》一文,回顾了湖北瓷业考古与研究的历程,以历年调查和发掘资料为基础,对梁子湖地区宋代瓷器手工业遗存做了分期研究,讨论了其制瓷业的技术来源、发展阶段等相关问题[76]。

(4)福建　福建的青白瓷窑址遍及全省各地,尤其以闽北和闽南地区最为集中,主要为20世纪50年代以来的调查资料,大规模的正式发掘并不多。《福建宋元青白瓷概论》一文,按闽北和闽南两区对福建青白瓷做了分期研究,并讨论了福建青白瓷与景德镇青白瓷的关系、福建青白瓷的贸易等问题[77]。由于青白瓷是福建宋元时期的主要产品之一,其他关于区域瓷业生产的文章,也涉及青白瓷的生产与销售问题。《泉州沿海地区宋元时期制瓷手工业遗存研究》一文,对泉州沿海地区宋元瓷业遗存作了综合研究,作者关于泉州沿海地区瓷业遗存的分期和销售的结论,对青白瓷同样适用;本区青白瓷与景德镇青白瓷的对比研究,有助于了解江西青白瓷生产技术向福建沿海的传播情况[78]。另一些研究者综述了宋元闽南及厦门地区、漳州地区瓷业生产和外销,都涉及这一时期闽南地区的青白瓷生产[79]。

福建沿海地区宋元时期制瓷业的蓬勃发展及其外向型生产特点,也引起了社会经济史学者的关注,如《宋代福建沿海对外贸易的发展对社会经济结构变化的影响》一文就论及瓷业生产在对外贸易中的作用[80]。

另一些研究者则在努力寻找瓷业遗存与瓷业生产组织、手工业史之间的关联性。如美国芝加哥历史博物馆何翠媚从瓷器铭文、碑刻与方志资料入手,探讨了闽南陶瓷工业的组织和发展[81]。尽管由于考古和古文献材料的局限性,这一研究视角尚存在不少困难,但类似的讨论无疑是一个有趣且有意义的开端。

(5)浙江　浙江的青白瓷窑址分布在浙西金衢盆地、浙西北天目山区和浙南飞云江上游地区。

浙西金衢盆地青白瓷窑址的考古工作开展于 20 世纪 80 年代初,文物普查中共发现窑址 35 处,主要分布在砬河溪两岸的碗窑一带,以及周村溪与广渡溪之间的三卿口附近。1984 年浙江省考古所和江山县文物管理委员会对江山窑址进行了专题调查,并对碗窑前窑山窑址(江 Y21)做了小规模试掘㉘。1992 年,为配合碗窑水库工程,浙江省考古所和江山市博物馆对坝头、龙头山和桐籽山 3 处窑址进行了抢救性发掘。在龙头山窑址,全面发掘了窑炉遗迹、工场遗迹、废品堆积;在坝头和桐籽山窑址,分别做了废品堆积和工场遗迹的发掘,并对整个碗窑窑区的窑址做了全面复查㉙。在调查与发掘的基础上,研究者对金衢地区青白瓷窑业遗存的年代、特点、技术渊源、外销等问题进行了探讨㉚。

天目山地区的青白瓷窑址发现于 1982 年,调查者对其生产年代、产品特点进行了分析,并与江西南丰窑等窑址进行了比较㉛。

20 世纪五、六十年代,在飞云江上游的文成、泰顺等地,也发现了青白瓷窑址㉜。1978 年,在泰顺县彭溪镇玉塔村附近共调查发现 7 处烧制青白瓷的窑址,并发掘了其中两座窑址㉝。1997 年,为配合珊溪水库枢纽工程,再次对泰顺、文成一带的窑址进行了大规模发掘。在总结历年发现的青白瓷遗存的基础上,《浙江青白瓷遗存初论》一文对浙江青白瓷遗存做了综合研究,将其分为三大类型,认为三类青白瓷产品分属北宋中晚期、南宋和元代早中期㉞。

(6)广东　广东瓷业遗存的发现与研究肇始于 20 世纪 20 年代。1920 年,J. M. Plumer,Malcolm F. Ferly 等人到潮州窑进行调查,采集到宋代瓷片㉟。1922 年在羊皮岗石室内发现 4 尊有纪年铭文的潮州窑佛像及一件瓷炉,罗原觉最早在《谈瓷别录》上作介绍㊱,为此后潮州窑的发现与研究提供了线索。

20 世纪 50 年代以后,广东陶瓷考古有较大的进展,青白瓷遗存的调查与发掘是其中的重要成果。广东地区发现的生产青白瓷的宋代窑址主要有潮州窑、西村窑[91]和惠州窑[92]。

20 世纪 50 年代,对潮州窑的考古调查与发掘工作逐渐展开[93],此后继续调查[94],并出版了正式的发掘报告[95]。80 年代又对该窑进行了多次发掘[96]。在研究方面,饶宗颐在 50 年代结合方志等古代文献,对潮州窑的发现、窑名、兴衰原因和地位进行了考证[97]。曾广亿近年在总结历年潮州窑调查发掘成果的基础上,对潮州笔架山窑进行了分析研究[98]。同时,对潮州窑瓷器的陶瓷工艺学研究也取得了一定成果[99]。

广州西村窑发现于 1952 年底,1956－1957 年对该窑进行了发掘,后陆续出版考古报告[100],对西村窑的年代、产品特色、兴废、生产特点以及与其他地区窑场的关系都有所研究。惠州窑发现于 1955 年[101],此后对窑址进行了多次调查与试掘[102]。

此外,一些研究者还对广东地区唐宋时期的瓷业生产做了总结[103]。近年来,大量海底沉船瓷器的发现,也使广东唐宋瓷业备受研究者关注,其中也涉及广东地区的青白瓷生产与销售情况。

(7)广西　1949 年以来,广西文物考古工作者先后在兴安、全州、永福、桂林、柳城、桂平、藤县、岑溪、北流、容县、合浦等地发现 30 多处瓷窑遗址,对兴安严关窑[104]、桂林桂州窑[105]、永福窑田岭窑[106]、柳城大埔窑、桂平西山窑[107]、藤县中和窑[108]、北流岭峒窑[109]、容县城关窑[110]等都做了发掘。这些瓷窑烧造的瓷器产品可分为青瓷和青白瓷两大类。湘江、漓江、洛清江一线的全州、兴安、桂林、永福、柳城等县市的瓷窑属青瓷类型;北流江一线的北流、容县、藤县等县市的瓷窑属青白瓷类型。这些瓷窑烧造的瓷器除了当地使用之外大部分是外销瓷[111]。

其中生产青白瓷的藤县中和窑于 1963 年调查发现,1964 年试掘和复查,1975 年再次试掘,并清理窑炉 2 座。桂平窑于 20 世纪 60 年代发现,1974 年清理。容县城关窑于 1964 年发现,1965 年调查,1979 年复查,发掘窑址西窑区的 2 条龙窑。北流岭峒窑于 1995 年发掘。

在研究方面,《广西北流河流域的青白瓷及其兴衰》一文对广西青白瓷进行了总结[⑫],对各窑址的发现与发掘情况、产品特点、兴起原因作了分析。《景德镇陶瓷对广西的输入和影响》一文综述了广西出土的景德镇瓷器(包括青白瓷),通过分析出土地点的性质、瓷器年代,以及景德镇瓷器与广西本地瓷器的数量对比,讨论了景德镇瓷器向广西的输出以及对广西瓷业兴衰的影响[⑬]。在综述广西出土青白瓷堆塑瓶的基础上,《广西出土的青白瓷堆塑瓶及相关问题》一文讨论了这类产品的作用与销售对象[⑭]。此外,还有人对广西瓷质腰鼓[⑮]、容县窑印模[⑯]等进行了介绍和研究。

(8)湖南 湖南发现青白瓷的窑址不多,主要为 20 世纪七、八十年代的调查资料。1979 年,益阳地区文物工作队和益阳县文化馆调查了羊午岭乡的多处窑场,发现了青白瓷遗存[⑰]。1985-1987 年周世荣调查并报道了衡东谭家桥窑、窑里坪窑和耒阳磨形窑,认为它们主要是元代生产青白瓷的窑场[⑱]。此外,《中国文物地图集·湖南分册》还公布了本省其他生产青白瓷的窑址[⑲]。

3. 对青白瓷窑系的研究

冯先铭是较早关注青白瓷的生产与销售的学者,他曾于 20 世纪五、六十年代多次到景德镇考察古代窑址。他在《我国宋元时期的青白瓷》一文中,探讨青白瓷出现的原因、生产的范围及考古出土青白瓷的情况,对各窑青白瓷的生产时代、品种、工艺、器型演变作了介绍,并重点关注各窑青白瓷自身的演变情况[⑳]。另一些学者也从不同角度对宋代青白瓷做了研究,如《景德镇青白瓷分期研究》一文,对青白瓷的研究作了学术史回顾,而且将景德镇青白瓷与繁昌窑青白瓷做了对比研究。《影青瓷说》一书以江西地区青白瓷的生产与销售为重点,讨论了各青白瓷窑场分布、产品类型、分期等[㉑]。《青白瓷鉴定与鉴赏》一书,探讨了以景德镇为中心的青白瓷窑系的形成过程[12]。《宋元纪年青白瓷》一书收集了宋元纪年墓出土的青白瓷器,在附文中讨论了青白瓷的起源、青白瓷窑系诸窑场的分布、青白瓷的造型和特征、青白瓷的历史地位等[13]。

已有的关于青白瓷的研究成果就内容而言,以考古学和陶瓷工艺学研究为主,即主要以实物为研究对象;就地域而言,多集中在景德镇一地,对青白瓷窑系中其他窑场生产与销售的研究相对薄弱。从整个青白瓷窑系的角度,对各窑场相互关系以及窑场兴衰的空间变化的讨论,个别文章虽有所涉及,但尚无详尽的研究。不管怎样,本书的完成还是得益于半个多世纪以来陶瓷考古的发现与研究。本书的研究主要基于已发表的考古资料,许多讨论也是在前人的基础上进行的,而且从前人的研究中获得了许多有益的启示。

4. 有关瓷器手工业地理的研究

《东亚窑业技术发展与交流史研究》一书指出,陶瓷史研究的最终目的与整个文科研究的目标——解明人类与自然共同存在、共同发展的内在规律是一致的。作者在论及陶瓷窑址的发掘目的时,强调了陶瓷生产与环境的关系,认为“作为与古今人类生活密切相关的陶瓷生产,比其他部门更能体现人与自然的关系和人类改造自然的智慧。所以在发掘窑址的同时不要忘记记录古代窑场所处的自然环境(原料、燃料、水源、交通、环境破坏)、经济环境(物产、消费、价格、商业)、文化环境(传统、民俗、民具、技术)”[14]。其研究虽然是以技术史为中心,但显然已经富有预见地看到了对古代制瓷业进行地理学研究的学术前景。

由于瓷业生产与水源、瓷土、交通、市场、镇市等各种地理要素有着密切的关系,以民窑为主体的瓷器手工业体现着强烈的地域色彩,所以制瓷手工业特别适合地理学的区域研究方法。大量的古代瓷业遗存理应纳入历史人文地理的研究视野。

但是,由于文献记载十分稀少,人们了解制瓷手工业的历史,主要是通过考古学家的描述。考古资料的琐碎、庞杂,往往成为其他学科研究者的障碍,由于缺乏对古代瓷业遗存的鉴别能力,他们不大容易重视陶瓷考古的成果,以至于包括制瓷业在内的某些依赖实物史料来认识的古代手工业门类,成为历史地理研究中的盲区。

倒是以实物为主要研究对象的陶瓷考古研究者,或出于理论的思索,或出于解决考古学疑难的需要,涉猎到瓷器手工业历史地理的领域中来。古代文化遗存的空间差异与时代变迁,是考古学研究的基本内容。众多关于窑址地理分布与区域瓷业研究的文章,为古代瓷器手工业的综合研究打下了良好基础。少数以制瓷业中的空间问题为研究对象的文章,实际上已为制瓷手工业地理的研究树立了良好的范式。

技术是文化的组成部分,瓷业技术交流也是文化传播的一个方面。《东亚窑业技术发展与交流史研究》一书首次将"文化比较层次论"引入到陶瓷生产技术交流中,把对文物的表面模仿与技术交流放到不同的文化层次中进行比较研究,认为技术交流"按技术接受的难易程度进行分层,依次为成形技术、装饰技术、配方技术、装烧技术、窑炉技术等等,这其中诸如成形、装饰等通过外观便可以模仿的技术,只要这些制品有可能流通于世,即使技术者不发生直接的接触,接受的一方利用其固有的技术在某种程度上可以进行外形的仿造。而有关配方的技术、装烧技术和窑炉技术,非相当有经验的工匠以外,难以读解其技术的奥妙,所见是非常有限的。然而一旦技术者之间发生直接的交流,则技术的情报便以最简洁的方式进行传达与扩散,技术水平将呈跳跃状提高,这是促进技术改造、技术革新和技术发展最重要的途径"[15]。这一论断展示了从瓷业遗存认识技术交流途径乃至移民活动的可能性,正是文化地理学理论在古代瓷业中的灵活运用。

《试论南方古代名窑中心区域移动》一文,以南方地区的洪州窑、寿州窑、景德镇窑、吉州窑等古代名窑为例,通过仔细排比已公布的考古资料,分辨出各窑生产范围各区域的生产时段,以堆积范围、产品质量等为依据,确定不同时期的生产中心。作者认为,中心区域的转移,是南方古代名窑发展中普遍存在的规律,这种转移是由原料、交通、劳动力资源和市场等因素决定的[16]。这篇文章对于思考瓷业生产与相关地理要素的关联性有着重要的启示作用。

《浙江古代瓷业的考古学观察——遗存形态·制品类型·文化结构》一文,对瓷业遗存中的空间关系表示了相当的关注。作者首先将浙江的六大自然地理单元按瓷业遗存的分布状况分为东苕溪流域、兰江流域、曹娥江流域等十个小区;随后分析了汉代以来浙江不同类型瓷业遗存的空间变化;最后以龙泉窑为例,在划分遗存形态、制品类别和结构层次的基础上,对龙泉窑瓷业遗存进行分期,并总结出各期遗存的空间分布规律[17]。这一论述表明山川格局对古代制瓷手工业的影响。这篇文章也是运用考古学区系类型理论研究古代瓷业遗存的一个范例。

《宋元明考古》一书从学术史的角度,检讨了陶瓷学界所谓"五大名窑"和"六大窑系"概念存在的问题,提出应从生产区域和发展阶段来考察宋元制瓷手工业。作者认为,宋元时期各区域的瓷业生产具有相当一致的发展进程,这种共性又很大程度上体现在釉色和装饰工艺的创新、发展和传播上。同时,各区域装饰工艺的兴衰不仅体现了不同地区陶瓷手工业的建立、发展和转移,还可看出全国陶瓷生产重心随政治中心的迁移和变化,各区域经济发展对陶瓷生产的影响以及相关的手工业和交通发展对陶瓷手工业生产格局的影响。作者认为区域应取代传统的"名窑"和"窑系",成为制瓷手工业研究的基本单位,强调交通、城市等地理要素对制瓷业的生产格局的影响[18]。作者从区域的角度研究宋元制瓷手工业,将历史时期考古学分区方法运用到古陶瓷研究中,这些论述也给本书诸多启示。

以上论述打开了中国古陶瓷研究的新视野,尽管这些探讨出于与历史地理学者不同的学科目的,但都对瓷业生产中体现的空间问题表示出较多的关注。

三 人文地理的相关概念与瓷业地理研究

1. 区 域

区域有形式区域和功能区域之分。形式区域是以某种区域性特征的存在或缺失为基础进行界定的区域。功能区域是就某一研究目的对区域进行的划分,并不以区域内某一特性的存在或缺失为标准[⑫]。在对古代瓷器手工业进行区域观察和区域划分时,往往使用的是功能区这一概念。比如"南青北白"中的南方,并不是一个单纯的青瓷区,它一直存在少量的黑瓷生产;北方则从来不是一个单纯的白瓷区,青瓷和其他釉色品种也是与白瓷同时存在的。按窑炉技术来划分,南方是龙窑技术区,北方是马蹄形窑技术区,但这不意味着在南北方都只存在单一的窑炉技术。已有的对中国古代制瓷业的各种各样的区域观察——即分区研究,其实大都是功能区域的划分。陶瓷史家所说的宋代六大窑系,实际上就是按釉色品种做出的瓷业功能区域划分。

功能区域概念在制瓷业中的运用,有助于分析各种要素(包括自然要素与人文要素)在瓷业生产区中的组合与比例,它们的强度、范围、相互关系以及区域在空间上彼此联结和分离的方式,最终发掘出瓷业生产区的完整意义。

事实上,并不存在对所有现象都适合的普遍有效的区域划分[⑬]。一个瓷业生产区的特性总是各种要素综合作用的结果,在分析每一种要素与区域的关系时,都会得到不同的分区结论,比如关于技术、产品组合区的结论,关于文化因素的分区结论等等。

本书所说的瓷器手工业地理布局,包括两层含义,第一层含义指窑场生产的釉色品种,也就是窑系的空间分布与演变,本书在以青白瓷为中心的讨论中表达了这一层含义;第二层含义是区域瓷业生产水平的变化,包括窑址空间分布的密度、技术革新和产品改良等等。在讨论瓷业与区域开发时,本书较多地使用了第二层含义。

制瓷业是一种最能体现人与自然互动的手工业,这就决定了各种地理要素对区域瓷业文化(包括产品和技术两个方面)强有力的塑造作用。制瓷手工业十分依赖自然资源,如瓷土、水源和燃料,在工业化时代之前,受运输条件的限制以及出于节约成本的需要,民窑的选址一般都要接近原料产地。因此,古代制瓷手工业的布局必然受到瓷土等自然资源的影响。但是,自然资料并不是制瓷窑场布局的唯一决定因素。简言之,在一些瓷土储量丰富、燃料和水运条件都不错的地方,并不能天然地产生制瓷手工业,从历史上制瓷窑场的空间变化上不难发现这一点。制瓷到底是一种社会生产活动,除了资源上的便利,尚需要社会条件的推动,比如市场的需求、技术条件的具备、销售网络的健全等等。这些都是在考虑瓷业的区域属性时不可忽视的人文地理因素。

商业性、地方性和民间性是唐宋时期瓷业生产的三大特性。这三大特性使瓷业生产的区域观察变得尤其复杂。商业性使瓷业生产走向市场,使区域间的经济联系加强,也改变着区域的生产结构和劳动人口构成;瓷器的销售跨越千里之遥,甚至远播重洋,它在改变外部世界生活方式的同时,也会带来异域文化。地方性和民间性使我们很难用一个统一的标准来界定所有的产瓷区。中央集权下的礼仪制度的整齐划一与民间文化的多元化,是秦汉以后中国历史考古学文化分区的两个特点[⑫],它们在宋代制瓷业中也有体现。礼仪制度的整齐划一体现在从北宋到南宋,官窑制度和生产技术的一脉相承[⑬]。官窑的生产技术和产品样式也对同时期的民窑产生影响,但前者的管理方式、对产品样式的严格规定和代表的审美境界等与民窑大不相同。民窑之间,因区域经济政策、技术传统、物价水平、风俗习惯等方面的差异,在瓷业生产组织和产品风格上也表现出各自的特性。

通过以青白瓷为中心对宋代南方制瓷手工业的地理观察,虽然不能尽窥宋代社会全貌,但它可以带来一些宏大叙事的历史研究所不能提供的信息。

2. 文化景观

瓷器是特定的地域内人的文化创造,是一种文化景观。窑场主对瓷器生产品种的选择,一方面受到自然因素的限制与经济利益的驱动;另一方面,生产哪种釉色的瓷器,做出怎样的花纹与造型,又反映着窑场主对时尚文化的理解。窑场主必须对消费人群的文化构成、文化心理、文化习俗有着准确的把握,方能为产品打开销路。消费者对不同釉色品种的选择,除开经济的考虑,在很大程度上是一种文化的考量,反映了不同的人群所特有的价值观念、审美观念,证明了"人类在改造环境,对大地表面进行建设的过程中,不仅仅是寻求功能上的效益,也伴随着浓厚的审美趣味和价值取向"[13]。

在陶瓷研究中,既有文化景观取代自然景观的一面,如新开发的窑场;也有新的文化景观取代旧的文化景观的一面,如在前代废弃的窑场上,通过新的资源开发,在旧窑址上重建窑场。

从广义上讲,青白瓷作为一种新型的瓷器品种,它在南方地区的出现、传播和扩展,也是一种景观的塑造过程,可以从中探求与之相关的政治、经济、宗教习俗、价值观念和美学趣味。区域景观是区域历史的重要内容,对青白瓷考古遗存这一类特殊景观的观察,可以丰富我们对于青白瓷生产区域的认识。

3. 文化的时间与过程

现代历史地理学重视时间与过程的连续性,而不满足于只研究时间或过程的某一个断面。索尔是美国伯克利学派的代表人物,他强调人文地理学应是一门研究发生问题的科学,要研究起源和过程,研究某一种生活方式是怎么在一定的区域位置上发生、发展并向其他地方传播的,特别是在一个地域内文化景观取代自然景观的过程。在这一过程中,"文化是动因,自然条件是中介,文化景观是结果"。为了达到这样的研究目的,必须对某一地域的人、文化、自然环境、景观面貌进行全面考察和全面描述⑭。

索尔的这一理论非常适合对古代瓷业所做的历史地理观察。比如,青白瓷生产在南方的兴起一方面是人们发现和利用自然资源的结果,另一方面青白瓷器的生产与使用又包含了诸如生活方式、价值选择和审美趣味等种种文化内容。青白瓷窑系的形成和发展,是在宋代对南方地区的开发中展开的。在这一过程中,北方人口的南迁、南方人口密度的增加、山区资源的开发、审美风尚的转变,都起到了一定的推动作用。将实物形态的青白瓷,赋予文化景观的含义,并揭示这一宋代时尚商品背后暗藏的人类价值选择和文化过程,方能使青白瓷成为考察唐宋时代文化转变的一个可行的视点。

4. 技术传播

技术是文化的组成部分,技术传播也是文化地理学关注的内容。文化地理学理论认为,文化或技术借助传播媒介来实现。一般来说,传播媒介包括三套系统:一是符号系统,指语言、文字等推理符号和绘画、音乐、舞蹈等表象符号;二是实物系统,不仅包括与语言、文字、声像有关的传播媒介,还包括经过交流的各种实物;三是人体系统⑮。在瓷业技术交流中,流通中的瓷器,可谓实物系统;移动中的工匠,则是人体系统。商业生产使瓷器的造型、装饰等外在特征通过商品流通得到传播,特定历史时期的大规模移民活动又使窑炉构筑、配方技术等深层技术随着工匠的流动传入新的定居地。这种现象在瓷业生产中已是屡见不鲜。

四 本书的章节安排及主要内容

本书由绪论、结语及 6 个章节构成。绪论部分对相关概念做出了解释，评述已有的发现与研究，提出全书的研究思路。

第一章全面考察宋代青白瓷窑系形成以前中国瓷器手工业的布局变化，对青白瓷起源的社会文化背景提出了自己的见解，认为南方青白瓷的出现受到了晚唐五代以来北方白瓷南传的影响，其技术产生于对北方白瓷的仿造过程。本章还从瓷器的胎釉化学组成入手，得出了安徽繁昌窑为最早大量生产青白瓷的窑场的结论。

第二章和第三章以正式发表的瓷窑遗址和墓葬材料为基础，考察了宋代青白瓷生产和销售的情况。在生产方面，根据产品面貌、生产技术、瓷业兴衰进程等指标，将宋代青白瓷产区分为长江中下游南岸沿江地区、赣江流域、湘江流域、钱塘江流域、闽江晋江与东南沿海地区、岭南地区 6 个区，按三个时期即五代至北宋早期、北宋中晚期到南宋早期、南宋中晚期，对青白瓷窑址分布的时空变化进行了分析，指出五代至北宋早期青白瓷的生产中心在繁昌窑，北宋中期以后转移到景德镇窑。在宋代青白瓷的内销方面，通过梳理青白瓷在大陆的出土情况，分北宋早期、中期、晚期，南宋前期和后期五个时期对青白瓷内销区域的空间变化进行了讨论。在外销方面，叙述了宋代青白瓷在海外国家和地区的出土情况，以及青白瓷在输入国功用的变化等问题，并梳理了繁昌窑和景德镇窑瓷器运往各外销港口的线路。在此基础上，第四章分长江下游平原与中原地区、辽金地区、川峡地区 3 个专题讨论了宋代青白瓷在大陆空间分布不平衡的社会历史原因，指出区域瓷器手工业发展水平、特定的政治军事形势等都是造成青白瓷分布不平衡的原因。

瓷器从功能上大致可分为生活用品和丧葬用品两大类。第五章首先以长江下游平原和辽地为例，讨论了青白瓷生活用品与社会上层生活方式的关联性。继而从青白瓷明器神煞入手,讨论了唐宋时期江南丧葬文化的地域性。本章对唐宋时期江南地区常见的两类明器神煞——多角坛和盘口瓶做了分区研究,还根据《太平寰宇记》的记载,对宋初江南地区风俗文化的分区做了初步复原,同时并将两种分区结论进行对比,分析了考古实物与历史文献分区的差异及其原因。

第六章讨论了瓷业生产与原料、水源、交通、人口数量、人口构成、城镇等地理因素的互动。在此基础上,探讨了唐宋之际的区域开发与早期青白瓷窑场兴衰的关系。结语部分从地理学的角度反思了瓷业生产与古代社会的关联性,总结了地理学方法对于古代陶瓷研究的意义与可行性。

---

①　中国硅酸盐学会主编:《中国陶瓷史》,北京:文物出版社,1987 年,第 127 页。

②　同上注,第 181 页。

③　李家治在他主编的《中国科学技术史稿·陶瓷卷》第十章"南方白釉瓷的兴起——景德镇窑和德化窑白釉瓷"中说:"本章所讨论的仅涉及施用白釉的瓷器,包括早期的青白釉(影青瓷及釉上彩瓷)",又说"景德镇窑能充分发扬白釉瓷的潜在优势,在精青求精烧制白釉瓷的基础上,创造出釉下彩瓷、釉上彩瓷和颜色釉瓷……影响所及,遍布欧亚大陆"(北京:科学出版社,1998 年)。

④　中国科学院《中国自然地理》编辑委员会编:《中国自然地理·地貌》,北京:科学出版社,1980 年,第 6 页。

⑤　同注①,第 229 页。

⑥　《端明集》卷三五《茶录》。

⑦　白焜:《宋·蒋祈〈陶记〉校注》,《景德镇陶瓷·〈陶记〉研究专刊》,1981 年。

⑧　同上注。

⑨　苏继顾:《〈岛夷志略〉校释》,北京:中华书局,1981 年,第 10 页。

⑩　陈万里在《我对"青白瓷器"的看法》(《文物参考资料》1959 年第 6 期,第 11—13 页)一文中,总结了《岛夷志略》和《星槎胜览》中对货用瓷器的记载。

⑪　同上注。

⑫　同注①,第 307 页。

⑬ 彭适凡、詹开逊:《〈岛夷志略〉中的"青白花瓷器考"》,中国古陶瓷研究会、中国古外销陶瓷研究会《古代陶瓷的外销——一九八七年福建晋江年会论文集》,北京:紫禁城出版社,1988 年,第 158—164 页。

⑭ 刘子芬:《竹园陶说》,邓宝辑《中国古代美术丛书》,国际文化出版公司印行。

⑮ 陈万里:《最近调查古代窑址所见》,《文物参考资料》1955 年第 8 期,第 111—113 页。

⑯ 陈定荣:《江西景德镇杨梅亭古瓷窑》,《东南文化》1992 年第 2 期,第 267—276 页。

⑰ 刘新园、白焜:《景德镇湖田窑考察纪要》,《文物》1980 年第 10 期,第 39—49 页。

⑱ 江西省文物工作队:《江西景德镇柳家湾古瓷窑址调查》,《考古》1985 年第 4 期,第 365—370、359 页。

⑲ 江西省文物考古研究所、景德镇湖田窑陈列馆:《江西湖田窑址 H 区发掘简报》,《考古》2000 年第 12 期,第 73—87 页。肖发标、徐长青、李放:《湖田刘家坞"枢府窑"清理报告》,《南方文物》2001 年第 2 期,第 6—14 页。权奎山:《景德镇湖田窑址·序》,江西省文物考古研究所、景德镇民窑博物馆编《景德镇湖田窑址》,北京:文物出版社,2007 年。

⑳ 周荣林、何身德:《景德镇南河流域古代瓷业的发展》,《南方文物》1994 年第 3 期,第 41—46、33 页。江建新:《景德镇窑业遗存考察述要》,《江西文物》1991 年第 3 期,第 44—50、79 页。

㉑ 江西省文物管理委员会:《江西南丰临川窑址调查》,《考古》1963 年第 12 期,第 686 页。江西省文物工作队、南丰县文化馆:《江西南丰白舍窑调查纪实》,《考古》1985 年第 3 期,第 222—233 页,图版陆、柒。

㉒ 江西省文物考古研究所、南丰县博物馆:《江西南丰白舍窑——饶家山窑址》,北京:文物出版社,2008 年。

㉓ 王咨臣:《赣州市七里镇发现宋代窑址》,《文物参考资料》1956 年第 8 期,第 77 页。

㉔ 薛翘、唐昌朴:《江西赣州七里镇古瓷窑址调查》,文物编辑委员会编《中国古代窑址调查发掘报告集》,北京:文物出版社,1984 年,第 124—132 页。薛翘、唐昌朴:《赣州七里镇古窑址调查记》,《江西历史文物》1982 年第 2 期,第 63—68 页。赣州市博物馆:《江西赣州窑址调查》,《考古》1993 年第 8 期,第 712—715、693 页。

㉕ 江西省文物考古研究所、赣州地区博物馆、赣州市博物馆:《江西赣州七里镇窑址发掘简报》,《江西文物》1990 年第 4 期,第 2—23 页。

㉖　江西省文物考古研究所等:《江西赣州七里镇木子岭窑址发掘简报》,《南方文物》1992 年第 1 期,第 61—67、43 页。

㉗　江西省文物工作队、吉安县文物办公室:《江西吉州窑址发掘简报》,《考古》1982年第 5 期,第 482—489 页,图版八。

㉘　江西省文物考古研究所:《江西吉安临江窑遗址》,《考古学报》1995 年第 2 期,第 243—274 页,图版拾叁至贰拾。

㉙　参见余家栋《江西陶瓷史》第 225 页"宋元时期的江西陶瓷"(开封:河南大学出版社,1997 年)。

㉚　刘新园:《景德镇宋、元芒口瓷器与覆烧工艺初步研究》,《考古》1974 年第 6 期,第 386—393、405 页。刘新园:《景德镇湖田窑各期典型碗类的造型特征及其成因考》,《文物》1980 年第 11 期,第 50—80 页。刘新园、白焜:《景德镇湖田窑各期碗类装烧工艺考》,《文物》1982 年第 5 期,第 85—93 页。

㉛　冯先铭:《我国宋元时期的青白瓷》,《故宫博物院院刊》1979 年第 3 期,第 30—38页。

㉜　江建新:《景德镇宋代窑业遗存与相关问题的探讨》,《景德镇出土五代至清初瓷展》,香港大学冯平山博物馆,1992 年,第 72—98 页。

㉝　裴亚静:《景德镇青白瓷分期研究》,中国古陶瓷研究会编《中国古陶瓷研究》第五辑,北京:紫禁城出版社,1999 年,第 209—221 页。

㉞　刘新园:《宋元时代的景德镇税课收入与其相关制度的考察——蒋祈〈陶记〉著于南宋之新证》,《景德镇方志》1993 年第 3 期,第 5—15 页。曹建文《关于〈陶记〉著作时代问题的几点思考》,《景德镇陶瓷》1993 年第 3 期,第 27—34 页。熊寰:《宋元镇税制度与〈陶记〉著作年代——评刘新园〈陶记〉著于南宋之新证》,《景德镇陶瓷》1993 年第 3 期,第 1—8 页。

㉟　肖发标:《北宋景德镇窑的贡瓷问题》,中国古陶瓷研究会编《中国古陶瓷研究》第七辑,北京:紫禁城出版社,2001 年,第 253—262 页。

㊱　周仁、李家治:《中国历代名窑陶瓷工艺的初步总结》,《考古学报》1960 年第 1期,第 89—104 页。

㊲　刘新园、白焜:《高岭土史考》,《中国陶瓷》1982 年增刊,第 111—170 页。

㊳　Wood, N. , "Chinese Porcelain", *Prottery Quarterly* 12[47],PP. 101—128.

㊴　Wood. N.《宋代景德镇影青瓷器的化学组成及其意义》,中国科学院上海硅酸盐研究所主编《中国古陶瓷研究》,北京:科学出版社,1987 年,第 286—289 页。

㊵　郭演仪等:《元大都发掘的青花和影青瓷》,《考古》1982 年第 1 期,第 96—102 页。

㊶　郭演仪:《古代景德镇瓷器胎釉》,《中国陶瓷》1993 年第 1 期,第 52—60 页。

㊷ 李家治主编:《中国科学技术史稿·陶瓷卷》,北京:科学出版社,1998 年,第 313—349 页。

㊸ 曹建文:《景德镇五代白瓷兴起原因初探》,《景德镇陶瓷》1998 年第 3 期,第 37—40 页。

㊹ 罗学正:《景德镇早期白瓷向青白瓷过渡考略》,《中国陶瓷》1986 年第 6 期,第 27—33 页。

㊺ 张勇、李广宁:《宣州窑白瓷的发现与探索》,中国古陶瓷研究会编《中国古陶瓷研究》第四辑,北京:紫禁城出版社,1997 年,第 107—111 页。

㊻ 张道宏:《试掘繁昌瓷窑遗址》,《文物参考资料》1958 年第 6 期,第 75 页。

㊼ 王业友:《繁昌瓷窑址调查纪要》,《文物研究》第四期,合肥:黄山书社,1988 年,第 152—160 页。

㊽ 李辉炳:《安徽省窑址调查纪略》,《故宫博物院院刊》1988 年第 3 期,第 70—74、88 页。繁昌县文物管理所:《安徽繁昌柯家村窑址调查报告》,《东南文化》1991 年第 2 期,第 219—226 页,图版壹、贰。

㊾ 阚绪杭:《繁昌县骆冲窑遗址的发掘及其青白瓷的创烧问题》,《文物春秋》1997 年增刊,第 170—174 页。

㊿ 杨玉璋、张居中:《试论繁昌窑——2002 年柯家冲窑址发掘的主要收获》,《华夏考古》2006 年第 2 期,第 96—101、112 页。中国科学技术大学科技史与科技考古系、安徽省文物考古研究所、繁昌县文物管理所:《安徽繁昌县柯家冲瓷窑遗址发掘简报》,《考古》2006 年第 4 期,第 37—48 页,图版壹、肆、伍、柒。

51 同注㊾。

52 胡悦谦:《安徽江南地区的繁昌窑》,《东南文化》1994 年增刊一号。陈衍麟:《繁昌窑器釉色及造型工艺》,《文物研究》第十期,合肥:黄山书社,1995 年,第 71—80 页。

53 同注㊻。

54 冯先铭:《记志书中一批有待调查的瓷窑》,《文物》1973 年第 5 期,第 45—51 页。

55 同注㊺。

56 杨玉璋、张居中:《宣州窑及相关问题研究》,《广西民族大学学报(自然科学版)》2007 年第 1 期,第 18—21 页。

57 同注㊾。蔡毅:《关于景德镇与繁昌青白瓷的讨论》,《文物研究》第十期,合肥:黄山书社,1995 年,第 81—83 页。

58 胡悦谦:《安徽江南地区的繁昌窑》,《东南文化》1994 年增刊。邓泽群等:《繁昌窑青白瓷的研究》,郭景坤主编《古陶瓷科学技术 5　国际讨论会论文集》,上海:

上海科学技术文献出版社,2002 年,第 173—178 页。

⑨　冯敏等:《繁昌窑青白瓷的初步研究》,《文物保护与考古科学》2004 年第 16 卷第
　　3 期,第 29—34 页,彩版一至四。

⑩　杨玉璋、张居中:《从繁昌窑青白瓷制作看"二元配方"工艺的产生》,《考古与文
　　物》2006 年第 2 期,第 89—92 页。

⑪　杨玉璋、张居中:《安徽繁昌窑青白釉的初步研究》,《江汉考古》2008 年第 3 期,
　　第 109—112、113 页。

⑫　光绪《武昌县志》卷三《物产》。

⑬　鄂州市博物馆:《湖北鄂城市五处古窑址的调查》,《江汉考古》1995 年第 2 期,第
　　30—35 页。

⑭　武汉市文物处文物普查队:《武汉市武昌县湖泗窑址的初步调查》,文物编辑委员
　　会编《中国古代窑址调查发掘报告集》,北京:文物出版社,1984 年,第 273—275
　　页。

⑮　武汉市博物馆:《武汉市梁子湖古瓷窑址调查》,《江汉考古》1998 年第 4 期,第 12
　　—16 页。

⑯　湖北省文物考古研究所:《武昌青山瓷窑遗址发掘简报》,《江汉考古》1991 年第 4
　　期,第 29—36 页。

⑰　武汉市博物馆等:《湖北武汉江夏区王麻窑址 1988—1996 年的发掘》,《考古学
　　报》2000 年第 1 期,第 89—110 页。

⑱　武汉市博物馆等:《湖北省武汉市江夏区浮山窑址发掘简报》,《江汉考古》1998
　　年第 3 期,第 80—89 页。

⑲　陈文学:《梁子湖 2 号龙窑与龙泉窑关系初探》,《江西文物》1991 年第 4 期,第 85
　　—87 页。

⑳　田海峰:《土地堂青瓷与龙泉青瓷装饰异同浅析》,《江西文物》1991 年第 4 期,第
　　81—84 页。

㉑　熊跃泉、贺世伟:《湖泗窑初探》,中国古陶瓷研究会编《中国古陶瓷研究》第四辑,
　　北京:紫禁城出版社,1997 年,第 219—225 页。

㉒　陈尧成等:《武昌青山窑古代白瓷研究》,《中国陶瓷》1993 年第 3 期,第 54—60
　　页。陈尧成等:《武昌青山窑影青瓷研究》,《江汉考古》1994 年第 4 期,第 92—
　　96、86 页。陈尧成等:《武昌青山窑古代青瓷研究》,《南方文物》1994 年第 3 期,
　　第 44—51 页。

㉓　陈尧成等:《武昌青山窑古瓷制作工艺的科学总结》,《中国陶瓷》1996 年第 3 期,
　　第 41—45 页。

⑭ 彭长琪等:《武昌青山北宋瓷器和窑具的岩相学研究》,《江汉考古》1993 年第 3 期,第 72—75 页。陈尧成等:《武昌青山窑古代窑具及其原料研究》,郭景坤主编《古陶瓷科学技术 3　国际讨论会论文集》,上海:上海科学技术文献出版社,1995 年,第 314—318 页。

⑮ 陈文学、刘志云等:《湖北武昌县青山瓷窑"火照"及其相关问题》,《南方文物》1992 年第 4 期,第 87—90、120 页。

⑯ 黄义军:《湖北梁子湖地区宋代瓷业遗存的初步研究》,硕士学位论文,北京大学考古系,2000 年。

⑰ 《景德镇陶瓷》1993 年 1、2 期,第 6—10 页。

⑱ 孟原召:《泉州沿海地区宋元时期制瓷手工业遗存研究》,硕士学位论文,北京大学考古系,2005 年。

⑲ 郑东:《福建闽南地区古代陶瓷生产概述》,《东南文化》2002 年第 5 期,第 62—56 页。郑东:《厦门宋元窑址调查及研究》,《东南文化》1999 年第 3 期,第 35—43 页。栗建安:《宋元时期漳州地区的瓷业》,《福建文博》2001 年第 1 期,第 53—55 页。陈文:《试论闽南古代烧瓷技术成就》,《福建文博》2003 年第 1 期,第 92—97 页。陈文:《闽南古代瓷窑的类型学考察》,厦门市博物馆编《闽南古陶瓷研究》,福州:福建美术出版社,2002 年,第 81—87 页。叶文程:《闽南地区古代陶瓷的生产与外销》,厦门市博物馆编《闽南古陶瓷研究》,福州:福建美术出版社,2002 年,第 14—24 页。

⑳ 《中国社会经济史研究》1996 年第 2 期,第 45—50 页。

㉑ 何翠媚:《试论宋元时期闽南陶瓷之工业发展及组织》,《福建文博》1999 年第 1 期,第 51—57 页。

㉒ 浙江省文物考古研究所、江山市博物馆:《江山碗窑窑址发掘报告》,浙江省文物考古研究所编《浙江省文物考古研究所学刊》,北京:长征出版社,1997 年,第 178—218 页。

㉓ 同注㉒。

㉔ 见上注及贡昌《婺州窑系中的青白瓷窑》(《婺州古瓷》,北京:紫禁城出版社,1988 年,第 133—140 页)。季志耀:《试谈浙西宋元窑址及其产品的外销》,《中国古陶瓷的外销》(1987 晋江年会),北京:紫禁城出版社,1988 年,第 66—69 页。

㉕ 姚桂芳:《论天目窑》,中国古陶瓷研究会编《中国古陶瓷研究》第四辑,北京:紫禁城出版社,1997 年,第 63—75 页。

㉖ 浙江省文物管理委员会:《温州地区古窑址调查纪略》,《文物》1965 年第 11 期,第 21—34 页。

⑧　浙江省文物考古研究所等:《浙江泰顺玉塔古窑址的调查与发掘》,《考古学集刊 (1)》,北京:中国社会科学出版社,1981 年,第 212—223 页。

⑧　郑建华:《浙江青白瓷遗存初论》,中国古陶瓷研究会编《中国古陶瓷研究》第五 辑,北京:紫禁城出版社,1999 年,第 179—187 页。

⑧　J. M. Plumer, "Chao—Chou Past and Present", *Far Eastern Ceramic Bulletin* Vol. V. No. 2, Serial No. 22, London, 1953. pp. 553—561.

⑨　罗觉原:《谈瓷别录》,《岭南学报》第五卷第 1 期,1935 年,第 1—22 页。

⑨　广州市文物管理委员会编:《广州西村古窑遗址》,北京:文物出版社,1958 年。

⑨　广东省文管会:《广东惠州发现宋代瓷窑遗址》,《文物参考资料》1955 年第 2 期, 第 157 页。

⑨　王在民:《广东潮汕市郊发现宋代窑址》,《文物参考资料》1954 年第 5 期,第 104 页。陈万里:《从几件造像谈到广东潮州窑》,《文物参考资料》1957 年第 3 期,第 36—39 页。

⑨　李辉柄:《广东古瓷窑址调查》,《考古》1979 年第 5 期,第 440—441、411 页,图版 肆、伍。

⑨　广东省博物馆编:《潮州笔架山宋代窑址发掘报告》,北京:文物出版社,1981 年。

⑨　黄玉质、杨少祥:《广东潮州笔架山宋代瓷窑》,《考古》1983 年第 6 期,第 517—525 页。

⑨　饶宗颐:《潮州宋瓷小记》,《选堂集林・史林》(中),香港:中华书局,1982 年,第 859—875 页。

⑨　曾广亿:《潮州笔架山宋代瓷窑分析研究》,李炳炎编著《潮州窑》,汕头:汕头大学 出版社,2004 年,第 10—23 页。

⑨　张典奎、李中和:《广东潮州笔架山宋代古瓷的研究》,李家治、陈显求主编《古陶 瓷科学技术 2　国际讨论会论文集)》,上海:上海科学技术文献出版社,1992 年, 第 207—210 页。

⑩　广州市文物管理委员会编著:《广州西村古窑遗址》,北京:文物出版社,1958 年。 广州市文物管理委员会、香港中文大学文物馆编:《广州西村窑》,香港中文大学 中国考古艺术研究中心,1987 年。

⑩　同注⑨。

⑩　曾广亿:《广东惠阳白马山古瓷窑调查记》,《考古》1962 年第 8 期,第 414 页。广 东省文物管理委员会:《广东惠阳新庵三村古瓷窑发掘》,《考古》1964 年第 4 期, 第 196 页。惠阳地区文化局等:《广东省惠州北宋窑址清理简报》,《文物》1977 年第 8 期,第 46 页。

⑩ 古运泉:《广东唐宋陶瓷生产发展原因初探》,《广东唐宋窑址出土陶器》,香港冯平山博物馆,1985 年。第 11 页。杨少祥:《广东唐至宋代陶瓷对外贸易略述》,《广东唐宋窑址出土陶瓷》,香港大学冯平山博物馆,1985 年,第 22－25 页。曾广亿:《广东出土五代至明清陶瓷》,《广东出土五代至清文物》,香港中文大学文物馆,1989 年,第 139－161 页。曾广亿:《广东瓷窑遗址考古概要》,《江西文物》1991 年第 4 期,第 105－108 页。黄惠怡:《广东地区唐宋时期制瓷手工业遗存的初步研究》,硕士学位论文,北京大学考古系,2003 年。

⑭ 李鸿庆:《兴安发现古窑址》,《文物》1962 年第 9 期,第 60 页。李铧:《广西兴安县严关宋代窑调查》,《考古》1991 年第 8 期,第 764 页。

⑮ 桂林市博物馆:《广西桂州窑窑址》,《考古学报》1994 年第 4 期,第 499－526 页,图版拾壹至拾陆。

⑯ 广西壮族自治区文物工作队:《广西永福窑田岭宋代窑址发掘简报》,文物编辑委员会编《中国古代窑址调查发掘报告集》,北京:文物出版社,1984 年,第 201－212 页。刘烈辉:《广西永福县山北洲宋代窑址调查》,《南方文物》1993 年第 1 期,第 21－22 页。

⑰ 广西壮族自治区博物馆:《广西桂平宋瓷窑》,《考古学报》1983 年第 4 期,第 501－519 页。

⑱ 韦仁义:《广西藤县宋代中和窑》,文物编辑委员会编《中国古代窑址调查报告集》,北京:文物出版社,1984 年,第 179－194 页。

⑲ 彭长林:《北流市岭桐宋代窑址》,《中国考古学年鉴(1996)》,北京:文物出版社,1998 年,第 225－226 页。

⑩ 广西壮族自治区文物工作队:《广西容县城关宋代瓷窑》,《考古学集刊(5)》,北京:中国社会科学出版社,1985 年,第 264－276、284 页。

⑪ 蒋廷瑜:《广西考古四十年概述》,《考古》1998 年第 11 期,第 1－10 页。

⑫ 韦仁义:《广西北流河流域的青白瓷及其兴衰》,《景德镇陶瓷》1984 年总 26 期,第 110－118 页。韦仁义:《宋代广西的青白瓷》,广西壮族自治区博物馆编《广西博物馆建馆 60 周年论文选集》,南宁:广西民族出版社,1993 年,第 322－325 页。

⑬ 李铧、刘烈辉:《景德镇陶瓷对广西的输入和影响》,《景德镇陶瓷》1993 年第 1、2 期,第 91－93 页。

⑭ 陈小波、封绍柱:《广西出土的青白瓷堆塑瓶及相关问题》,《南方文物》1998 年第 3 期,第 72－81 页。

⑮ 温其洲:《宋代广西烧造腰鼓的瓷窑及定窑、磁州窑腰鼓》,《广西社会科学》1997 年第 5 期,第 89－91 页。

⑯　肖清薇:《容县博物馆藏宋代瓷碗印模》,《文物》1994 年第 1 期,第 72 页。

⑰　益阳地区文物工作队等:《湖南益阳县羊午岭古窑址调查》,《考古》1983 年 4 期,第 334—339、342 页。

⑱　周世荣:《湖南醴陵、郴县、衡东、耒阳古窑址调查记》,张道一主编《中国古陶瓷研究》,北京:紫禁城出版社,1987 年,第 33—40 页。

⑲　国家文物局主编:《中国文物地图集·湖南分册》,西安:西安地图出版社,1997 年。

⑳　同注㉛。

㉑　陈定荣:《影青瓷说》,北京:紫禁城出版社,1991 年。

㉒　彭涛、石凡:《青白瓷鉴定与鉴赏》,南昌:江西美术出版社,2004 年。

㉓　庄万里文化基金会,1998 年。

㉔　熊海堂:《东亚窑业技术发展与交流史研究》,南京:南京大学出版社,1995 年,第 201 页。

㉕　同上注,第 12 页。

㉖　权奎山:《试论南方古代名窑中心区域移动》,《考古学集刊(11)》,北京:中国大百科全书出版社,1997 年,第 276—288 页。

㉗　任世龙:《浙江古代瓷业的考古学观察——遗存形态·制品类型·文化结构》,浙江省文物考古研究所编《浙江省文物考古研究所学刊》,北京:长征出版社,1997 年,第 296—307 页。

㉘　秦大树:《宋元明考古》,北京:文物出版社,2004 年,第 280—290 页。

㉙　〔英〕约翰斯顿主编:《人文地理学词典》,柴彦威等译,柴彦威、唐晓峰校,北京:商务印书馆,2004 年,第 587—591 页。

㉚　Hartshorne, R., 1939: The Nature of geography: a critical survey of current thought in the light of the past. Lancaster, Pa: Association of American Geographers.

㉛　徐苹芳:《中国历史考古学分区问题的思考》,《考古》2000 年第 7 期,第 80—87 页。

㉜　秦大树:《宋代陶瓷礼器的生产和生产机构》,《文物》2005 年第 5 期,第 64—73、95 页。

㉝　唐晓峰:《地理学与"人文关怀"》,《读书》1996 年第 1 期,第 61—66 页。

㉞　唐晓峰:《文化与过程——美国历史地理学特色一瞥》,唐晓峰《人文地理学随笔》,北京:生活·读书·新知三联书店,2004 年,第 334—345 页。

㉟　赵世瑜、周尚意:《中国文化地理概说》,太原:山西教育出版社,1991 年,第 151—152 页。

第一章　青白瓷起源的社会文化背景

陶瓷史家认为,在唐代瓷器手工业中,青瓷和白瓷占主导地位,其地理布局特点是"南青北白",南方主要烧青瓷,北方以白瓷为主[①]。到了宋代,南方许多窑场,改变了以青瓷为主导的发展方向,竞相烧造青白瓷。

南方的瓷业生产从青瓷到青白瓷固然是一个显而易见的巨大转变,但应该注意,在青白瓷流行以前,南方地区还经历了一个生产白瓷的时代。无论是讨论南方青瓷生产传统的变迁,还是青白瓷的源流,都不能忽视南方早期白瓷的存在。以往陶瓷界认为青白瓷的创烧与尚玉的风气有关[②],但这一观点并没有得到实物与文献材料的充分支持。因此有必要从近几十年的考古发现入手,回顾宋代青白瓷窑系形成以前南方地区瓷业地理布局的变化趋势,重新检讨青白瓷的起源问题。

青白瓷一名得自于宋人的记载。早在北宋英宗治平元年(1064年),蔡襄在其所著《茶录》中就提到"青白盏"[③],南宋吴自牧《梦粱录》卷十三"铺席"条记有"平津桥沿河布铺、黄草铺、温州漆器、青白瓷器",同卷"诸色杂买"中记录的"家生动事"(日用器具)也有"青白瓷器,瓯、碗、碟、茶盏、菜盒"等。这两条记载表明,青白瓷是南宋都城临安(今浙江杭州)店铺中一种常见的商品。南宋蒋祈《陶记》谈到南方各地人对瓷器釉色品种的喜好时也说:"若夫浙之东西,器尚黄黑,出于湖田之窑者也;江、湖、川、广器尚青白,出于镇之窑者也"[④]。根据刘新园的考证,"江、湖、川、广"——今江西、两湖、四川出土的大量南宋青白瓷,与景德镇市区南宋窑场的产品完全相同⑤。因此,《陶记》中所说的"青白"瓷器,正是景德镇青白瓷。

近世以后,青白瓷又有了"影青"的别名。"影青"起初并不指宋代青白瓷,许之衡《饮流斋说瓷》说:"永乐影青一种,瓷质极薄雕暗龙,表里可以映见花纹,微现青色,故曰影青"⑥。大概人们觉得宋代青白瓷更符合"影青"的特点,久而久之,这一名称便成为它的专称了。宋代文献中的"青白瓷"以及近世"影青"一名,多以景德镇宋代青白瓷为标准。学术界对青白瓷的定义则宽泛得多,凡是"釉色介于青白二色之间,青中有白和白中显青"的瓷器,都可以称为青白瓷。《中国陶瓷史》认为:"由宋迄元,青白瓷盛烧不衰,形成了一个大的瓷窑体系。"除景德镇外,"属于青白瓷窑系的还有吉安永和镇窑、广东潮安窑、福建德化窑、泉州碗窑乡窑、同安窑、南安窑等"⑦。经过近几十年的陶瓷考古,青白瓷窑系中又加入了更多地区的窑场。除上述各地,安徽、湖北、浙江、广西、湖南等地都有青白瓷窑址的报道。

这些窑场生产的青白瓷,大部分与鉴赏家所称的"影青",即景德镇成熟时期的青白瓷,有很大的区别。如繁昌窑青白瓷色调泛黄或泛灰,其上品也微带灰色。青山窑青白瓷的釉色偏灰或偏绿。不仅如此,就是一地所产的青白瓷,也会因早晚阶段的不同而存在差异。如景德镇北宋早期的青白瓷釉色偏黄,到成熟期才呈现出纯正的青白色,晶莹剔透,有类玉的效果。

可见,青白瓷的釉色不仅存在地域差异,还存在从产生到成熟的阶段性变化。因此,不能以某一窑场,如景德镇成熟时期的青白瓷为标准,讨论其他窑场青白瓷的创烧时间。探索青白瓷的起源,主要是确定有关窑场从偶然烧成青白瓷到熟练运用青白瓷生产技术,大量烧制此类产品的过程。

从工艺史的观点看,青白瓷属于广义的白釉瓷。因此,探讨青白瓷的起源,有必要首先回顾一下白瓷在我国产生与发展的历史。

第一节 "南青北白"瓷业地理布局的形成

一 白瓷在北方的创烧与发展

自东汉晚期在南方地区烧制出成熟的瓷器以来,在相当长的时间里,中国古代的瓷业生产以青瓷和黑瓷为主。大约在北魏迁洛前后,制瓷技术从瓷器的起源地——南方传播到北方地区。到北朝晚期的北齐王朝,制瓷业在北方地区扩展开来。这一时期,北方地区在改进青瓷质量的过程中,创烧出了白瓷⑧。这是瓷器手工业史上一项重要的技术革命。在欧洲,瓷器(Porcelain)一词首先出现于意大利,指的就是具有光洁的白釉和白色致密胎体的器物,至今欧美人仍倾向于将瓷器界定为呈白色并略具透明性胎体的白瓷。从这个意义上讲,中国白瓷的创制,也是欧美人所说的真正瓷器的起源⑨。白瓷的诞生,打破了青瓷和少量黑瓷一统天下的瓷业地理格局。

陶瓷界一般以"南青北白"来形容唐代瓷器生产布局。但所谓"南青北白"主要指中晚唐时期的瓷器生产格局,并不能代表整个唐代的瓷业生产情况。

据李知宴在20世纪80年代中叶的统计,考古发现70%的唐代窑址都烧造青瓷。中原北方地区已发现的22处唐代窑场,除2处以烧造黑瓷为主,3处以烧造白瓷为主外,其他都是兼烧黑、青、黄等多种釉色品种。唐墓出土瓷器中,绝大多数都是青瓷、黑瓷、酱釉瓷,唐代前期和中期尤其如此⑩。这种状况到中晚唐时期,发生了改变。北方各地在这一时期出现了一大批生产白瓷的窑场,它们以邢窑为中心,与南方以越窑为中心的青瓷产区形成对峙之势,使中古时期的瓷器手工业生产呈现出"南青北白"的格局(图1—1)。

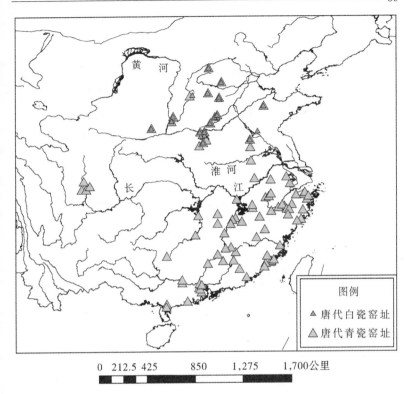

图1-1　中晚唐时期:南青北白的瓷业地理格局

　　附表1-1中北方贡瓷的地点,中唐以前有"河南道"(据《元和郡县图志》、《唐六典》)和"河南府"(据《通典》)。考古工作者在巩义市北山口乡的白河村,发现了以生产白釉瓷为主的窑址,器类有碗、水盂、粉盒、盆、罐、瓶、壶、盘等。相同的白瓷器残片在唐大明宫遗址也有发现。因此,白河窑被认为可能是《元和郡县图志》所载开元间贡白瓷的窑场所在[11]。中唐以后,邢州也贡瓷器(据《新唐书》)。在河北内丘和临城,考古工作者找到了唐代最著名的白瓷窑场——邢窑。在窑址发现的白瓷片上,有些刻有"盈"字,研究者认为"盈"是盛唐设立的皇帝私人仓库——大盈库的简称[12]。邢窑可能早在盛

唐时期就提供宫廷用瓷,但其大发展应在中晚唐时期。中唐李肇撰
《唐国史补》曰:"内丘白瓷瓯,端溪紫石砚,天下无贵贱通用之","内
丘"就是邢窑所在地,这条记载说明中唐时期邢窑已进入盛烧期。
贡御的白瓷是各窑场的精品,采用高质量的坯料,胎质洁白,不施化
妆土。除此之外,各窑场还生产粗质白瓷,这类白瓷胎体相对粗糙,
通过施化妆土来增加白度,主要供周围地区一般民众使用[13]。这样,
原来主要供社会上层使用的白瓷,也普及到一般民众的生活中。

北方地区唐代白瓷生产的空间变化表现在,中唐以前,白瓷窑
场主要分布在唐代两京及周边地区,并且形成了两个生产中心:一
是以邢窑为中心的太行山东麓地区,二是以巩县窑为中心的河南中
西部地区。中唐以后,白瓷技术进一步扩散,在山东、山西和安徽北
部地区都出现了烧制白瓷的窑场。晚唐五代以后,太行山东麓白瓷
产区发生了生产中心的转移,邢窑逐渐被新兴的定窑取代。

在唐代北方,白瓷是一种质量超过青瓷的瓷器品种。中晚唐时
期白瓷生产的扩大,正是瓷业生产得到发展的表现,也是与唐德宗
以后社会经济的巨大变化相适应的。其一,安史之乱以后,大量农
户逃亡,国家税收锐减。唐德宗建中元年(780 年)杨炎建议下颁两
税法以取代过时的租庸调法。两税法以土地和财产的多少作为征
税的主要标准,扩大了赋税的承担面,也减少了农民对土地的人身
依附。其二,德宗以后国家税收适应中央与藩镇并存的现实,以留
州、送使、上供的三分制进行分配,国家财政出现了地方化倾向[14]。
地方官员拥有一定的地方财政自主权后,积极恢复农业生产,增加
粮食收入,吸引大批逃户,增加当地人口。通过优惠政策吸引手工
业者,开发当地资源,因地制宜的发展地方经济[15]。以越窑所在的余
姚县为例,唐代宗大历年间(766-779 年),余姚县令王士宽,"营邑
室,创器用,复流庸,辟灾畲。"政绩卓著,其墓志称:"凡江南列邑之
政公冠其首,其制邑辟田增户之绩则会稽之课,地官之籍载焉"[16]。
德宗以后,延续了这一发展势头。根据谢纯龙的研究,越窑中心产

区经过从东汉至唐前期的缓慢发展,到中晚唐至北宋前期达到鼎盛[17]。到唐穆宗长庆年间(821—824年),越州开始烧造贡御用瓷(见附表1—1)。因此,越窑在中晚唐时期的复兴或可视为地方经济蓬勃发展的表现之一。

二　北方地区唐墓出土白瓷的增多与上层对白瓷的偏爱

1. 北方地区北朝至唐代墓葬白瓷的出土概况

北朝到隋代的白瓷器出土很少,只发现于都城附近的一些贵族墓葬中。北齐武平六年(574年)河南安阳范粹墓[18]中出土9件白瓷器,这是目前发现最早的一批白瓷器,范粹为北齐骠骑大将军,官居从一品。其后,隋开皇十五年(595年)河南安阳张盛墓[19]出土的白瓷,在釉胎方面都比北齐时有了改进,张盛为征虏将军、中散大夫。西安郊区隋大业四年(608年)李静训墓[20]出土的白瓷釉面光滑,胎质洁白,表明了白瓷制作工艺水平的提高,李静训为北周宣帝外孙女。此外,河北曲阳隋尉仁弘墓[21]也出土过白瓷器,墓主尉仁弘曾任右骁卫司骑参军等职。

唐代墓葬出土白瓷的概况,可以根据有关研究成果[22]作如下归纳:

7世纪初至7世纪末的初唐时期(高祖至高宗),与隋代的情形相似,随葬瓷器绝大多数是青瓷。除越窑外,其他产品水平都不高。总的来说,瓷器在随葬品中所占比例较小,白瓷数量很少。有的白瓷与青瓷的界限还不十分明显。白瓷的主要品种有碗、高足盘、盂、唾盂、鸡首壶、双龙柄瓶、蒜头瓶、罐。

7世纪末至8世纪末的盛唐时期(武则天至代宗),随葬品中白瓷、青瓷数量有所增加,黑釉、黄釉、酱釉等品种陆续出现。白瓷质量有较大提高。大型器减少,实用器增多。白瓷的主要品种有碗、盂、杯、三足碟、盒、唾盂、瓶、贴塑罐、塔式罐、水注、砚、灯等。

8世纪末到10世纪初的中晚唐时期(德宗至唐末),随葬瓷器的品种更丰富。白瓷、青瓷、黑瓷、酱釉瓷、黄瓷、褐瓷等质量明显提高,缸胎器物大量出现。白瓷造型与种类明显增多,除多种形制的碗、盘、杯、壶、瓶、盏托、唾盂、扣盒、罐等生活日用器,还大量出现狮、虎、象、狗、猫、龟、人骑小狮、兔等玩具。

从墓主身份看,出土白瓷的初唐与盛唐墓葬多为高等级的贵族和品官墓。进入中晚唐以后,一些平民墓葬中也发现较多的白瓷器。从分布地域上看,初唐和盛唐时期出土白瓷的墓葬集中在两京地区;中晚唐以后以两京地区为中心,呈现出向周边地区扩散的趋势。河北、山西、山东、北京、辽宁等北方地区的唐墓都常见白瓷,甚至远在甘肃和内蒙的墓葬也出土了白瓷器。总之,从初唐到中晚唐,北方墓葬出土白瓷的分布从两京向周边地区扩散;从使用者身份看,白瓷似经历了一个由社会上层向中下层扩散的过程。北方白瓷在使用上的空间变化,与其生产上的空间变化大体是一致的。

2. 中晚唐时期,白瓷成为北方中上层使用的最主要的瓷器品种

中唐以后,在北方社会中上阶层墓葬的随葬瓷器中,白瓷逐渐占主导地位。以偃师杏园唐墓[②]为例,1983—1993年,考古工作者在河南偃师杏园发掘了69座唐代中下级官吏墓葬。对各期随葬品种类、瓷器釉色与器类所作的统计表明,从初唐到晚唐,瓷器在各类随葬品中所占比例逐渐增大,白瓷在各种釉色的瓷器中逐渐取得优势(表1—1、1—2,图1—2、1—3、1—4)。由于这些墓葬的墓主大多为唐代中级官吏,因此上述统计结果可以说明,9—10世纪,白瓷较其他釉色的瓷器,更受北方社会上层的青睐。

在全面统计北方地区唐墓出土瓷器后,也发现了与上述结论相似的现象(图1—5、1—6、1—7),即初唐与盛唐时期,白瓷出土较少,

器类较为简单；中晚唐以后，白瓷数量增加，出现了新的器类组合。从地域上看，两京地区一直是唐代白瓷发现最多的地区。根据白瓷在唐代两京地区的集中出土以及成为品官墓常见随葬品的事实（附表1－2、1－3、1－4），似可推断中晚唐时期北方社会上层对白瓷的偏爱。

表1－1　偃师杏园唐墓各期随葬品种类统计表

时期	墓数	三彩	陶器	陶俑	瓷器	金银器	铜器	玉石器	铅器	铁器	漆器	象牙器	骨蚌器	随葬品总数	瓷器在随葬品中所占比例	瓷器与墓数的比例
初唐	2	58			0		1			1				60	0.00%	0.000
盛唐	23	20	49	242	10	9	48	19		17	15	1	22	452	2.21%	0.435
中唐	16	1	42		33	16	45	35	3	14	7		11	207	15.94%	2.063
晚唐	29	2	32	7	93	21	119	70	1	40	2		39	424	21.93%	3.207

表1－2　偃师杏园唐墓各期随葬瓷器釉色与器类统计表

时期	白瓷	青瓷	彩瓷	酱釉	黄釉	黑釉	总数	白瓷在瓷器中所占比例
初唐	0						0	0.00%
盛唐	2	4		4			10	20.00%
中唐	18	3		9	2	1	33	54.55%
晚唐	75	4	8	2	3	1	93	80.65%

瓷器在随葬品中所占比例

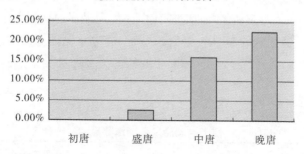

图 1-2　偃师杏园唐墓出土瓷器统计图(1)

每座墓出土瓷器（件）

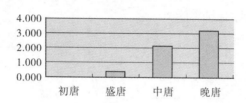

图 1-3　偃师杏园唐墓出土瓷器统计图(2)

白瓷器在随葬品中所占比例

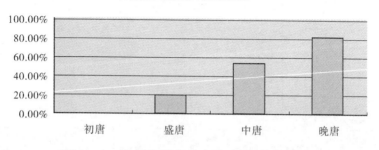

图 1-4　偃师杏园唐墓出土白瓷统计图(3)

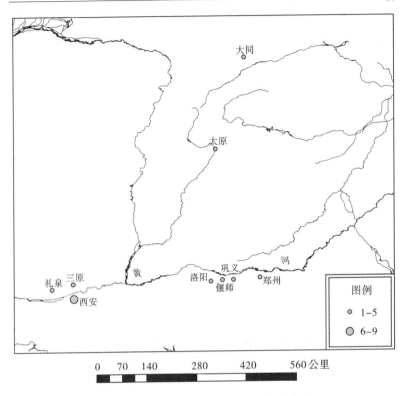

图 1-5　北方初唐墓出土白瓷分布图

　　这一推断还有两个旁证。其一是考古发现的晚唐到北宋中期
"官"或"新官"字款白瓷。这批瓷器分白釉和青釉二种,绝大多数为
白瓷。有研究者认为,"官"与"新官"应是中央行政机构中掌管膳食
的太官署的简称,官款瓷器是太官署到有关窑场定烧的作为祭祀、
朝会、宴飨、供应膳食的膳具[24]。也有研究者对"官"和"新官"款白瓷
的墓主作了一番考察后发现,"出土官款白瓷的墓葬墓主,除若干未
见发掘报告无从确认,以及少数可能属于一般庶民墓葬外,多数均
为皇族显宦或财力较雄厚的中上阶级"[25]。其二是都城遗址出土的
白瓷。在西安大明宫遗址麟德殿保管所院内曾出土大批细白瓷,包

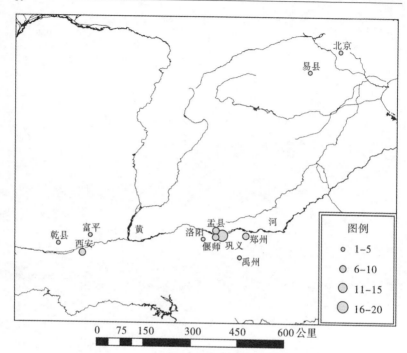

图 1—6　北方盛唐墓出土白瓷分布图

括"盈"字款白瓷器。另外在翰林院遗址、三清殿遗址都发现了唐代邢窑的细白瓷[80]。长安城太液池的使用年代大约为 662—904 年,该遗址出土瓷器也以白瓷为主,器类有碗、盘、注壶、枕、盒等,其中一件碗上也有"官"字款的刻铭[81]。都城宫苑遗址出土瓷器的情况表明,白瓷是唐代宫廷生活用瓷的重要品种。

中晚唐时期的文学作品,反映出南北方知识阶层对地方瓷器产品的偏爱。中唐时期,南方复州竟陵(今湖北天门)人陆羽在《茶经》卷中《四之器》中提出青瓷适合饮茶的观点,认为"邢不如越",他说:"若邢瓷类银,越瓷类玉,邢不如越,一也,若邢瓷类雪,则越瓷类冰,邢不如越,二也。"长洲(今江苏吴县)人陆龟蒙也赋诗盛赞越窑青瓷,形容它具有"千峰翠色"的美感[82]。华州下邽(今陕西渭南)人白

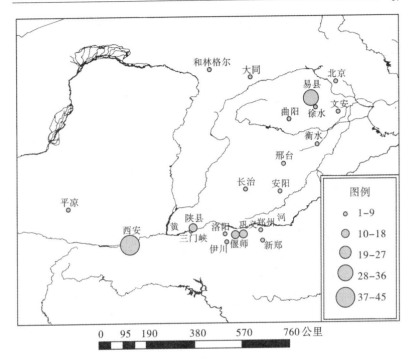

图1—7　北方中晚唐墓出土白瓷分布图

居易却喜欢用白瓷瓯来喝茶,他的诗中说:"傍边洗茶器,白瓷瓯甚
洁"[29]。洛阳(今河南洛阳)人元稹也用北方邢窑瓷器来作茶具,他的
《饮致用神麴酒三十韵》诗曰:"七月调神麴,三春酿绿醽。雕镌荆玉
盏,烘透内丘瓶"[30]。京兆万年人(今陕西长安)颜真卿《五言月夜啜
茶联句》有"素瓷传静夜,芳气满闲轩"[31]之句,这里的素瓷当指白瓷。
颜真卿等人在饶州(治今江西波阳)的云门教院举行品茶联咏诗会,
不用南方青瓷而用白瓷,表现了他们的文化价值的选择[32]。

　　当然,也有像皮日休一样,对邢越二窑都大加赞美的诗人,他在
《茶瓯》诗说"邢人与越人,皆能造兹器,圆似月魂堕,轻如云魄起"[33]。
结合考古实物和文人作品两方面,可以认为审美因素在地方瓷器品
种的选择中还是存在的。

第二节　北方白瓷在南方的传播与南方白瓷的创烧

一　中晚唐:南方地区出土白瓷的增多

南方地区出土白瓷的增多,也是在中晚唐时期。白瓷主要发现于墓葬和城市遗迹中,一般认为它们是北方邢窑和定窑的产品,也有人推测为南方窑场所产㉞。由于迄今为止南方地区并没有发现烧造白瓷的唐代窑址,因此这一推测还有待证明。

无论是墓葬还是遗址出土的唐代白瓷器,都集中分布在水陆交通干线上的城市,如扬州、镇江、长沙、桂林等(图 1-8,附表 1-5)。李肇《唐国史补》曰:“内丘白瓷瓯,端溪紫石砚,天下无贵贱通用之。”这里的“天下”并非指唐代所有的地区,应该主要指交通发达的大城市而言。

扬州和镇江都发现了不少的唐代白瓷。以扬州为例,代表性的器物有扬州湾头砖瓦厂出土的白瓷盉,“七八二”工程出土的白瓷执壶,邗江雷塘公社出土的白瓷碗,以及城东公社出土的白釉瓷枕,扫垢山遗址出土的白釉绿彩瓷盘、白釉绿彩瓷碗、白釉褐斑瓷羊、瓷狗㉟,扬州梅岭小学唐代地层出土的油灯,扬城城北黄巾坝花木场出土的粉盒等㊱。在扬州和镇江,不仅发现了为数不少的唐代白瓷,而且还伴出了大量的唐代长沙窑瓷器和越窑青瓷。这三类瓷器被称为中晚唐外销瓷中的“三组合”。可见,白瓷在扬、镇一带的出土与外销还有一定的关系。

扬州地处交通要冲,为南北交通枢纽,隋代大运河的兴修带来了这一地区工商业的繁荣。当地金银铜器、锦绫绫绵、米、糖、药材等手工业十分兴旺,冶炼铸造也有较高水平㊲。中唐以来“诸道节度观察使以广陵当南北之冲,百货所集,多以军储货贩,例置邸肆,名托军用,实私其利焉”㊳。“富商大贾,动愈百数”㊴,还有无数外商云

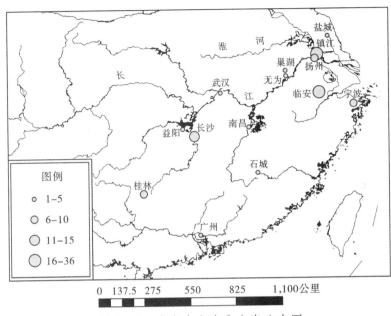

图1—8　南方出土唐代白瓷分布图

集扬州,使这里成为唐代著名的外贸港口。有学者认为,日本出土的唐代白瓷有不少应是由扬州出港的。在大运河沿岸,不仅船员经常携带当地土产往返南北进行贸易,瓷商也可能经由大运河将北方的瓷器运往扬州而后泛海他国。加上扬州也居住了因安史之乱而南迁的北人,其中有的又以经商营生。因此,扬州出土有大量北方陶瓷可以说是极为自然的事[40]。

　　长沙是南方地区出土白瓷较多的城市,历年共出唐代白瓷近20件。对于这些白瓷的产地,学术界尚未取得一致的意见。关于长沙出土唐代白瓷的原因,有研究者认为与中晚唐时期湘江流域北方移民增多、商业繁荣的背景有关[41]。但结合扬州集中出土白瓷的事实,似可认为长沙出土的白瓷与同时期长沙窑瓷器的外销有关。扬州既是北方白瓷外销的港口,又是长沙窑的外销港口。瓷器商人往返于扬州和潭州(治今湖南长沙)之间,从扬州携回一些白瓷自然十分方便。

桂林建城以来发现的瓷器,以中晚唐时期邢定二窑白瓷碗数量最多。这些北方白瓷通常与长沙窑彩绘瓷、越窑青瓷和波斯陶罐同时出土,而且多发现于衙署、寺庙附近。研究者推测它们可能是由官员携入,或作为馈赠佳品遗留下来的[42]。

除上述城市外,武昌、南昌、广州等地也出土了少量的唐代白瓷。显然,白瓷在南方的流布具有鲜明的地域特点,即多分布在长江、湘江和赣江等重要交通线上的大城市和主要的对外贸易港口。在远离重要交通线的偏远地区,白瓷极少发现或根本不见。这种现象绝非偶然。从一定意义上讲,白瓷,尤其是邢窑和定窑生产的精细白瓷,是受北方上层社会重视的珍贵日用品,也是唐代两京地区流行文化的组成部分。中晚唐时期,随着两京文化向周边地区的扩散,白瓷也来到南方。无论是对白瓷的接受程度还是获取这种高级日用品的能力,大都市显然都会超过偏远乡村。不仅是瓷器,南方唐墓的中原文化因素,也有沿重要交流线扩散的特点。如唐三彩和中原风格陶俑的分布地域即体现这一特点[43]。这种现象,一方面反映出中央政府对不同地域的控制程度,另一方面也反映出南方各地开发进程的不同。

尽管中晚唐时期,南方地区白瓷发现增多,但相对青瓷而言,白瓷所占比例很小,且流行地域极其有限。在一个广大的青瓷生产区中,这些主要来自北方名窑的白瓷只是零星的点缀。

二 五代十国时期:白瓷在南方出现普及的趋势

到五代十国时期,白瓷在南方的分布出现了一些变化(图1—9,附表1—6),主要表现在四个方面。第一,南方十国墓葬出土白瓷的数量激增;第二,白瓷在南方分布的地域较之唐代扩大;第三,出土白瓷的墓主,有皇室和高级官吏,也有为数不少的平民;第四,从窑口看,既有北方名窑白瓷,也有更多南方本地烧造的产品。

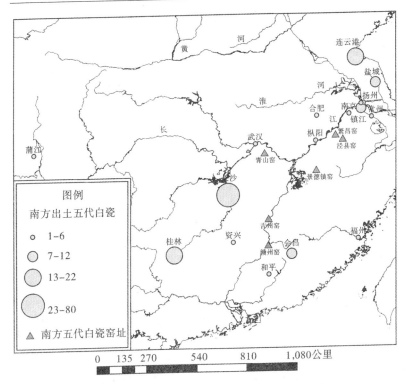

图1—9　南方出土五代白瓷及白瓷窑址分布图

　　杨吴、南唐墓葬中,身份较高的墓主普遍随葬白瓷。如南唐二陵[44]、常州半月岛五代墓[45]和邗江蔡庄五代墓[46]等。南唐二陵是南唐先主李昪钦陵和中主李璟顺陵;邗江蔡庄五代墓被认为可能是葬于大和元年(929年)的杨吴寻阳公主墓。该墓出土了4件白瓷器,其中一件碗还加了银扣,足见其珍贵,而同出的青瓷质量很差,胎釉剥落严重,看来是作为粗瓷入葬的;常州半月岛五代墓出土了帽饰,发掘者认为是官服,墓主身份也不低。到五代晚期,一些平民墓中也常见白瓷随葬。如江西会昌西江五代墓[47],出土瓷器11件,10件即为白瓷。该墓随葬器物与九江周一娘墓[48]多有类似,后者葬于周世宗显德元年(954 年),会昌西江五代墓的年代也应相近。

　　根据周世荣的统计,长沙发现的 310 座十国马楚墓共出土瓷器 110 件,除 1 件青瓷器外,其余均为白瓷。这些墓葬绝大部分为小型土坑竖穴墓,墓室长度通常为 2.4－2.7 米。随葬品以陶瓷器为主,且以日用粗陶居多[49]。这些墓葬的主人可能是平民。马楚高级墓葬迄今尚未报道,参考其他几国的情况,估计也随葬白瓷。

　　地处偏远的闽国,白瓷的出土相对较少。唐末五代的白釉瓷器,多出于福州的闽国王室墓。如第三任闽王王延钧之妻刘华墓(930 年),出土 13 件陶瓷器,有 1 件白瓷碗[50]。闽王王审知夫妇(王审知葬于 926 年;任氏卒于 918 年)墓出土了 3 件青瓷,4 件白瓷[51]。但五代晚期葬于福州马坑山的平民林十七娘墓(952 年)也出土了 1 件白瓷粉盒[52]。

　　在越窑中心产区的吴越国,早期的王室墓葬出土的瓷器,有青瓷、白瓷两种,质量都很高。如钱宽墓出土的 22 件瓷器中,就有 19 件精细白瓷[53],水邱氏墓出土的 42 件瓷器中,白瓷多达 17 件,多数外底有“官”或“新官”刻款,碗还有金钿装饰[54]。到吴越国晚期,王室墓葬改变为以随葬优质青瓷为主,白瓷几乎不见。这一现象可能与秘色瓷的烧成有关[55]。

　　在北方白瓷传统南渐的过程中,越窑青瓷却正经历一个为北方上层接受的过程,后者可能与南方饮茶风尚的北传有关。早在中唐时期,南方人陆羽就在《茶经》中赞美越瓷类冰,认为“邢不如越”,陆羽的这种偏爱对社会上层应有一定影响。在唐代咏赞瓷器,尤其是有关茶具的诗歌中,越窑显然是最受关注的对象。至迟在唐穆宗长庆年间(821－824 年),越窑就开始为皇室烧制贡瓷。陕西扶风法门寺出土的 14 件秘色瓷就是例证[56]。这 14 件秘色瓷,大部分都是茶具。越窑瓷器在 9－10 世纪的许多高等级墓葬和塔基中的出土[57],证明它的地位并没有因为北方白瓷的南渐受到削弱。

　　南方地区 9－10 世纪的白瓷与越窑青瓷,在空间分布上各有侧重。大致情况是,在十国王室墓葬和其他高等级墓葬中,越窑青瓷与白瓷同出的现象十分常见;从地域上看,长江沿岸城市及十国都城为越窑青瓷与白瓷的重叠分布区,湘江流域和赣江流域越窑青瓷发现不多,五代时期,这两个区域的白瓷数量增长最快;而越窑所在的浙江地区,中下层人士的随葬瓷器以越窑系青瓷为主,白瓷很少发现。

随着北方白瓷向南方的传布,南方地区的一些窑场也开始烧制白瓷。由于当时南方的青瓷名窑越窑方兴未艾,这些白瓷窑场均分布于唐代越窑的边缘区,说明它们主要是为了适应周边地区对白瓷的需求,并未与越窑形成竞争之势。

第三节　南方的白瓷生产与青白瓷的产生

一　白瓷生产在南方的兴起

随着白瓷需求的增大,至迟到五代时期,南方地区开始烧造白瓷。

考古材料表明,南方最早生产白瓷的窑场主要有江西景德镇窑、赣州窑、吉州窑,安徽繁昌窑、泾县晏公窑,武汉青山窑(参见图1—9)。这六处窑场,大多存在一个从单一烧制青瓷,向增烧白瓷转变的过程,而且它们也是较早大量生产青白瓷的窑场。这些窑场的存在,表明了成熟期青白瓷与南方早期白瓷的密切关系。以下简要介绍各窑址的地层堆积或釉色品种情况。

江西景德镇的杨梅亭(又名胜梅亭)、石虎湾、黄泥头是南方地区最早生产白瓷的窑场之一。其中石(白)虎湾窑,"窑包高达8米,……从地层剖面看,堆积可分为三层,上层青白瓷;中层为青瓷和白瓷;底层全部为青瓷"[3]。在石虎湾窑的地层堆积中,青瓷——白瓷——青白瓷的早晚关系一目了然。

江西赣州七里镇窑址分为三个烧造区,东区以白釉为主,西区以黑釉为主,青釉集中在南区,堆积少且为乳白釉瓷所叠压㊾。说明乳白釉瓷是青瓷窑场增烧的一类产品。在出土乳白釉瓷的地层中,也发现了青白瓷。但从装烧方法上可以判断,乳白釉瓷的创烧年代略早。乳白釉瓷器的装烧方法有两种,一种是延续晚唐五代青瓷的衬块叠烧法,另一种是与烧造青白瓷相同的匣钵仰烧法,后者是一种更先进的装烧方法,表明乳白釉瓷的烧造要早于青白瓷。窑址调查者也持这种观点㊿。

江西吉州窑从晚唐时期开始烧造青瓷,在此后的五代时期,该窑产品主要为单一的乳白釉瓷器。北宋时期除继续烧造乳白釉瓷器外,增烧了黑釉瓷和青白釉瓷器㉑。从报道材料看,吉州窑产品从青瓷到白瓷,再到青白瓷的发展轨迹十分清晰。

安徽繁昌窑主要包括柯家冲和骆冲两处窑场,但报道材料有不一致的地方。如1958年繁昌柯家冲的试掘报道称获得118片青瓷片和19片白釉细瓷片㉒。后来的调查报告则称繁昌柯家冲窑专烧影青瓷㉓,说明对该窑釉色的认定未能统一。研究者认为骆冲窑的年代早于柯家冲窑,其产品造型具有皖南青瓷窑产品的一般特征,是在皖南青瓷窑的基础上发展起来的一个窑口,其时代大约在五代到北宋初年,相当或略晚于皖南的青瓷窑㉔。

安徽泾县晏公窑的窑址中有50000平方米的青瓷烧造区,另有50000平方米的白瓷和青白瓷烧造区。调查者称"在窑址堆积中存在为数不少的唐代青瓷标本,因此有理由认为它的始烧期是在唐代。晚唐五代是晏公窑的盛烧期,窑址出土的白瓷系五代至北宋产品。"可见,晏公窑也经历了在青瓷窑场增烧白瓷的过程㉕。

湖北青山窑的主要产品有青瓷、白瓷、青白瓷和酱釉瓷㉖。其中,可明确断定为五代的产品是青瓷和酱釉瓷,大量烧制釉色统一的青白瓷要到北宋中期以后,此前瓷器釉色多偏米白,不很统一㉗。

可见,较早生产青白瓷的窑场,早期多烧制白瓷,且白瓷层往往堆积在青瓷层之上，大部分窑场可见青白瓷脱胎于白瓷的迹象。

二 青白瓷的技术来源

1. 青白瓷的产生起初是为了模仿北方白瓷，并不是为了仿造玉器

青白瓷仿玉曾经是陶瓷界流行的一种观点，《我国宋元时期的青白瓷》一文曾指出："景德镇青白瓷是模仿青白玉的质感效果"[38]。《中国陶瓷》一书也称："玉器历来属于稀有物，为统治阶层垄断专用，青白瓷是在青白玉可遇而不可求的情况下出现的，应是景德镇陶瓷匠师别出心裁地利用当地优质原料烧出了色质如玉的青白瓷，以满足消费者需求，从它出现的那天起就受到人们的喜爱，不久便赢得了假玉器的美称"[39]。这一观点值得再次探讨。

首先，古人将瓷器比拟美玉，并非自青白瓷始。唐人陆羽在《茶经》中就说过"越瓷类玉"。杜甫《又于韦处乞大邑瓷碗》诗曰："大邑烧瓷轻且坚，扣如哀玉锦城传"[40]。也将大邑白瓷与玉石相比。瓷器是一种取材于矿石的硅酸盐制品，瓷釉和天然玉石的主要成分都是二氧化硅。青白瓷胎体洁白，釉层透明，微带青色，具有玉石的质感，它被人们誉为假玉器是十分自然的。不过，一些常被研究者引证说明青白瓷仿玉的诗词，多是 12－13 世纪的作品，离青白瓷的初创已十分久远[41]。由于质地类玉，青白瓷得到知识阶层的欣赏与赞美，进而在社会上广为流行，导致了众多生产青白瓷的窑场的出现。这是青白瓷创烧以后出现的一种结果，不能以这种结果来说明青白瓷产生的原因，并推断青白瓷的源起是对玉器的仿照。

再者，迄今发现宋代烧造青白瓷的窑场均分布在长江以南，如果青白瓷为仿玉而诞生，为何它不创烧于都城所在的中原地区窑场，偏偏出现在远离都城的南方地区呢？因此，要解决青白瓷起源问题，还必须从南方瓷业生产内部寻找原因。

青白瓷的确有青白玉石之美,但它的出现是由南方地区特定的资源条件和技术条件决定的,并非人工刻意追求的结果。

2. 青白瓷的产生体现了南北方技术因素的结合,繁昌窑可能是最早大量生产青白瓷的窑场

如上所述,青白瓷的起源与南方窑场仿造北方白瓷有关。但是,为什么南方瓷场没有一直延续白瓷的生产却流行起青白瓷来了呢? 为此,需要将北方唐宋白瓷,南方五代白瓷和五代、北宋青白瓷的化学组成作一比较,了解各类釉色的科学成因及相互关系。

瓷器釉色取决于胎釉化学组成与烧成气氛等因素。首先来看看胎的情况。表 1—3 中列举了北方唐代白瓷、南方五代白瓷、南方五代北宋青白瓷胎的化学组成数据。从上表中可以看出,南北方瓷器胎的化学组成有很大差异,北方瓷胎表现出高铝低硅、南方表现出高硅低铝的特点。但南北方白釉和青白釉瓷器胎中主要呈色元素铁和钛的含量相差不大,三氧化二铁(Fe_2O_3)和二氧化钛(TiO_2)的含量一般在 1% 以下,南方各窑瓷器二氧化钛(TiO_2)的含量更低,意味着胎色对釉色的衬托作用不明显。

古代制瓷原料一般为就近取材。北方邢、定、巩县窑都用窑址附近的优质高岭土制胎,南方各窑在宋代以前多就近采用瓷石直接制胎。因此,胎料的化学组成多与原料接近。南方地区于五代烧制出白瓷,应归功于含铁、钛等呈色元素较低的瓷土的发现。那么,南方发现了可以制作白胎的瓷土,为什么并没有一直生产釉色纯白的瓷器,却转烧青白瓷器了呢? 这一点,当从青白瓷釉的配方和烧成气氛等方面寻找原因。

与胎料相比,釉料的使用量较小,在釉的配方中人为的技术因素有较大的作用空间。因此,在讨论唐宋时期瓷器配方技术传统时,瓷釉比瓷胎的化学组成更值得关注。

表1-3　唐宋时期南北方白瓷、青白瓷胎的化学组成（重量％）

编号	标本名称	SiO$_2$	Al$_2$O$_3$	Fe$_2$O$_3$	TiO$_2$	CaO	MgO	K$_2$O	Na$_2$O	MnO	P$_2$O$_5$
1	邢窑盛唐白瓷（NTB-3）	63.30	30.52	0.86	0.68	2.00	0.78	0.85	1.18	0.02	0.10
2	巩县窑唐代白瓷（HG6）	52.75	37.49	0.73	0.85	0.61	0.40	5.12	2.23	0.00	0.04
3	定窑晚唐白瓷（K83III-1）	61.93	34.18	0.83	0.52	0.84	0.09	1.73	0.53	0.00	0.10
4	定窑北宋白瓷（D82I-10）	59.31	33.04	0.68	0.94	2.11	0.99	1.21	1.82	0.00	0.08
5	景德镇胜梅亭窑五代白瓷（T2-1）	77.48	16.93	0.77	0.00	0.80	0.51	2.63	0.35	0.14	0.00
6	景德镇石虎湾窑五代白瓷（TS3-1）	74.58	19.24	1.12	0.33	1.27	0.20	2.35	0.56	0.13	0.00
7	景德镇湘湖窑宋代白瓷（S10-5）	75.92	18.53	0.71	0.00	0.76	0.30	2.99	0.49	0.05	0.00
8	景德镇湖田窑宋代青白瓷（JHYQ-2）	75.91	17.24	0.83	0.08	0.55	0.13	2.47	2.15	0.04	0.03
9	泾县晏公窑五代白瓷	73.61	19.05	0.89	0.63	1.05	0.41	3.93	0.06	0.01	
10	繁昌骆冲窑五代白瓷	74.84	20.73	0.67	0.20	0.68	0.37	1.58	0.75	0.02	
11	繁昌窑青白瓷（FC1）	73.45	21.06	1.29	0.26	1.08	0.05	0.86	2.32		
12	繁昌窑青白瓷（FC3）	73.83	21.15	1.32	0.26	0.52	0.05	0.86	1.63		
13	繁昌窑青白瓷（FC43）	73.05	21.15	1.37	0.23	0.39	0.69	1.12	1.63		
14	繁昌窑青白瓷（FC54）	74.37	20.78	1.49	0.27	0.61	0.00	0.48	1.07		
15	繁昌窑青白瓷（FC57）	71.90	22.86	1.52	0.26	0.61	0.00	0.85	1.62		
16	武汉青山窑五代北宋白瓷（WS1-WS6）	72.60—73.70	20.30—22.10	0.50—0.60	0.20	0.20—0.30	0.10	3.80—4.50	0.10—0.20	0.01	0.10

续表

编号	标本名称	SiO₂	Al₂O₃	Fe₂O₃	TiO₂	CaO	MgO	K₂O	Na₂O	MnO	P₂O₅
17	武汉青山窑北宋青白瓷(W1—W5)	71.80 — 74.80	18.80 — 22.00	0.50 — 1.10	0.20	0.60 — 1.00	0.10 — 0.30	3.20 — 4.00	< 0.10	0.04 — 0.01	0.10 — 0.20

注:数据1—4来自李家治主编《中国科学技术史·陶瓷卷》(北京:科学出版社,1998年)第152页表5—2《邢、巩、定窑白釉瓷胎的化学组成》;数据5—6来自同书第326页表10—2《景德镇白釉瓷胎的化学组成》;数据9—10来自张福康《中国古陶瓷的科学》(上海:上海人民美术出版社,2000年)第80页表7.8《安徽泾县晏公窑和繁昌骆冲窑白瓷胎釉的化学组成》;数据11—15来自邓泽群等《繁昌窑青白瓷研究》(郭景坤主编:《古陶瓷科学技术5 国际讨论会论文集》,上海:上海科学技术文献出版社,2002年,第173—178页);数据16—17来自陈尧成等《武昌青山窑古瓷制作工艺的科学总结》(《中国陶瓷》1996年第6期)第41—45页表2《青山窑五代、北宋瓷胎的化学组成》

表1—4 北方唐宋白瓷、南方五代宋白瓷和青白瓷及
越窑青瓷釉料化学组成(重量%)

编号	标本名称	SiO₂	Al₂O₃	Fe₂O₃	TiO₂	CaO	MgO	K₂O	Na₂O	MnO	P₂O₅
1	邢窑盛唐白瓷(NTB—3)	67.61	14.79	0.87	0.07	11.60	2.76	1.08	1.51	0.08	0.62
2	巩县窑唐代白瓷(HG6)	66.82	14.46	0.87	0.00	9.35	1.09	4.28	1.75	0.00	0.00
3	定窑唐代白瓷(DT—2)	71.57	16.18	0.77	0.00	5.72	1.74	2.29	1.22	0.00	0.00
4	定窑五代白瓷(DW—1)	74.57	17.53	0.54	0.17	2.74	2.33	2.03	0.62	0.02	0.17
5	定窑宋代白瓷(D82I—10)	71.74	17.75	0.78	0.00	4.22	2.34	2.10	0.28	0.00	0.00
6	景德镇胜梅亭窑五代白瓷(T2—1)	68.77	15.47	0.73	0.04	10.90	1.16	2.60	0.24	0.23	0.00
7	景德镇湖田窑宋代青白瓷(S9—2)	66.68	14.30	0.99	0.00	14.87	0.26	2.06	1.22	0.10	0.00
8	景德镇湖田窑宋代青白瓷(JHYQ—6)	65.45	15.94	1.33	0.10	11.99	0.53	2.00	2.16	0.09	0.03

续表

编号	标本名称	SiO_2	Al_2O_3	Fe_2O_3	TiO_2	CaO	MgO	K_2O	Na_2O	MnO	P_2O_5
9	泾县晏公窑白瓷	64.30	16.92	1.14	0.54	12.12	1.24	2.44	0.06	0.22	0.60—0.80
10	繁昌骆冲窑白瓷	70.63	15.30	1.22	0.20	7.90	1.19	1.39	1.06	0.32	0.60—0.80
11	繁昌窑青白瓷(FC1)	69.62	11.91	1.46	0.20	10.49	0.08	0.26	2.23	0.30	0.22
12	繁昌窑青白瓷(FC3)	73.54	12.72	1.47	0.19	8.99	1.27	0.45	1.84	0.30	0.28
13	繁昌窑青白瓷(FC43)	69.75	11.49	0.85	0.16	12.77	0.43	0.17	1.94	0.21	0.26
14	繁昌窑青白瓷(FC54)	69.75	11.94	0.85	0.16	12.77	0.43	0.17	1.94	0.21	0.26
15	繁昌窑青白瓷(FC57)	71.66	11.68	1.91	0.20	8.33	1.29	0.58	2.19	0.22	0.20
16	武汉青山窑五代白瓷(WS1—6)	65.50—71.5	13.50—14.7	0.40—0.90	0.20	6.10—13.60	0.50—1.5	3.00—5.20	0.10—0.40	0.10—0.30	0.10—0.90
17	武汉青山窑北宋青白瓷（WQ1—15)	60.70—67.20	14.70—18.70	0.80—1.40	0.20	8.00—14.30	1.00—1.80	2.60—3.10	0.20—0.30	0.20—0.30	0.70—1.30
18	晚唐越窑上林湖施家斗(SL6)	63.60	12.54	2.17	0.64	13.39	2.57	1.70	0.82	0.40	1.30
19	五代越窑上林湖竹园山(SL2)	62.08	13.18	2.17	0.62	15.00	2.46	1.59	0.89	0.31	1.30

注：数据1—5来自《中国科学技术史·陶瓷卷》第155页表5—3《邢、巩、定窑白釉瓷釉的化学组成》；数据6—8来自同书第336页表10—5《景德镇白釉瓷釉的化学组成》；数据9—10来自《中国古陶瓷的科学》第80页表7.8《安徽泾县晏公窑和繁昌骆冲窑白瓷胎釉的化学组成》；数据11—15来自邓泽群等《繁昌窑青白瓷研究》（郭景坤主编：《古陶瓷科学技术5 国际讨论会论文集》，上海：上海科学技术文献出版社，2002年，第173—178页）；数据16—17来自陈尧成等《武昌青山窑古瓷制作工艺的科学总结》(《中国陶瓷》1996年第6期）第41—45页表3《青山窑五代、北宋瓷釉的化学组成》；数据18—19来自《中国科学技术史·陶瓷卷》第120页表4—2《越窑历代青釉瓷釉化学组成》

表1—4列举了北方唐宋白瓷、南方五代宋白瓷和青白瓷以及越窑晚唐五代青瓷釉的化学组成数据。从表中可以看出,第一,南方白瓷、宋代青白瓷在釉料化学组成上比较接近,但与北方白瓷存在较大的区别,主要表现在前者釉中氧化钙的含量普遍比后者高。北方的5个数据中,有4个的氧化钙在10%以下;南方的12个(组)数据大部分在10%以上,有的接近15%。说明它们分属两个不同的瓷釉系统。氧化钙的用量愈多,釉的熔融温度愈低,釉面较透明,光泽也较好,这正是南方白瓷和青白瓷区别于北方白瓷的特点。

南方五代白瓷和宋代青白瓷釉中氧化钙含量高的特点,乃是受到了来自浙江越窑的技术影响。越窑胎料中高铁、高钛的特点是由资源条件决定的,但高钙釉体现的是特定的技术传统。釉中氧化钙主要来源于石灰石、白云石和草木灰,瓷石也能提供一部分,但不是主要的。也就是说,在釉料配方方面,窑工有更大的选择余地。从东汉到南宋,越窑青瓷釉的氧化钙含量始终保持在12%以上。大多数青白瓷标本釉中氧化钙的含量也与之相仿。这一点证明青白瓷釉的配方技术来自越窑。此外,繁昌窑、青山窑的釉中普遍含有0.5%以上的五氧化二磷(P_2O_5),越窑的大多数釉中都含有1%左右的P_2O_5,乃是由草木灰引入的一种元素,进一步证明青白瓷的配方技术来自越窑。

第二,南方五代白瓷与青白瓷釉的成份差别主要在于含铁量。青白瓷釉的含铁量高于白瓷。从成品表面观察,白瓷釉层较薄,青白瓷釉层较厚,这是因为白瓷釉中氧化钙的含量比青白瓷低。含铁量的增加使釉层呈现出青色,氧化钙的增加则使釉层变得更加透明。这正是宋代青白瓷不同于五代白瓷的地方。那么从白瓷到青白瓷的技术变化又是怎样发生的呢?

首先观察一下景德镇窑的一组数据。胜梅亭等地的五代白瓷与湖田窑宋代青白瓷的瓷胎化学组成几乎完全相同,说明从五代到北宋,景德镇窑低铁瓷土的供给没有中断。但宋代青白瓷釉的含铁量与五代白瓷相比却增加了,这不是因为原料所限,乃是人为的追求或者说自主的技术选择。在青山窑的数据中也可以发现相似的情况。这两处窑场有意识地配制含铁量略高的青白瓷釉,很可能因为青白瓷已经受到了社会的欢迎,所以他们才会在烧造白瓷的窑场中增烧青白瓷。这一点与其他早期青瓷窑场增烧白瓷,是同样的道理。接下来的问题便是,是哪一个窑场率先烧制出受社会欢迎的青白瓷,才导致湖田窑、青山窑等窑场的模仿呢? 从化学组成等方面分析,可以初步认为繁昌窑很可能是率先大量生产青白瓷的窑场。

南方早期的白瓷和青白瓷都属于钙釉系统,二者的差别主要在胎釉中的含铁量,特别是瓷釉中的含铁量。瓷器胎釉中含铁量主要取决于瓷土质量和对原料的淘洗水平两个方面。一处生产白瓷的窑场,如果对原料淘洗不精,也可以生产出釉色偏青的瓷器来。但是对于一些含铁量高的瓷土,即便通过现代淘洗方法来降低铁份也十分困难的[72]。这也是为什么浙东等青瓷生产区一直没有烧制白瓷的原因。所以,瓷土来源是决定窑场釉色品种最重要的条件。虽然在南方各个早期生产白瓷的窑场,由于淘洗水平的原因,可能偶然生产一两件青白瓷,但最早大量生产青白瓷的窑场应该是那些缺乏优质低铁瓷土的窑场,只有在这样的窑场,烧造白瓷努力必然导致青白瓷的产生。繁昌窑就可能是这样一个窑场。

在表1—3和1—4列举的数据中,繁昌窑6个标本和泾县窑1个标本的瓷胎中三氧化二铁的含量大都在1%以上,瓷釉中三氧化二铁也多在1%以上,个别高达1.91%。繁昌窑胎釉的含铁量不仅比北方白瓷标本高,也比其他南方白瓷和青白瓷标本高。尤其是泾县窑和骆冲窑的所谓白瓷,釉中含铁量也在1%以上,看不出从白瓷到青白瓷的明显变化。这很可能因为繁昌瓷土资源本身的条件所限,做不出白度更高的瓷器。也就是说,在仿制北方白瓷的过程中,繁昌窑由于缺乏白度很高的瓷土,一开始就容易烧制出釉色偏青的瓷器,即青白瓷。

    青白瓷在繁昌窑烧成另一个重要的原因是装烧技术的改变。繁昌窑是迄今所知南方窑场中最早采用来自北方的漏斗形匣钵和垫饼、垫圈装烧具组合的窑场。漏斗形匣钵的使用,一方面有利于保护胎体和釉面,提高烧成温度,另一方面容易形成还原气氛,使瓷釉中的铁份呈现青色。在繁昌窑大量采用漏斗形匣钵的五代时期,南方其他生产白釉瓷的窑场,如景德镇窑,还沿用着传统的、报废率很高的泥点叠烧法。

    漏斗形匣钵,也称钵形匣,外形如碗或钵,呈漏斗状(图1—10)。这种匣钵的匣肩承放在下面匣钵的口沿上,圜形的匣底沉入下层匣钵内碗坯内部,然后层层叠压,直至窑顶,匣随碗形,碗夹于匣层之间。根据已报道的材料,漏斗形匣钵在唐代已开始流行,其使用区主要是在从太行山东麓到华北平原西部边缘之间的地区。晚唐时期的定窑就采用漏斗形匣钵与垫饼的组合装烧具[⑬]。五代时期,漏斗形匣钵与垫饼的装烧具组合被长江沿岸的窑场,如繁昌窑、青山窑采用。北宋时期,这一组合又传入江西景德镇窑、吉州窑、赣州窑,闽西北诸窑场,广东潮州窑、西村窑及广西北流河流域的青白瓷窑场。

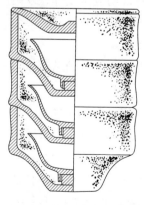

图1—10 漏斗形匣钵
单件仰烧碗类示意图

    根据熊海堂文化比较层次理论,五代时期南方窑场中漏斗形匣钵的使用,体现了南北窑工之间直接的技术交流,结合当时的历史条件以及漏斗形匣钵的传播方向,这种装烧具的传播应与这一时期北人南迁的移民运动有关。这种先进的瓷业技术率先传入长江南岸、地近南唐(吴)都城金陵(今江苏南京)的皖南地区,比较符合常理。

    包括繁昌窑在内的南方早期生产白瓷和青白瓷的窑场普遍筑有龙窑。这是南方地区传统的窑炉形式[7]，它与钙釉配方一样，是南宋以前南方青瓷系统固有的技术内容。但生产青白瓷的诸窑场没有采用晚唐五代越窑的 M 形匣钵和垫圈的装烧方法，却一律吸收来自北方定窑等窑场的漏斗形匣钵、垫饼或垫圈的组合装烧具，而且这种装烧具始终没有被越窑 M 形匣钵取代。这一点值得进一步探讨。

　　总之，南北方技术的结合、江南地区适合制作白胎的瓷土的发现，使南方青瓷窑场仿造北方白瓷成为可能；但南方特有的资源与技术条件，又使得不可能在这里生产出与北方完全一样的白瓷。以繁昌窑为代表的窑场，由于瓷土含铁量偏高，在一开始试烧白瓷的时候，就容易烧造出釉色偏青的瓷器。从工艺上看，这种瓷器就是青白瓷。青白瓷胎的白度与北方白釉瓷接近，系采用了适合烧制白瓷的原料。在釉的配方上则继承了南方越窑的钙釉技术传统，釉层熔融较透，釉层清澈透明，不同于北方白瓷的半透明色调。青白瓷釉的青色乃是釉层本身的颜色，是釉中的铁份在还原气氛下的呈色效果，并不是胎色的反衬。北方移民带来的新的装烧技术，在青白瓷的烧成中起到了重要作用。但移民的到来都没有彻底改变南方地区的烧瓷技术体系，早期生产白瓷和青白瓷的窑场仍然采用传统的龙窑形式，并对之不断加以改进。

　　青白瓷的烧成并不是窑工刻意追求青白玉质感的结果，而是在南方特定的资源和技术条件下试烧白瓷的结果。历史上的许多工艺发明都是"意外所得"。南唐著名的染帛"天水碧"的发明就是一例。史载："（李）煜之妓妾尝染碧，经夕未收，会露下，其色愈鲜明，煜爱之，自是宫中竞收露水，染碧以衣之，谓之'天水碧'"[5]。类似的情况也可能发生在瓷器生产中。繁昌窑青白瓷烧成后，其新颖的釉色很可能比白瓷更符合社会上层人士的艺术品味，在他们的推动下，渐成风尚，最终在南方地区形成一个足以与传统青瓷抗衡的青白瓷窑系。与此同时，青白瓷的生产技术也逐渐稳定和成熟，通过控制釉的含铁量以及加厚釉层等手段烧制有玉质效果的青白瓷，便成为自主的技术选择，成熟期的青白瓷也就成为一类全新的、广受欢迎的瓷器品种。

三　早期白瓷与青白瓷生产的地域特点与原因

从上面的讨论可知，南方早期生产白瓷与青白瓷的窑场主要有江西景德镇窑、赣州窑、吉州窑，安徽繁昌窑、泾县晏公窑，武汉青山窑等6处。这六处窑场均分布于南唐国故地。检索南唐国境内创烧于晚唐五代的窑址，其晚唐的瓷业堆积中尚未发现白瓷产品。从产品面貌看，晚唐五代的青瓷多为厚胎、施半釉，一般为明火叠烧，质量较粗，主要满足本地民间日用需要。而五代白瓷多为细白胎，在繁昌等窑场，大部分的白瓷器采用成本更高的匣钵装烧法，以保证更高的烧成质量，似为满足更高层次的消费需求。

迄今在南方五代以前的瓷业遗存中，尚未发现白瓷产品。根据目前的考古资料，南方白瓷应为南唐（吴）国首创。那么白瓷为什么会在南唐（吴）国产生呢？这当与南唐（吴）国各阶层的北方移民对白瓷的需求有关。

瓷业生产的地理布局主要取决于区域的自然资源条件和技术传统，但一定区域内的人们对釉色品种的选择，除去经济因素，还体现着特定的文化与审美价值。正如一地的风俗会因移民迁徙而传播到新的定居地，人们对瓷器的审美意识也会影响到他们在新的定居地对瓷器品种的偏爱，并在一定条件下推动迁入地瓷业技术的革新。

中晚唐以来形成的瓷业生产与销售的"南青北白"的地理格局，体现着北方各阶层对白釉瓷的偏爱。南方十国的最高统治者都来自于中原北方地区，官僚阶层中不少人有北方移民背景[①]。以南唐（吴）为例，南唐（吴）国扼南北中国交通之冲要。在唐末五代的动乱中吸引了大批的北方移民前来避乱，在南唐上层人士中，北方人为数不少,南唐烈祖李昪本人即为侨寓之人(其养父徐温为今连云港人)。出于权力斗争的需要,早在李昪任升州刺史期间,他就极力吸引北方人士来吴国任职,《十国春秋》卷一五《南唐(吴)烈祖本纪》曰:"是时中原多故,名贤耆旧皆拔身南来。知诰豫使人于淮上,资以厚币。既至縻之爵禄。故北土士人闻风至者无虚日。"南唐立国之后,国都昇州(治金陵,今江苏南京)成为北方士大夫在南方的重要寄居地之一⑰。

在王朝时代,精英阶层——士大夫的审美意识对某些社会风习的转变有一定的决定作用,尤其是在南唐国这样一个有着强烈的人文化倾向的国度,士大夫的文化导向作用可能更加强大。尽管没有找到直接的文献说明南唐国上层人士对白瓷的偏爱,但一些侧面的材料给予了我们某些提示。五代顾闳中《韩熙载夜宴图卷》描绘了顾闳中夜访韩熙载府第所见的夜生活场景。画中食器有圈足碗、盏、温碗注子、台盏、葵口碟、圈足盘等,颜色均为白中泛黄,从质地上看应为瓷器。它们的造型与色泽与繁昌窑产品几乎完全相同。韩熙载,原籍北海人(今山东青州),官居中书侍郎等职,是南唐朝廷中北方士人的代表,在南唐士人中有相当大的影响力。

在南唐(吴)社会的普通阶层中,北方移民也占有相当大的比例。北方移民对白瓷的需求,意味着白瓷在南方的北人聚居区存在一个巨大的潜在市场。曹建文在探讨景德镇白瓷生产兴起的原因时指出,景德镇改变过去单一烧造青瓷的传统,在烧造青瓷的同时开始烧造白瓷,其原因在于南方陶瓷市场需求的变化,与晚唐五代以来北方人口大量南迁导致的社会生活习俗的变化有关⑱。这个论断很有道理。

从地理分布上看,南唐国白瓷窑场可以分为两类。一类如长江沿岸的繁昌窑和武汉青山窑,本地没有深厚的瓷业传统,地处南北两大瓷业系统——越窑和邢、定窑的交汇地带,容易接纳新的瓷业技术,生产白瓷;另一类如景德镇窑、赣州窑和吉州窑,处于唐代名窑——洪州窑的影响区内，晚唐五代时期，洪州窑衰落，赣江流域进入一个瓷业生产的低迷时期，吸收新技术，生产白瓷这种广受社会上层需要的新品种，自然会成为本区南方窑场的自主选择。

那么同样有大量北方移民进入的马楚、闽、吴越和南汉等国为什么没有出现生产白瓷的窑场呢？我们认为当与资源条件、技术传统有关系。当然，也不排除考古工作者将来在这些地区发现白瓷窑址的可能性。

北方移民大量流入的湘江流域于五代时期也出现对优质瓷器的大量需求。唐代六大青瓷窑场之一的"岳州窑"到唐代后期已告衰落，继起的长沙窑的产品尽管绚丽多彩，却是粗土细作的结果，不属于高档瓷器。大量晚唐五代白瓷的出土，暗示着白瓷在这一带的畅销。根据高至喜的统计，截止 1984 年，长沙地区墓葬出土的唐五代白瓷有 120 余件，其中唐墓出 14 件，五代墓出 110 多件⑦。数量剧增的五代白瓷来自何方呢？高至喜认为很可能为湖南本地所产。杜劲甫在观摩实物的基础上，认为这些白瓷器，一部分来自北方地区的白瓷窑场，另一部分应产于南唐国的窑场，如泾县晏公窑、繁昌骆冲窑等⑧。从湖南地区古代瓷器品种长期以青瓷系列为主，青白瓷生产迟至宋元之际才出现这一情况来看，五代时期马楚国生产白瓷的可能性不大。这应该是由这一地区的资源条件决定的。

宋元之际，湖南的一些窑场开始生产青白瓷，元明清时期，湖南窑场生产青花及彩瓷，说明这一地区并不缺少含铁量低的优质瓷土。如果宋代以前确实没有生产白釉瓷器，当与白度较高的瓷土资源不易开采有关，只有到了具备开采条件的较晚的历史时期，湖南窑场才能生产胎质洁白的瓷器。这一推测还有待矿产发现史的研究来证明。

吴越国所在的浙江也没有发现五代时期生产白瓷的窑场，且青白瓷生产迟至北宋晚期才出现。造成这种情形的原因应与本地的技术传统有关。如前所述，晚唐五代时期，存在北方白瓷传统南渐和越窑青瓷北传两种趋势。一直到北宋中期以前，越窑都是南方地区首屈一指的优秀窑场，尤其是"秘色青瓷"更是为五代十国及北宋统治阶层所喜爱。五代时期，整个吴越国境内遍布与上林湖越窑类似的青瓷窑址。越窑系青瓷不仅是吴越国向中原王朝和其他政权进贡的礼品，还是重要的外销商品，在海外发现的这一时期的中国瓷器中，越瓷的数量也相当可观。五代宋初越窑方兴未艾，南方新兴的白瓷窑场并不能在短期内跃居其上，那么在越窑中心产区浙江没有发现白瓷窑场也在情理之中。

福建与广东的情形有些相似，在五代以前，这两个地区都生产着仿越窑的粗质青瓷。应该说五代以后，由于大量北方人口的移入，两地也出现了对优质瓷器包括白瓷的需求。据唐代《新修本草》玉石等部下品卷第五载："白瓷屑，平无毒……广州良，余皆不如"，似乎说明唐代广州就已出现了生产白瓷的窑场③，但这一记载并未被考古发现所证实，已发现福建、广东五代时期窑场仍全部烧造青瓷。造成这种状况的原因，一时还无法解释。是否因为两地上层人士能通过港口贸易获取来自越窑和南唐白瓷窑场及北方诸窑生产的优质瓷器，所以缺乏在本地寻找优质瓷土、自行生产白瓷的动力？或者，进入两地的北方人口多属中下阶层，只能消费价格相对低廉的青瓷？还是因为缺乏生产白瓷的技术或者优质瓷土暂时没有发现？这些推测都有待证实。

四 青白瓷出现年代的初步推断

考古报道的青白瓷，目前所见最早为 10 世纪中叶前后的制品。举例如下：

1. 迄今为止发现最早的一件青白瓷纪年器为北宋雍熙三年（986 年）墓⑳所出的花口盘。近年公布了景德镇工人新村窑址出土的一件青白瓷葵口碗，六瓣花口、小矮圈足，足壁有五个支钉痕，全器内外施釉,釉白里泛青,有积釉现象。研究者认为是五代晚期制品[③]。

2. 江西会昌西江段垴村五代墓出土的白瓷碗,"胎白色,施白釉外不及底,釉色泛青闪黄。碗内底四周有 11 个支钉痕迹。"白瓷撇口碟"内底四周有 8—14 个支钉痕迹。下底不施釉,中心有一小圆形凸块,胎质洁白细腻,施白釉略显青色。"发掘者认为这些特征与景德镇湖田窑的制品极为相像[⑥]。该墓所出卷唇碗与保大十二年(954 年)九江周一娘墓[⑥]所出相同,两墓时代应相近。

3. 长沙出土的马楚墓白瓷器中,有一部分被认为是南方所产。如泾县窑的花式盏,其特点是"胎雪白、釉白泛青……在圈足内化妆土上有明显的刷釉痕迹。"研究者称,在长沙出土有不少此类制品。此外,繁昌骆冲窑的青白瓷在湖南也有不少出土,其特点是"胎质较粗松,釉较刺亮","圈足底内可看到明显的弦削痕迹,刀痕明显"[⑧]。

4. 连云港五代至宋初的墓葬[⑥]出土的一部分随葬瓷器,发掘者直接以"影青"相称,说明质量与成熟期的青白瓷已十分接近。四号墓出土了青白瓷卷唇碗,可在繁昌柯家冲窑找到相似的器物。发掘者认为四号墓的年代为五代至宋初。

根据上述材料,大致可以推断青白瓷出现的时间为 10 世纪中叶前后。

小 结

宋代青白瓷是在唐末五代南方地区崇尚白瓷的背景下出现的。9—10 世纪在北方地区存在一个流行白瓷的时代,同时还存在北方白瓷传统南渐和南方青瓷北传两种趋势。北方白瓷的南渐,引发了南方某些窑场增烧白瓷的努力。从空间上看,南方地区烧造白瓷的窑场均在唐代越窑的技术边缘区,白瓷在空间分布上与越窑青瓷各有侧重。青白瓷的产生不是为了仿照青白玉,而是在南方地区特定

的资源条件下，吸收了南北方技术试烧白瓷时出现的新的釉色品
种。最早大量生产青白瓷的窑场可能是安徽繁昌窑。已公布的考
古材料证明，10 世纪中叶青白瓷已经出现，但它在一个大的地域内
流行，并形成窑系，还要等到 11 世纪以后。

---

① 中国硅酸盐学会主编：《中国陶瓷史》，北京：文物出版社，1987 年，第 181 页。

② 冯先铭：《我国宋元时期的青白瓷》，《故宫博物院院刊》1979 年第 3 期，第 30－38
页。

③ 《端明集》卷三五《茶录》。

④ 白焜：《宋·蒋祈〈陶记〉校注》，《景德镇陶瓷·〈陶记〉研究专刊》，1981 年，第 36
－52 页。

⑤ 刘新园：《蒋祈〈陶记〉著作时代考辨》，《文史》第 18 辑第 111－131 页，第 19 辑第
97－108 页。

⑥ 《中国陶瓷名著汇编》，北京：中国书店，1994 年，第 149 页。

⑦ 同注①，第 265 页。

⑧ 秦大树：《试论北方青瓷的改进和白瓷发展的分野》，《远望集——陕西省考古研
究所华诞四十周年纪念文集》，西安：陕西人民美术出版社，1998 年，第 849－856
页。

⑨ 同上注。

⑩ 李知宴：《唐代瓷窑概况与瓷窑的分期》，《文物》1972 年第 3 期，第 34－48 页。

⑪ 孙新民、赵文军、郭木森：《河南古代瓷窑》，台北："国立"历史博物馆，2002 年，第
40 页。

⑫ 权奎山：《关于唐宋瓷器上的"官"和"新官"字款问题》，中国古陶瓷研究会编：《中
国古陶瓷研究》第五辑，北京：紫禁城出版社，1999 年，第 222－229 页。

⑬ 同注⑧。

⑭ 胡如雷：《隋唐五代史的阶段划分》，《隋唐五代社会经济史论稿》，北京：中国社会
科学出版社，1996 年，第 365 页。

⑮ 陈丽、郑学檬：《中晚唐时期中央财政地方化倾向探析》，《西北师范大学学报（社
会科学版）》，2004 年 41 卷第 2 期，第 34－39 页。

⑯ 白居易：《唐扬州仓曹参军王府君墓志铭》，《全唐文》卷六七九。

⑰ 谢纯龙：《上林湖地区的青瓷分期》，浙江省博物馆编《东方博物》第 4 辑，杭州：杭

州大学出版社,1999 年,第 88—107 页。

⑱ 河南省博物馆:《河南安阳北齐范粹墓发掘简报》,《文物》1972 年第 1 期,第 47—57 页。

⑲ 中国科学院考古研究所:《安阳隋张盛墓发掘记》,《考古》1959 年第 10 期,第 541—545 页。

⑳ 唐金裕:《西安西郊隋李静训墓发掘简报》,《考古》1959 年第 9 期,第 471—472 页。

㉑ 薛增福:《河北曲阳发现隋代墓志及瓷器》,《文物》1984 年第 2 期,第 16 页。

㉒ 中国社会科学院考古研究所编著:《新中国的考古发现与研究》,北京:文物出版社,1984 年,第 583 页。李知宴:《唐代瓷窑概况与瓷窑的分期》,《文物》1972 年第 3 期,第 34—48 页。

㉓ 中国社会科学院考古研究所编著:《偃师杏园唐墓》,北京:科学出版社,2001 年。

㉔ 同注⑫。

㉕ 谢明良:《有关"官"和"新官"款白瓷官字涵义的几个问题》,《故宫学术季刊》第五卷第二期,第 1—23 页。

㉖ 毕南海:《西北华东五省市隋唐白瓷考察纪实(一)》,《河北陶瓷》1988 年第 3 期,第 10—14 页。

㉗ 中国社会科学院考古研究所、日本独立行政法人文化财研究所奈良文化财研究所联合考古队:《唐长安城大明宫太液池遗址发掘简报》,《考古》2003 年第 11 期,第 7—26 页。

㉘ 《全唐诗》卷六二九《秘色越器》。

㉙ 《全唐诗》卷四五三《睡后茶兴忆杨同州》。

㉚ 《全唐诗》卷四〇八。

㉛ 《全唐诗》卷七八八。

㉜ 熊寥:《中国陶瓷美术史》,北京:紫禁城出版社,1993 年,第 188 页。

㉝ 《全唐诗》卷六一〇。

㉞ 如高至喜认为,南方出土的唐五代白瓷大多数可能产自南方,以湖南的可能性最大(《长沙出土唐五代白瓷器的研究》,《文物》1984 年第 1 期,第 84—93 页)。

㉟ 蒋华:《江苏扬州出土的唐代陶瓷》,《文物》1984 年第 3 期,第 63—68 页。

㊱ 李则斌:《扬州新出土的一批唐代文物》,《考古》1995 年第 2 期,第 141—147、102 页,图版伍、陆。

㊲ 张泽咸:《唐代工商业》,北京:中国社会科学出版社,1995 年,第 221 页。

㊳ 《册府元龟》卷一六〇《帝王部·革弊第二》。

㊴　《太平广记》卷二九〇《吕用之》。

㊵　谢明良:《日本出土唐宋时代陶瓷及其有关问题》,《故宫学术季刊》13 卷 4 期,第 85—139 页。

㊶　李建毛:《唐、五代邢定白瓷在长沙的发现及其对湖南制瓷的影响》,《文物春秋》1997 年增刊,第 36—38 页。

㊷　李铧等:《桂林出土的唐代邢、定窑白瓷及其相关问题探析》,《文物春秋》1997 年增刊,第 31—32、38 页。

㊸　权奎山:《中国南方隋唐墓分期分区》,《考古学报》1992 年第 3 期,第 147—184 页。

㊹　南京博物院编著:《南唐二陵发掘报告》,北京:文物出版社,1957 年,第 56 页。

㊺　常州市博物馆:《江苏常州半月岛五代墓》,《考古》1993 年第 9 期,第 815—821 页。

㊻　扬州市博物馆:《江苏邗江蔡庄五代墓清理简报》,《文物》1980 年第 8 期,第 41—47 页。

㊼　会昌县博物馆:《会昌县西江发现一座五代墓》,《江西历史文物》1987 年第 2 期,第 53—54 页。

㊽　刘晓祥:《九江县五代南唐周一娘墓》,《江西文物》1991 年第 3 期,第 80—85 页。

㊾　周世荣编著:《湖南古墓与古窑址》,长沙:岳麓书社,2004 年,第 159—161 页。

㊿　福建省博物馆:《五代闽国刘华墓发掘简报》,《文物》1975 年第 1 期,第 62—73 页。

(51)　福建省博物馆、福建省文物管理委员会:《唐末五代闽王王审知夫妇墓清理简报》,《文物》1991 年第 5 期,第 1—10 页。

(52)　福建省博物馆:《福州马坑山五代吴越国墓葬清理简报》,《福建文博》1999 年第 2 期,第 6—10 页。

(53)　浙江省文管会、杭州市文管会:《浙江临安晚唐钱宽墓出土天文图及"官"字款白瓷》,《文物》1979 年第 12 期,第 18—23 页。

(54)　明堂山考古队:《临安县唐水邱氏墓发掘报告》,《浙江省文物考古研究所学刊(1981 年)》,北京:文物出版社,1981 年,第 94—104 页。

(55)　丁晓雷:《五代十国的墓葬》,硕士学位论文,北京大学考古学系,2001 年。

(56)　郑建华:《越窑贡瓷与相关问题》,浙江省文物考古研究所编《纪念浙江省文物考古研究所建所二十周年论文集(1979—1999)》,杭州:西泠印社,1999 年,第 174—201 页。

(57)　浙江省文物考古研究所、北京大学考古文博学院、慈溪市文物管理委员会编著:

《寺龙口越窑址》，北京：文物出版社，2002年，第374页附表《唐宋越窑纪年瓷器表》。

⑤⑧ 余家栋：《江西陶瓷史》，开封：河南大学出版社，1997年，第193页。

⑤⑨ 薛翘、唐昌朴：《江西赣州七里镇古瓷窑址调查》，文物编辑委员会编《中国古代窑址调查发掘报告集》，北京：文物出版社，1984年，第124—132页。

⑥⑩ 张嗣介：《赣州七里镇窑终烧年代新证》，《南方文物》2004年第1期，第28—32、15页。

⑥⑪ 同⑤⑧，第265—266页。

⑥⑫ 张道宏：《试掘繁昌瓷窑遗址》，《文物参考资料》1958年第6期，第75页。

⑥⑬ 繁昌县文物管理所：《安徽繁昌柯家村窑址调查报告》，《东南文化》1991年第2期，第219—226页，图版壹、贰。

⑥⑭ 阚绪杭：《繁昌县骆冲窑遗址的发掘及其青白瓷的创烧问题》，《文物春秋》1997年增刊，第170—174页。王业友：《繁昌瓷窑址调查纪要》，《文物研究》第四期，合肥：黄山书社，1988年，第152—160页。繁昌县文物管理所：《安徽繁昌柯家村窑址调查报告》，《东南文化》1991年第2期，第219—226页，图版壹、贰。

⑥⑮ 张勇、李广宁：《宣州窑白瓷的发现与探索》，中国古陶瓷研究会编《古陶瓷研究》第四辑，北京：紫禁城出版社，1997年，第205—209页。

⑥⑯ 湖北省文物考古研究所：《武昌青山瓷窑遗址发掘简报》，《江汉考古》1991年第4期，第29—26页。陈尧成等：《武昌青山窑古代白瓷研究》，《中国陶瓷》1993年第3期，第54—60页。

⑥⑰ 黄义军：《湖北梁子湖地区宋代瓷器手工业遗存的初步研究》，硕士学位论文，北京大学考古学系，2000年。

⑥⑱ 同注②。

⑥⑲ 冯先铭主编：《中国陶瓷》，上海：上海古籍出版社，1994年，第404页。

⑦⑩ 《全唐诗》卷二二六。

⑦⑪ 南宋洪迈《容斋随笔》卷四《浮梁陶器》曰："彭器质尚书文集有《送许屯田》诗曰：'浮梁巧烧瓷，颜色比琼玖'"。宋代的浮梁县辖景德镇，浮梁所烧瓷器就是青白瓷。作者将青白瓷器比为"琼玖"，就是说它色如美玉。李清照的《浣溪沙》词有："玉鸭薰炉闲瑞脑，朱樱斗帐掩流苏。"的句子，其中的"玉炉"和"玉鸭薰炉"，也可能指青白瓷。江西吉水南宋嘉熙到宝祐年间（1237—1254年）的墓葬中曾出土过铜质的鸭形香熏。美国西雅图美术馆也藏有景德镇窑青白瓷香鸭。李清照《醉花阴》词曰："薄雾浓云愁永昼。瑞脑消金兽。佳节又重阳，玉枕纱橱，半夜凉初透。"这里的玉枕，冯先铭先生认为可能就是青白瓷枕，"这类瓷枕是景德镇湖

田、湘湖等窑的产品,在江苏南京、湖北汉阳等地宋墓都有出土"(中国硅酸盐学会主编:《中国陶瓷史》,北京:文物出版社,1987 年,第 266 页)。

⑫ 张刚生等:《湖南仙人岩高岭土矿床开发利用前景评价》,《矿产与地质》1997 年第 1 期,第 63—68 页。

⑬ 河北省文化局文物工作队:《河北曲阳县涧磁村定窑遗址调查与试掘》,《考古》1965 年第 8 期,第 394—412 页,图版伍至拾。

⑭ 值得注意的是,五代宋初皖南地区烧制青瓷的窑场有些用的不是龙窑,而是来自北方的馒头窑。在鄂东梁子湖梁子岛上也发现过一座五代时期烧制青瓷的馒头窑。

⑮ 《宋史》卷四七八《南唐李氏世家》。

⑯ 顾立诚:《走向南方——唐宋之际自北向南的移民与其影响》,"国立"台湾大学出版委员会,2004 年。

⑰ 吴松弟:《中国移民史》第三卷,福州:福建人民出版社,1997 年,第 272—273 页。

⑱ 曹建文:《景德镇五代白瓷兴起原因初探》,《景德镇陶瓷》1998 年第 3 期,第 37—40 页。

⑲ 高至喜:《长沙出土唐五代白瓷器的研究》,《文物》1984 年第 1 期,第 84—93 页。

⑳ 杜劲甫:《唐、五代长沙出土白瓷窑口探源》,《东南文化》2003 年第 1 期,第 79—81 页。

㉑ 据唐代苏敬等撰《新修本草(辑复本)》(合肥:安徽科学技术出版社,1981 年,第 144 页)本条注释 2 曰:"广州者,《证类》、《纲目》作'定'。"这条注释十分重要,《证类》即北宋唐慎微所著《经史证类备急本草》。历代刊本有《大观本草》、《政和本草》、《绍兴校定经史证类备急本草》和《大全本草》等。定窑是唐宋时期最优秀的白瓷的窑场,广州则至今没有发现生产白瓷的窑场。故《新修本草》中的广州应是"定州"的讹文。

㉒ 于少先:《江西德安北宋墓》,《文物》1990 年第 9 期,第 95 页。

㉓ 彭涛、石凡:《青白瓷鉴定与鉴赏》,南昌:江西美术出版社,2004 年,第 145 页及图版柒。

㉔ 池小琴:《江西会昌发现晚唐至五代墓葬》,《南方文物》2001 年第 3 期,第 8—9 页。

㉕ 同注㊽。

㉖ 同注⑳。

㉗ 南京博物院、连云港市博物馆:《江苏连云港市清理四座五代、北宋墓葬》,《考古》1987 年第 1 期,第 51—57 页。

附表1—1　文献记载的唐代窑址

道	州(府)	记载内容	记载时代
京畿道	京兆府	陆羽《茶经》卷中《四之器》："盌……鼎州次"	8世纪中叶
都畿道	河南府	《通典》卷六《食货六·赋税下》："河南府贡瓷器十五事"	天宝中（742—756年）
河北道	邢州	李肇《唐国史补》："内丘白瓷瓯，端溪紫石砚，天下无贵贱通用之"	记开元长庆间事
		《新唐书》卷三九《地理志三》："邢州钜鹿郡…土贡：丝布、磁器……"	长庆年间（821—824年）
		陆羽《茶经》卷中《四之器》："邢州瓷白，茶色红"	8世纪中叶
河南道		《唐六典》卷三："河南道……厥贡……瓷石之器"	开元二十五年（737年）
		《元和郡县图志》卷五《河南道一》："开元贡，白瓷器……"	开元二十六年至二十九年（738—741年）
		《新唐书》卷三八《地理志二》：河南道"厥贡……埏埴盎缶"	长庆年间（821—824年）
江南西道	洪州	《旧唐书》卷一〇五《韦坚传》："天宝元年三月……豫章郡船，即名瓷、酒器、茶釜、茶铛、茶椀……"	天宝元年（742年）
		陆羽《茶经》卷中《四之器》"洪州瓷褐，茶色黑"	8世纪中叶
	饶州岳州	柳宗元《代人进瓷器状》①	元和八年（813年）
		陆羽《茶经》卷中《四之器》："盌……岳州次"	8世纪中叶
江南东道	越州	《新唐书》卷四一《地理志五》："越州会稽郡，中都督府。土贡……瓷器"	长庆年间（821—824年）
		陆羽《茶经》卷中《四之器》："盌，越州上"	8世纪中叶
	婺州	陆羽《茶经》卷中《四之器》："盌……婺州次"	8世纪中叶
淮南道	寿州	陆羽《茶经》卷中《四之器》："寿州瓷黄，茶色紫"	8世纪中叶

续表

道	州(府)	记载内容	记载时代
岭南道	广州	苏敬等撰《新修本草》玉石等部下品卷第五载："白瓷屑，平无毒……广州良，余皆不如"②	出处不详，显庆中(658—661年)修
剑南道	邛州	杜甫《又于韦处乞大邑瓷碗》："大邑烧瓷轻且坚，扣如哀玉锦城传，君家白盌胜霜雪，急送茅斋也可怜"③	8世纪中叶以后

注：1. 本表中的道与州府据开元二十九年(741年)建置
　　2. 本表中，广州、饶州和大邑迄今没有发现唐代前期的窑址，文献记载与考古发现尚存在出入。南方地区迄今为止未发现烧造白瓷的唐代窑址。文献中关于邢州和河南道贡白瓷的记载则为考古发现所证实
　　3. 据王永兴考证，《唐六典》《元和郡县图志》《通典》和《新唐书·地理志》载各地贡瓷年代，分别为开元二十五年(737年)、开元二十六至二十九年(738—741年)、天宝中(742—756年)、长庆年间(821—824年)。见王永兴《唐代土贡资料系年——唐代土贡研究之一》(《北京大学学报》1982年第4期，第60—65、59页)

---

① 《柳河东集》卷三九。
② 〔唐〕苏敬等：《新修本草(辑复本)》，合肥：安徽科学技术出版社，1981年，第144页。
③ 《全唐诗》卷二二六。

附表1-2　北方初唐墓出土白瓷统计表

省名	城名	出土单位	器类	纪年	资料出处
河南	巩义	孝西村唐墓	碗3、双龙柄瓶、罐3		《文物》1998年第11期
河南	巩义	芝田M36	碗4、唾盂		《文物》1998年第11期
河南	洛阳	涧西16工区M4	双龙柄瓶		《考古通讯》1957年第3期
河南	偃师	唐恭陵哀皇后墓	蒜头瓶、高足盘	675	《考古与文物》2002年第4期
河南	郑州	上街铝厂唐墓	罐		《中原文物》1997年第3期
山西	大同	南郊唐墓	碗2		《考古通讯》1958年第6期
山西	太原	金胜村唐墓	罐		《考古》1959年第9期

续表

省名	城名	出土单位	器类	纪年	资料出处
陕西	礼泉	张士贵墓	罐、盂 2	657	《考古》1978 年第 3 期
陕西	礼泉	郑仁泰墓	壶 2、盖罐 5	664	《文物》1972 年第 7 期
陕西	三原	李寿墓	罐	630	《文物》1974 年第 9 期
陕西	西安	李爽墓	盘	668	《文物》1959 年第 3 期
陕西	西安	独孤思贞墓	罐、碗	698	中国科学院考古研究所编者：《西安郊区隋唐墓》，北京：文物出版社，1966 年
陕西	西安	李凤墓	鸡首壶 2、双龙柄瓶 2	675	《考古》1977 年第 5 期
陕西	西安	康文通墓	器盖、高足盘	697	《文物》2004 年第 1 期
陕西	西安	温思暕墓	碗 2	696	《文物》2002 年第 12 期

注：1. 未注明件数者为 1 件

　　2. 附表 1—2、1—3、1—4 参考了于文荣《浅析唐代北方陶瓷工艺成就》(《中国历史博物馆馆刊》2002 年第 2 期，第 91—106 页)

附表 1—3　北方盛唐墓出土白瓷统计表

省名	城名	出土单位	器类	纪年	资料出处
	北京	史思明墓	水注		《文物》1991 年第 9 期
河北	临城	射兽 M1、M2	塔式罐、碗		《文物》1990 年第 5 期
河南	巩义	北窑湾 M6	杯 2、唾盂、器盖 7		《考古学报》1996 年第 3 期
河南	巩义	铝厂唐墓	罐 2、双龙柄壶 2、盘 3、子母盘、注子、盒		《中原文物》2004 年第 4 期
河南	巩义	食品厂唐墓 M1	堆塑罐 2、莲花灯 2		《中原文物》2003 年第 4 期
河南	巩义	北窑湾 M13	蒜头瓶、四系罐		《考古学报》1996 年第 3 期
河南	洛阳	涧西谷水唐墓	罐 2		《考古》1983 年第 5 期

续表

省名	城名	出土单位	器类	纪年	资料出处
河南	洛阳	关林卢氏夫人墓	罐4	750	《考古》1980年第4期
河南	孟县	堤北程最墓	罐8	717	《中原文物》1995年第4期
河南	偃师	崔沈墓	盘	706	《文物参考资料》1958年第8期
河南	偃师	安菩墓	唾壶、唾盂、瓶、罐4	664—709	《中原文物》1982年第3期
河南	偃师	张思忠墓	罐3	703	《考古》1986年第11期
河南	禹县	白沙M172	砚		《考古通讯》1955年第1期
河南	郑州	上街唐墓	碗、瓶、罐		《考古》1960年第1期
河南	郑州	李文寂墓	罐	708	《文物》1999年第12期
陕西	富平	节愍太子墓	小碗2、杯、三足碟	710	《考古与文物》2004年第4期
陕西	乾县	永泰公主墓	碗	706	《文物》1964年第1期
陕西	西安	韩森寨宋氏墓	碗3	745	《考古通讯》1957年第5期
陕西	西安	杨思勖墓	罐、碗	740	《西安郊区隋唐墓》
陕西	西安	秦川机械厂M3	盒		《考古与文物》1994年4期
陕西	西安	李贞墓	盒4	718	《文物》1977年第10期
陕西	西安	西郊热电厂M2	碗、盘、盆		《考古与文物》2001年第2期
陕西	西安	西郊陕棉十厂唐墓M7	唾盂		《考古与文物》2002年第1期

注：未注明件数者为1件

附表1—4　北方中晚唐墓出土白瓷统计表

省名	城名	出土单位	器类	纪年	资料出处
甘肃	平凉	刘自政墓	钵	851	《考古与文物》1983年第5期
	北京	昌平唐墓	碗		《考古》1963年第3期

续表

省名	城名	出土单位	器类	纪年	资料出处
	北京	昌平唐墓	双耳钵、壶、碗、莲瓣口碗、盏托		《考古》1980 年第 6 期
	北京	宣武区先农坛唐墓	白釉加蓝彩碗		《考古》1980 年第 6 期
河北	曲阳	涧磁村唐墓	碗、三足炉、盘、罐		《考古》1965 年第 10 期
河北	文安	西关 M1	杯、碗 3		《文物春秋》1997 年第 3 期
河北	文安	西关 M2	碗 3		《文物春秋》1997 年第 3 期
河北	邢台	南瓦窑唐墓	壶		《文物》1958 年第 10 期
河北	邢台	邢钢 M28	执壶		《文物春秋》2005 年第 2 期
河北	邢台	邢钢 M19	执壶、盏托、碗 3		《文物春秋》2005 年第 2 期
河北	临城	射兽 M2	碗		《文物》1990 年第 5 期
河北	临城	刘府君墓	碗 2、盖罐、器盖、注子、盏托 3、铁足提梁器	856	《文物》1990 年第 5 期
河北	临城	东街 M1	盏托		《文物》1990 年第 5 期
河北	临城	东街 M2	提梁罐、盂、瓶		《文物》1990 年第 5 期
河北	临城	赵天水夫妇墓	碗 2、盂	870	《文物》1990 年第 5 期
河北	临城	中羊泉唐墓	碗 3、器盖 2、单柄壶、三足盂、三足盘 3、狮 2、象、盒		《文物》1990 年第 5 期
河北	易县	北韩村唐墓	器盖、盘、"盈"字款水注		《文物》1988 年第 4 期
河北	衡水	M1	净瓶、碗		《文物春秋》2004 年第 10 期
河北	衡水	M2	碗		《文物春秋》2004 年第 10 期
河北	徐水	沿公村唐墓（5 座）M1	碗		《文物春秋》2001 年第 4 期
河南	安阳	薛家庄唐墓	碗、盏托		《考古通讯》1958 年第 8 期
河南	安阳	西郊唐墓	碗、瓶、提梁桶		《考古》1959 年第 5 期
河南	巩义	北窑湾 M2	碗 3、罐 2、盒、盂		《考古学报》1996 年第 3 期

续表

省名	城名	出土单位	器类	纪年	资料出处
河南	巩义	北窑湾 M15	圈足卷唇碗 2		《考古学报》1996 年第 3 期
河南	巩义	北窑湾 M19	罐		《考古学报》1996 年第 3 期
河南	巩义	北窑湾 M18	盖罐	851	《考古学报》1996 年第 3 期
河南	洛阳	北郊 M949	碗、瓷人、执壶		《考古与文物》1998 年第 6 期
河南	三门峡	韩干儿墓	碗、水注、罐、钵、瓶、提梁桶	852	《考古通讯》1958 年第 11 期
河南	三门峡	水厂唐墓	兔、药碾		《华夏考古》1993 年第 4 期
河南	三门峡	印染厂唐墓 M36	唾壶 2、碗 5	809	《华夏考古》2002 年第 1 期
河南	陕县	刘家渠 M2005	壶、碗、水丞		国家博物馆藏品
河南	陕县	刘家渠 M34	"永"字款莲瓣灯、长颈瓶、唾盂、多足砚、壶		国家博物馆藏品
河南	陕县	刘家渠 M64	壶、狮		国家博物馆藏品
河南	陕县	刘家渠 M1907	水丞、碗、葫芦瓶、壶、罐、瓶、狮		国家博物馆藏品
河南	偃师	杏园村李存墓	罐、唾壶	845	《考古》1984 年第 10 期
河南	偃师	李晊墓	碗、盏托、罐		《中原文物》1988 年第 1 期
河南	偃师	杏园郑绍芳墓	罐 2	814	《考古》1986 年第 5 期
河南	偃师	杏园李棁墓	罐 4	869	《考古》1986 年第 5 期
河南	偃师	徐府君季女墓	碗、唾盂	845	《华夏考古》1995 年第 1 期
河南	偃师	杏园郑润墓	碗、高足盘	778	《考古》1996 年第 12 期
河南	偃师	杏园李郁墓	碗、罐	843	《考古》1996 年第 12 期
河南	伊川	鸦岭齐国太夫人墓	碗 2	824	《文物》1995 年第 11 期
河南	郑州	罗新庄唐墓	壶		《考古通讯》1957 年第 6 期
河南	郑州	十九中学唐墓	碗 2		《文物》1999 年第 12 期
河南	郑州	地质医院唐墓	盒		《华夏考古》2000 年第 4 期

续表

省名	城名	出土单位	器类	纪年	资料出处
内蒙古	内林格尔	大梁村李氏墓	碗、执壶	807	《内蒙古文物考古》1996 年第 1 期
山西	长治	宋嘉进墓	碗	792	《文物》1989 年第 6 期
山西	长治	郭密墓	壶 2	849	《考古》1989 年第 3 期
山西	大同	振华南街唐墓	钵 2、盂		《文物》1998 年第 11 期
陕西	陇县	店子唐墓（28 座）M2	小盒		《考古与文物》1999 年第 4 期
陕西	西安	西窑村唐墓	唾盂		《考古》1965 年第 8 期
陕西	西安	东郊唐墓	盂		《考古》1991 年第 3 期
陕西	西安	曲江池唐墓	盒		《考古与文物》1987 年第 6 期
陕西	西安	青龙寺遗址唐墓	钵、壶、"盈"字款碗		《考古与文物》1997 年第 6 期
陕西	西安	南郊茅坡村 M13—1	葫芦形壶		《文物》2004 年 9 期
陕西	西安	西郊枣园唐墓（27 座）M1	碗		《文博》2001 年第 2 期
陕西	西安	西郊枣园唐墓（27 座）M4	注子、粉盒		《文博》2001 年第 2 期

注:未注明件数者为 1 件

附表 1—5　南方唐墓出土白瓷统计表

省名	城名	出土单位	器类	纪年	相对年代	资料出处
安徽	巢湖	唐代伍钧墓	碗 2	842	晚唐	《考古》1988 年第 6 期
安徽	无为	唐墓	碗		晚唐	《考古》2001 年第 6 期
湖南	长沙	近郊 M5	碟		中唐	《考古》2001 年第 6 期
湖南	益阳	赫山庙邓府君墓	碗	763	中唐	《考古》1981 年第 4 期
湖南	长沙	砚瓦池唐	盒、罐		晚唐	《考古》1957 年第 5 期

续表

省名	城名	出土单位	器类	纪年	相对年代	资料出处
湖南	长沙	纸圆冲古墓	碗		晚唐	《考古》1957年第5期
湖南	长沙	树木岭 M1	盒		中唐	《考古》1959年第12期
湖南	长沙	左家公山 M32	盒、瓶、碗		晚唐	《考古》1960年第5期
湖南	长沙	左家公山 M17	碗		晚唐	《考古》1960年第5期
湖南	长沙	左家公山 M18	盒、执壶		晚唐	《考古》1960年第5期
湖南	长沙	中南工大唐墓	碗 4		晚唐	文物编辑委员会编:《文物考古工作十年》,北京:文物出版社,1991年,第213页
江苏	扬州	五台山唐墓	罐、碗	886	晚唐	《考古》1964年第6期
江苏	扬州	东风砖瓦厂唐墓	盏托、碗 2、执壶		晚唐	《考古》1982年第3期
江苏	镇江	郑夫人墓	碗	834	晚唐	《考古》1985年第2期
江苏	镇江	弘夫人墓	碗	846	晚唐	《考古》1985年第2期
江苏	镇江	王叔宁墓	碗	848	晚唐	《考古》1985年第2期
江苏	镇江	M22	唾盂		晚唐	《考古》1985年第2期
江苏	镇江	M10	碗		晚唐	《考古》1985年第2期
江苏	镇江	M12	碗		晚唐	《考古》1985年第2期
江苏	镇江	M14	碗		晚唐	《考古》1985年第2期
江苏	镇江	M21	盒 2		晚唐	《考古》1985年第2期
江苏	扬州	城东 M107	盒 2	841	晚唐	《东南文化》1988年第6期
江苏	盐城	东关路 M3	碗		中唐	《考古》1999年第4期
江西	石城	丰山唐墓	杯 3		晚唐	《南方文物》1996年第4期

续表

省名	城名	出土单位	器类	纪年	相对年代	资料出处
江西	南昌	羊子巷唐墓	碗		晚唐	《考古与文物》1982 年第 6 期
江西	南昌	唐墓	碗	890	晚唐	《文物工作资料》1975 年第 4 期
江西	南昌	碑迹山唐墓	碗		晚唐	《考古》1966 年第 5 期
江西	广州	唐墓	碗	858	晚唐	《文物》1965 年第 2 期
江西	南昌	唐墓	碗		晚唐	《文物工作资料》1976 年第 2 期
浙江	临安	钱宽墓	碗 6、碟 10、盘、杯、执壶	900	晚唐	《文物》1979 年第 12 期
浙江	临安	水邱氏墓	杯 2、盘 9、注壶 3、碗 2、杯托	901	晚唐	浙江省文物考古所编者：《浙江省文物考古所学刊(1981)》，北京：文物出版社，1981 年

注：未注明件数者为 1 件

附表 1—6　南方五代墓出土白瓷统计表

省名	城名	出土单位	器类	纪年	资料出处
安徽	枞阳	龙桥五代墓	碟		《文物研究》第六期，合肥：黄山书社，1991 年
安徽	合肥	姜氏妹婆墓	碗 4	954	《考古通讯》1958 年第 7 期
福建	福州	马坑山五代墓	盒	952	《福建文博》1999 年第 2 期
福建	福州	刘华墓	碗		《文物》1975 年第 1 期
福建	福州	王审知夫妇墓	碗 2、盒 2		《文物》1991 年第 5 期
广东	和平	和平 M6	碗		《考古》2000 年第 6 期
湖北	武汉	阅马场王府君墓	碗	928	《江汉考古》1998 年第 3 期
湖南	长沙	近郊 M14	碗 2		《考古》1966 年第 4 期

续表

省名	城名	出土单位	器类	纪年	资料出处
湖南	长沙	近郊 M81	碟		周世荣编著：《湖南古墓与古窑址》，长沙：岳麓书社，2004年
湖南	长沙	容园 M007	碗		《考古》1958 年第 5 期
湖南	长沙	十国楚墓 M107	盒、		《湖南古墓与古窑址》
湖南	长沙	十国楚墓 M121	碟		《湖南古墓与古窑址》
湖南	长沙	十国楚墓 M135	盂 4		《湖南古墓与古窑址》
湖南	长沙	十国楚墓 M136	碗、盒 2		《湖南古墓与古窑址》
湖南	长沙	十国楚墓 M142	执壶、盒 2		《湖南古墓与古窑址》
湖南	长沙	十国楚墓 M154	碗、碟 2		《湖南古墓与古窑址》
湖南	长沙	十国楚墓 M155	碗、碟 2		《湖南古墓与古窑址》
湖南	长沙	十国楚墓 M157	碗		《湖南古墓与古窑址》
湖南	长沙	十国楚墓 M159	碗		《湖南古墓与古窑址》
湖南	长沙	十国楚墓 M176	盒		《湖南古墓与古窑址》
湖南	长沙	十国楚墓 M180	碗		《湖南古墓与古窑址》
湖南	长沙	十国楚墓 M182	碗		《湖南古墓与古窑址》
湖南	长沙	十国楚墓 M205	碗		《湖南古墓与古窑址》
湖南	长沙	十国楚墓 M208	碗		《湖南古墓与古窑址》
湖南	长沙	十国楚墓 M217	碗		《湖南古墓与古窑址》
湖南	长沙	十国楚墓 M239	盒		《湖南古墓与古窑址》
湖南	长沙	十国楚墓 M255	碗、碟		《湖南古墓与古窑址》
湖南	长沙	十国楚墓 M264	盒		《湖南古墓与古窑址》
湖南	长沙	十国楚墓 M267	碟、执壶		《湖南古墓与古窑址》
湖南	长沙	十国楚墓 M277	碟		《湖南古墓与古窑址》
湖南	长沙	十国楚墓 M279	碗 3		《湖南古墓与古窑址》
湖南	长沙	十国楚墓 M280	碟、碗 2		《湖南古墓与古窑址》

续表

省名	城名	出土单位	器类	纪年	资料出处
湖南	长沙	十国楚墓 M3	盒		《湖南古墓与古窑址》
湖南	长沙	十国楚墓 M32	碗		《湖南古墓与古窑址》
湖南	长沙	十国楚墓 M34	盒		《湖南古墓与古窑址》
湖南	长沙	十国楚墓 M48	碟 3		《湖南古墓与古窑址》
湖南	长沙	十国楚墓 M55	碗		《湖南古墓与古窑址》
湖南	长沙	十国楚墓 M56	碟		《湖南古墓与古窑址》
湖南	长沙	十国楚墓 M63	盒		《湖南古墓与古窑址》
湖南	长沙	十国楚墓 M66	碗		《湖南古墓与古窑址》
湖南	长沙	十国楚墓 M87	碗、碟、瓶		《湖南古墓与古窑址》
湖南	长沙	十国楚墓 M98	碗		《湖南古墓与古窑址》
湖南	长沙	隋唐五代墓 M192	碗		《湖南古墓与古窑址》
湖南	长沙	隋唐五代墓 M279	杯		《湖南古墓与古窑址》
湖南	长沙	隋唐五代墓 M283	盒		《湖南古墓与古窑址》
湖南	长沙	隋唐五代墓 M284	碗		《湖南古墓与古窑址》
湖南	长沙	隋唐五代墓 M457	碗		《湖南古墓与古窑址》
湖南	长沙	隋唐五代墓 M504	壶 3		《湖南古墓与古窑址》
湖南	长沙	隋唐五代墓 M514	盒		《湖南古墓与古窑址》
湖南	长沙	隋唐五代墓 M515	盒 3		《湖南古墓与古窑址》
湖南	长沙	隋唐五代墓 M516	执壶		《湖南古墓与古窑址》
湖南	长沙	纸圆冲古墓	碗		《考古》1957 年第 5 期
湖南	长沙	58 长工铁 M24	碗		《考古》1959 年第 12 期
湖南	资兴	旧市 M483	碗 3		《考古》1990 年第 3 期
湖南	长沙	黄土岭 M46	碗		《考古通讯》1958 年第 1 期
江苏	扬州	五台山 M2	碗		《考古》1964 年第 10 期
江苏	扬州	五台山 M22	盒		《考古》1964 年第 10 期
江苏	连云港	M1	碗 2、盂、盒		《考古》1987 年第 1 期

续表

省名	城名	出土单位	器类	纪年	资料出处
江苏	连云港	M4	碗 4		《考古》1987 年第 1 期
江苏	连云港	王氏墓	碗 3、盘 5、盒 4、盂、枕	933	《文物参考资料》1957 年第 3 期
江苏	常州	半月岛五代墓	碗		《考古》1993 年第 9 期
江苏	邗江	杨吴寻阳公主墓	碗 3、盂		《文物》1980 年第 8 期
江苏	南京	南唐二陵	碗 4		南京博物院编著:《南唐二陵发掘报告》,北京:文物出版社,1957 年
江西	会昌	西江五代墓	碗 2、碟 7、盏		《江西历史文物》1987 年第 2 期
江西	会昌	西江湾兴五代墓	碟、碗		《南方文物》2001 年第 3 期
四川	蒲江	后蜀李才墓	碗		《四川文物》1990 年第 1 期

注:未注明件数者为 1 件

第二章　宋代青白瓷窑址分布的
历史地理考察

第一节　宋代青白瓷窑址的分区

宋代青白瓷窑址的分布范围很广,北抵长江,西至雪峰山、武陵山,东、南至大海。根据各窑场生产青白瓷的起止时间、产品面貌和生产技术的创新等因素,大致可以将青白瓷窑系中的各窑场分为六大区域(图 2—1)。在瓷业生产区的形成过程中,河流起到了非常重要的作用,因此本书的分区以河流为主要标志。

一　长江中下游南岸沿江地区(A 区)

本区主要有安徽繁昌窑、泾县窑和湖北梁子湖窑。泾县窑为调查资料,这里暂不作讨论。处于长江干流南岸的繁昌窑和梁子湖窑场,都兴烧于五代时期,繁昌窑的年代可能稍早;二者的衰落年代也大体接近,梁子湖窑略晚。在其兴起之时,两窑所在地都属南唐(吴)。

繁昌窑与梁子湖窑均以生产青白瓷为主,二窑的瓷产品外观颇为接近,尤其是中下等产品更是难以区分。瓷业技术也显示出一定的亲缘关系,如在繁昌窑和梁子湖周围的青山、王麻、浮山等窑址,均发现了长条形龙窑遗迹;两窑在北宋时期主要采用漏斗形匣钵与垫饼或垫圈的组合装烧具,一匣一器仰烧瓷器。但繁昌窑和青山窑

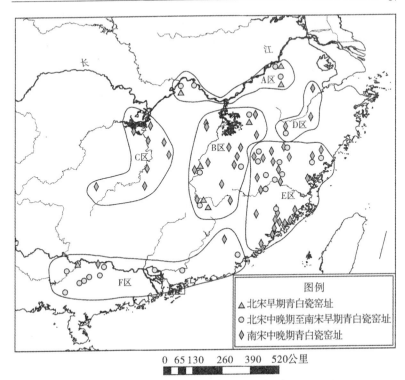

图 2—1　宋代青白瓷窑址分区示意图

的精致产品及大件器物的器类、造型有较大差别。繁昌窑器类较梁子湖窑多样,如繁昌窑所产盂、仰莲盆、奁、盒、瓶、盏托、塔形罐、凤首壶、俑类、人形壶、葫芦形执壶与莲瓣状注碗、动物玩具等器类不见于梁子湖窑,梁子湖窑址虽然也出土了香炉、温碗、盘口双系壶等复杂的器类,但产量很少,生产时代比繁昌窑晚,造型也有差别。

　　总的来看,梁子湖窑在北宋中期以前生产不少与繁昌窑相似的器类,但北宋中期以后出现仿景德镇的刻花和梳篦纹装饰,少量的香炉、粉盒、盘口瓶等器类也与景德镇产品十分相似。繁昌窑和景德镇窑都通过长江西运瓷器,位于长江南岸且以沿江地带为主要销售区的梁子湖窑,有得天独厚的条件来模仿两窑的产品。

　　唐五代时期,长江中下游南岸地区处于中原北方白瓷生产区与南方青瓷生产区之间的过渡地带,又是移民聚集的区域。以繁昌窑为代表的窑场吸收了南北方技术所长,生产出新的瓷器品种——青白瓷,使本区成为青白瓷的源起之地。繁昌窑和梁子湖窑都是以生产青白瓷为主的窑场。北宋中期以后,青白瓷的生产中心从繁昌转移到景德镇,随着景德镇等赣江流域青白瓷窑场的兴起,长江南岸地区的瓷器手工业衰落下去,没有再度复兴。从繁昌窑的衰落到景德镇窑的兴起,反映了同一窑系中生产中心的转移,在宋代的瓷器手工业生产中有一定的代表性。

二　赣江流域(B区)

　　宋代生产青白瓷的窑场遍及赣江流域。在赣江下游地区,有昌江之滨的景德镇窑、信江之滨的贵溪坝上窑、盱江之滨的南丰白舍窑、南城株良窑及盱江支流上的金溪小陂窑和里窑、北潦河之滨的靖安丫髻山窑、南潦河畔的奉新窑里窑;中游地区有处赣江干流的吉州窑、恩江之滨的永丰山口窑。上游地区有处赣江干流的赣州七鲤镇窑和梅江之滨的宁都窑。从北宋早期到元代,本区青白瓷的生产始终没有中止。

　　赣江流域最早的青白瓷应脱胎于五代的白瓷生产,景德镇窑、吉州窑和赣州窑都发现了从青瓷到白瓷再到青白瓷的地层堆积。三处窑场于宋初抛弃了传统的泥点叠烧法,采用漏斗形匣钵和垫饼的装烧具组合。迄今所知,这种装烧方法的源地在中原北方地区,定窑等窑场在晚唐就开始使用。漏斗形匣钵和垫饼、垫具的装烧具从中原北方传播到江南地区,最早为繁昌窑所采用并南传到赣江流域,考古遗存反映的这条技术传播路线是符合唐宋之际江南开发进程的。

　　北宋中期以后,景德镇以技术和产品上的绝对优势成为继繁昌窑之后的青白瓷生产中心。此后赣江流域始终是青白瓷生产最为兴旺的区域,赣江中下游地区更是如此。出于赢利的目的,周边窑场纷纷仿效景德镇产品,吸收景德镇生产技术,使景德镇瓷业技术从鄱阳湖地区不断向周边扩散。北宋晚期,景德镇窑场发明了多级盘或钵式覆烧窑具,两宋之际又吸收了来自北方定窑的支圈覆烧技术[①],此后这两种技术不仅在赣江流域扩散开来,而且传播到邻近地区。

本区窑场呈现出的等次关系十分明显,景德镇为青白瓷窑场之魁首,南丰、吉州、赣州等窑场堪与竞争,而位于偏僻山区的小窑场只维持小规模的生产。本区窑场对景德镇产品的模仿,曾经成为景德镇窑生存的障碍。《陶记》在谈到南宋中晚期景德镇的生产状况指出,昔日"三百余座"窑场的景德镇瓷业已呈现衰落的迹象,原因之一就是为"临川、建阳、南丰他产有所夺"。三地的青白瓷窑场都为考古发现所证实。其中临川(今江西抚州)和南丰(今江西南丰)邻近景德镇,两地窑场在南宋时期成为景德镇窑强劲的竞争对手。宋元之际,赣江流域的窑场大多趋于倒闭,景德镇以丰富的制瓷资源加上良好的社会时机,最终在竞争中胜出。

三 湘江流域(C区)

湘江流域古代的瓷业生产以青瓷为主体,但在南宋时期也出现了烧制青白瓷的窑场。迄今发现的此类窑场主要发现于湖南益阳、长沙、汨罗、浏阳、新宁、耒阳、衡东[②]和江西萍乡。窑场附近均有河道与湘江干流相通,交通便利。这些窑场烧造青白瓷的时代为南宋晚期至元代,其装烧工艺、器类、造型与装饰都与赣江流域有相似之处,如采用景德镇流行的支圈组合装烧具烧制芒口瓷器。器类比较简单,多见碗、盘、碟、高足杯、钵等圆器,另有少量的粉盒、香炉等琢器。瓷器以素面为主,少数有印花装饰。从技术上看,本区可以视作赣江流域青白瓷产区向西的延伸。湖北沙市一带出土的青白瓷中,有一些可能就来自湘江流域的窑场。这些窑场凭借水运优势供及周边地区,争夺了一部分景德镇窑在两湖地区的市场。

青白瓷属于广义的白釉瓷,湘江流域在经历了东汉以来 10 个世纪烧造青瓷的历程后,开始烧造青白瓷,这是耐人寻味的。晚唐以来白瓷在湖南不断被发现,但这一地区却迟至南宋才开始生产白釉瓷(青白瓷),显然不是出于窑工的自主选择,很可能是因为难以获取烧造白釉瓷的瓷土资源。是否因为制作这类瓷土特殊的埋藏方式,使它们没有在南宋以前为窑工所用呢? 期待着湘江流域非金属矿发现与利用史的研究有新的进展,帮助我们解开这一谜团。

四 钱塘江流域(D区)

钱塘江是自西南向东北贯穿浙江的水上交通线,其中游称富春江、上游称衢江、下游称钱塘江。钱塘江流域的青瓷生产从东汉六朝时期就开始了,中晚唐时期达到鼎盛。从北宋晚期开始,这一传统的青瓷产区也增烧了青白瓷,窑场主要发现于浙北的临安、浙西衢港流域的江山和金华等地[③]。

临安窑分布于临安中部天目溪上游的东关溪、丰陵溪两岸,这两条河流均属分水江流域钱塘江水系。临安窑的产品以青白瓷为主,约占 70%,黑瓷次之,占 30%。青白瓷器类以碗最多,另有盘、碟、钵、高足杯、壶、瓶、罐、盒、香炉、油灯盏、器盖等十余种。装饰方法有划、刻、印和点彩 4 种,以印花多见。临安窑的烧造始于北宋,盛于南宋,衰于元代。其中青白瓷的烧造主要为南宋到元代。

江山碗窑是浙西衢港流域以青白瓷为主的窑场。除青白瓷外,碗窑窑址还包含青绿、淡青、青灰、黑、酱、青花等多种釉色品种。江山碗窑的青白瓷产品可分为北宋中晚期至南宋和元代早中期两个时期,主要器形是碗和盘。

本区并不是一个有竞争力的青白瓷生产区,却是一个富有特性的区域。青白瓷窑场首先在传统越窑生产区的边缘——衢港流域产生,然后扩展到临近南宋行在临安附近。临安与江山两地窑场生产青白瓷的原因可能有所不同。江山窑青白瓷可能是福建外销瓷生产区的延伸,而临安窑主要是为了满足都城附近民众的需求。因为在南宋时期,"洁白不疵"、有"饶玉"之称的青白瓷已经成为杭州临街铺席中的名牌商品。从技术上看,临安窑吸收了来自赣江流域青白瓷窑场的覆烧技术,器类与装饰亦与后者相似;而江山窑等浙西青白瓷窑场同时吸收了来自江西和福建的生产技术。总的来说,钱塘江流域的青白瓷窑场可以纳入江西和福建青白瓷产区的技术辐射区。

五　闽江、晋江流域等东南沿海地区(E区)

从地形上看,本区主要包括福建省内西北－东南流向大河及其支流流经的丘陵山地,以及沿海丘陵平原两种地貌。浙南飞云江上游在地形上与福建沿海丘陵平原连为一体,瓷业生产面貌也相近,因此划为一区。本区依自然地理单元的不同又可以分为 6 个小区,即闽江上游的闽西北地区,闽江下游的闽东地区,闽南的晋江流域、龙江流域,闽西汀(韩)江流域以及浙南的飞云江上游地区,包括福建全境以及浙南地区。

总的来看,本区宋元时期的瓷窑遗址集中在闽江支流建溪与东南沿海宁德、莆田至晋江一带,尤其以晋江下游最为集中。这些窑址的时代绝大部分为南宋至元代,一部分瓷窑延续至清代。宋元时期的品种主要有黑瓷、青瓷及青白瓷三大类,明清时期则有白瓷、青瓷及青花瓷三类。福建宋元窑场以外销为主要目的的生产性质已得到学界公认,尤其是泉州沿海地区宋元时期宏大的瓷业生产阵势已经吸引了来自不同学科的众多学者的关注。

闽西北生产青白瓷的窑场,已报道的有崇安窑[④]、光泽茅店窑、浦城窑、松溪窑、邵武四都青云窑、建阳华家山窑、建瓯窑、顺昌连坑和谢家屯窑；闽东有连江的浦口、魁歧窑，闽清窑、宁德扶摇窑、仙游岭南乡窑、莆田许山窑等；闽南生产青白瓷的窑场计有泉州东门窑、碗窑，永春湖洋窑、蓬莱窑，德化盖德碗坪仑窑、浔中屈斗宫窑，安溪龙门窑、魁斗窑，南安东田窑、仑苍窑、康美窑、罗溪窑，厦门同安汀溪窑、碗窑、困瑶窑、上瑶窑，惠安银厝窑和漳浦沙田窑等[⑤]；闽西有三明中村窑、长汀南山窑等。

飞云江上游泰顺、文成两县交界地，窑址数量甚多。北宋中晚期烧造青白瓷的窑场有泰顺下革万厝、垟岱、莒江牛皮地、司前左溪以及文成蟾宫埠等地。南宋时期的窑场有泰顺彭溪镇玉塔窑和下革坟山窑，分布在莒蒲地、荒田头、四季青、岭头、圆岗子和石板桥湾等10处地点。此外，苍南大心垟、乐清瑶岙等地也零星发现了青白瓷遗存[⑥]。

虽然本区已经发现了两宋时期众多的生产青白瓷的窑址，但没有研究者对福建青白瓷的生产做详细的综合研究。因此，还不大容易准确地判断福建两宋时期青白瓷生产的空间变化。出土品给人的总体印象是芒口青白瓷的大量涌现。因此，本区从南宋时期，特别是南宋中后期进入盛烧应该是毋庸置疑的。

本区是与赣江流域技术联系最为紧密的区域，在生产技术上也经历了从泥点叠烧到漏斗形匣钵—垫饼或垫圈再到支圈覆烧技术的两次技术革新。闽赣两地的瓷业技术交流主要是通过闽西北的河流来完成的。蒋祈在《陶记》中提出南宋中后期争夺景德镇内销市场的"建阳窑"（属今福建建阳）[⑦]就位于闽江支流崇阳溪上，通过分水关的道路将崇阳溪与信江联结在一起。景德镇窑场在外销上，以广州和长江下游港口为主，而不是以泉州为主，与遍布于本区全境的青白瓷窑场，包括"建阳窑"在内的强劲竞争对手的存在可能不无关系。

六　岭南地区(F 区)

岭南于两宋时期也出现了外销导向型的瓷器生产,青白瓷是其中最大宗的产品,主要通过广州输往东南亚或南亚各地。本区大致可以分为三个亚区。其一是浔江、郁江及其支流两岸,如浔江支流北流河流域的藤县中和窑,容县城关窑、大化窑、龙殿窑、大神湾窑,北流岭峒窑、碗窑村窑、瓦响坪窑、仓田窑,岑溪南渡窑,广西青白瓷的主要产地就在这里。郁江与黔江合流处的桂平也有桂平窑、伟杨窑等生产青白瓷的窑场,此外,在桂东南的武思江上游地区,还有浦北土东窑、玉林平山窑和贵港武思窑等[⑧]。其二是珠江和东江沿岸,有广州西村窑、阳江石湾窑和惠州窑。三是韩江及其支流梅江两岸地区,有潮州窑、梅县瑶上窑、五华龙颈坑窑。

已有的研究认为,广西桂平窑始烧于北宋早期,西村窑始烧于北宋中期。可以认为岭南的青白瓷生产技术通过长江—湘江通道传自长江中下游南岸地区,而非通过大庾岭道传自赣江流域。本区主要的青白瓷窑场如西村窑、惠州窑、潮州窑都衰落于两宋之际,在盛烧期均采用漏斗形匣钵和垫饼垫圈的装烧工艺,赣江流域的覆烧技术只在粤北少数窑场短期出现过[⑨]。在广西,延烧至南宋中后期的藤县窑和容县窑,也一直没有覆烧具的报道,两窑南宋时期的产品与景德镇青白瓷也有较大的差异,却与湖南同时期青瓷有相似之处。说明南宋以后,江西青白瓷窑场对岭南的技术辐射相当有限。

两宋时期青白瓷窑系曾发生两次装烧技术的革新,第一次是以漏斗形匣钵和垫饼、垫圈的组合装烧具,取代南方传统的泥点间隔具。这种中原北方窑场的技术随着移民首先传到长江南岸的皖南地区,并从这里向各青白瓷窑场传播。北宋时期,几乎所有的青白瓷窑场都原封不动的采用了这一装烧方法。此次技术革新的动力来自于浙江以外的南方地区对优质瓷器的需求。繁昌等江南窑场保持南方原有的龙窑构筑技术的同时,吸收了漏斗形匣钵和垫饼、垫圈这一种有利于保护釉面、增加烧成率、生产仿金银器的薄胎瓷器的装烧具。第二次技术革命发生北方移民大量南迁的两宋之际，以定窑覆烧支圈组合装烧具为代表。这一技术最初发生在青白瓷的生产中心景德镇，尔后为众多的青白瓷窑场所采用，元代以后才被放弃。

总之，从北宋早期开始，青白瓷生产已在长江南岸沿江地区、赣江流域、岭南地区展开。钱塘江、闽江流域以及泉州沿海地区的青白瓷的兴烧似乎迟至北宋中期以后，最后一个兴起青白瓷生产的区域是湘江流域。长江南岸沿江地区与赣江流域的青白瓷生产从五代十国时期的白瓷生产中脱胎而来，沿海地区的青白瓷生产受到了景德镇等窑场青白瓷外销的推动。湘江流域青白瓷生产则可能缘于新的瓷土资源的发现。

第二节　宋代青白瓷窑址分布的时空变化

一　五代至北宋早期：从白瓷生产到青白瓷的兴起

如图 2—2 所示，北宋早期的青白瓷窑场主要分布在两类地区，一是南唐国故地，如前所述，青白瓷产生是南方地区试烧白瓷的结果。南方早期烧制白瓷的窑场也成为最早生产青白瓷的窑场，这些窑场有安徽繁昌窑、泾县窑，湖北武汉青山窑，江西景德镇窑、赣州窑和吉州窑。另一类是外销线路上的窑场，如广西桂平窑。这些窑场在分布上有两大区位特点。

1. 有丰富的、宜于制作白瓷的瓷土资源，而且有一定瓷业生产基础，但五代以前没有生产优质瓷器的技术

处于赣东北丘陵地带的景德镇，其五代白瓷生产的兴起，凭借了当地丰富而优质的瓷土储量。景德镇南宋以前诸窑场均采用三

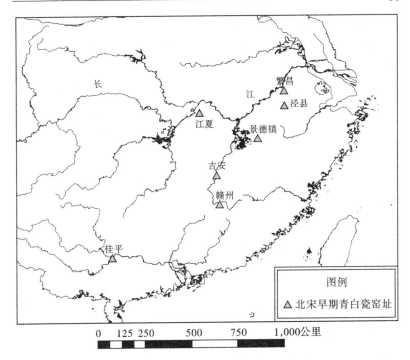

图2—2　北宋早期青白瓷窑址分布示意图

宝蓬古矿坑的上层瓷石[⑩]。各窑场依山傍水,临近瓷石矿区。文献记载景德镇唐初就生产优质的青瓷器[⑪],但这一地区迄今发现最早的瓷器属晚唐时期,质量与当时南方名窑青瓷相比,仍有较大的差距[⑫]。

　　位于吉安县东南隅的吉州窑,濒临赣江,背依绵亘十数里的浅山丛林,面对赣江东岸瓷土产地青源山之鸡冈岭,有丰富的瓷土和燃料资源。吉州窑在晚唐时期烧造与洪州窑同类的青瓷,各类碗均施半截釉,胎质较粗松,烧造方法原始。

　　武汉青山窑所在梁子湖周围地带富藏制瓷所需各种矿物,如乌龙泉和黄之山藏有优质的石灰石、白云石,八分山出产石英矿,此外,境内还广泛分布着高铝黏土[⑬]。尽管在梁子湖一带发现过五代以前的瓷业遗存,但这些遗存呈零星分布,一般为质地粗糙的青瓷,器类也十分简单,主要供当地民间使用[14]。这个地区也同样没有深厚的瓷器手工业基础。

繁昌窑窑址附近也有丰富的制瓷资源,分析表明,繁昌窑瓷胎原料主要来自于附近山体的矿石,并掺入了一种含铝较高的黏土,通过二元配方来增强胎体的铝含量[15]。直到现在,繁昌地区还有丰富的瓷土资源,有含铁量在 7%—8% 左右的褐色原料及含铁量在 0.5% 以下的白色原料。有风化程度较好、结构疏松的软质黏土及风化程度较差、结构致密的硬质原料,既有适合生产陶质产品的原料,也有适合生产瓷质产品的矿床[16]。不过,并没有考古材料证明繁昌在五代以前就出现了发达的制瓷手工业。繁昌所在的皖南地区,于晚唐时期出现了一批烧制青瓷的窑场,其装烧方法和形制多来自越窑,但瓷器质量与越窑差距较大。

因此,尽管优质瓷土的蕴藏是制瓷手工业发展的首要条件,但南方地区五代北宋白瓷和青白瓷生产的兴起,并非本地瓷业自然发展的结果,无论是新的瓷土资源的发现,还是配方与装烧的引进都与特定历史条件下人的活动有着必然的联系。

2. 普遍靠近移民众多的大城市,或与大城市有着便利的水路交通,并接近晚唐五代的主要交通干线

南唐国故地 6 处窑场所在的区域大多是南迁北方人分布比较密集的区域。近年来古代移民史研究的成果表明,唐后期五代的北方移民在分布上有沿交通线、靠近南方发达的州府城市分布的特点。江淮之间为唐后期五代南迁北方移民密集分布区域;长江到南岭之间的广大区域为移民点状分布区域;岭南为移民稀疏分布区域[17]。

6 处窑场所在的州府均为唐后期五代移民分布最为密集的大城市。景德镇在五代时没有独立的行政建置,它所属的饶州(治鄱阳县,今江西波阳)为南唐国安化节度使所在。在唐末五代,饶州是鄱阳湖流域户口增加最多的州之一,号为富庶。章孝标(元和至大中时人)《送张使君赴饶州》诗曰:"饶阳因富得州名,不独农桑别有营。日暖提筐依茗树,天阴把酒入银坑"[18]。晚唐时期,刺史李复在鄱县筑邵父堤,以捍江水,农田水利的建设促进了农业经济的发展。浮梁县(今江西浮梁)又产名茶,乐平县(今江西乐平东)有银坑,鄱阳县有永平钱监,都为朝廷提供了大量的财赋收入[19]。景德镇五代窑场沿南河而建,南河,旧称历降水,发源于婺源县五花尖南侧,是昌江的主要支流,而波阳正处昌江与乐安江入彭蠡湖(今鄱阳湖)的交汇处,景德镇窑场生产的瓷器通过南河,转昌江到波阳入鄱阳湖,然后转运各地。

吉州窑所在的吉安县唐代称庐陵,是吉州州治所在。庐陵"骈山贯江"、"扼岭之冲"[20],是南北水路的必经之地。唐代吉州领有五县,但一半的民户集中在庐陵。张镒于元和(806—820年)中任吉州刺史,治州有方,"鳏寡有怡,流亡既来,徭税先具,污茨尽开"[21]。中晚唐时期,吉州的农业经济获得较大的发展。

赣州七鲤镇窑在今赣州市东6公里,赣州在五代称虔州,为南唐国百胜节度使所在。从晚唐五代到宋初的百余年来,这一地区战事稀少,人口众多,商业与手工业都很发达。七鲤镇窑址沿贡江(贡江与章江在赣州汇流后称赣江)北岸排列,接近章水与贡水的交汇处。章水南源于大庾岭,粤商越过大庾岭道可与之交通;贡水发源于武夷山,其河谷地带是赣江上游地区与汀江流域往来的重要通道。

武汉青山窑在距武汉市区约15公里的江夏区土地堂乡。武昌是唐代鄂州州治所在,鄂州在安史之乱前人口不多,属下等州。安史之乱后,鉴于其重要的军事地理地位,在此置鄂岳观察使[22],"领鄂、岳、蕲、黄四州,恒以鄂州(治江夏县,今武汉市)为使理所"[23]。一时成为巨防。加上战乱以后,河北、山东诸道供赋不入,运河航线经常阻断,唐王朝所倚仗的东南八道贡赋改由汉水北运,鄂州成为重要漕运枢纽,至唐末不改[24]。南唐(吴)在此设武昌节度使。青山窑在梁子湖畔,梁子湖与长江相连,湖面开阔,湖水较深,适于航行。

繁昌窑创烧于五代,迄今没有报道更早的窑业遗存。繁昌地近宣州(治今安徽宣城),宣州是唐代著名的矿业中心和工业城市,富藏铜、银等矿产,农业生产发达,"赋多口众,最于江南"[25];又处交通要道,唐人说它:"壤带金陵,廓巨镇于三吴,走通庄于百越"[26]。南唐国在此设宁国节度使。繁昌与南唐国都金陵的交通也很便捷,峨溪河从繁昌窑址附近流过,由南向北注入长江。

广西桂平窑则地处郁江和黔江合流之处。唐宋时期,岭南以汉人风习为主的州郡都分布在岭南水路交通沿线。桂平在宋代为浔州州治所在,"府据两江之会……柳、桂诸州府为之襟带,梧邕二郡府为之腰膂"[27],地理位置十分重要。

总之,从空间分布上看,上述窑址都接近原料产地,滨江临湖,普遍在晚唐五代以来的大城市附近。这些大城市,均为晚唐以来南方各地的区域中心。

五代时期南方窑场增烧的白瓷,代表了中晚唐以来南方地区对日用瓷器新的审美时尚。白瓷窑场最先出现在各区域的中心城市附近,是不难理解的。事实上,不仅是瓷器,安史之乱以来的移民浪潮带来的南方文化习俗的变迁,往往都有从人口众多、经济文化发达的大城市向人口稀少、生活封闭的小乡村,由交通沿线向偏远山区传播的特点。北宋中期以后,青白瓷的生产遍布于南方地区的各大流域,成为"天下无贵贱通用之"的流行日用品。但在其创烧期,窑场的选址尚体现着服务于大都市的特点。

二　北宋中晚期到南宋早期:青白瓷烧造区域的扩大

这一时期为青白瓷的发展成熟期。景德镇窑已经能烧制出后来被称为"影青"的青白瓷器。其他青白瓷窑场的产品也逐渐摆脱

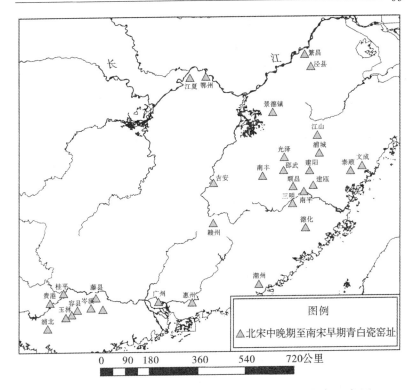

图2—3　北宋中晚期至南宋早期青白瓷窑址分布示意图

早期釉色不匀的特点,呈现出相对统一的白中泛青、青中泛白的釉
色。青白瓷生产的规模和地域很快扩大(图2—3)。

　　早期烧造青白瓷的一些窑场于北宋中期以后生产规模扩大,景
德镇窑就是如此。蒋祈在《陶记》说"景德陶,昔三百座",这里的
"昔"当指北宋中晚期而言㉘。经调查,除市区叠压在近现代建筑之
下,或被破坏和扰乱的瓷业遗存之外,宋代景德镇的窑业遗存共计
137处,主要分布在市区、近郊、南河和小南河一带,延绵近百里㉙。
其间窑址星罗棋布,瓷片堆积如山,其生产规模是同时代其他窑场
无法比拟的㉚。研究者认为,景德镇入宋以后新增窑场主要为神宗

时期①,无论是考古发现的青白瓷还是窑址的分布情况,都表明北宋中后期景德镇的确进入到一个极其繁盛的时期。

赣江流域除景德镇窑、吉州窑、赣州窑继续烧造外,还兴起了南丰白舍窑、临川窑等窑场,它们的盛烧期从北宋晚期延续到南宋中晚期,成为景德镇窑在本地市场中强劲的竞争对手②。

作为早期青白瓷生产中心的繁昌窑,在北宋中期以后开始衰落,到北宋晚期基本停烧。

梁子湖窑在北宋中期以后,较多地学习景德镇的刻划花与梳篦纹装饰工艺,也于 11 世纪中叶前后进入盛烧期,但随着景德镇青白瓷占领两湖市场,梁子湖窑逐渐失去竞争力,大约在两宋之际走向衰落。

北宋中期以后,一个地跨长江、珠江、钱塘江、闽江流域的"青白瓷窑系"基本形成。由于考古工作的局限,对其中部分窑场始烧青白瓷的年代尚不能一一判别,只能依靠已有的研究成果来加以讨论。

1. 岭南地区

岭南地区在宋代分为广南东路(主要为今广东)和广南西路(主要为今广西),至迟在北宋中期,开始大量生产青白瓷。广州西村窑、惠州窑和潮州窑就是其中的代表。1922 年在潮州城外羊皮岗地下石室中,曾出土 4 尊青白瓷造像。其中一尊造像的铭文为"潮州水东中窑甲弟子刘扶同妻子陈氏十五娘发心塑释迦牟尼佛永充供养为父刘用母李二十娘阖家男女乞保平安治平四年丁未岁九月卅日题匠人周明"③。说明潮州窑至迟在北宋中期已烧造青白瓷。广南东路在北宋中期前后兴起的窑场很多,今广州附近的佛山、南海、三水、番禺、中山、高鹤等县都发现了北宋瓷窑址,离广州稍远的惠州、潮州、阳江、梅县、湛江、韶关、肇庆、惠阳、汕头等地也发现了一定规模的北宋瓷窑址。这些窑场往往同时仿照其他名窑的外销产品,青白瓷只是其中仿景德镇窑的一类产品^㉞。

　　广南东路宋代瓷业的繁盛与对外贸易直接相关。从北宋初年起,宋朝统治者就把广州当作同东南亚及阿拉伯等海外各国进行贸易往来的主要港口。开宝四年(971年)宋太祖下令在广州重建市舶司,使广州成为宋初从事海外贸易的唯一门户。尔后,宋朝政府又采取诸多措施,加强对广州海外贸易的管理。但在北宋前期,市舶官吏的贪赃、侬智高和交阯入侵等事件,一度影响广州社会的稳定,这一状况直到熙宁年间(1068—1077年)才有所改变。从熙宁年间到北宋末年,海外商船来者相继,在广州、泉州、杭州、明州等市舶司所在城市中,广州最为繁盛,是宋朝对外经济联系的主要港口^㉟。从海外大量发现的广东宋代窑场瓷器来看,青白瓷生产正是在海外贸易的刺激下展开的。

　　兴起于北宋时期的广东窑场,大多于南宋时期停止生产,其消亡的重要原因,一般认为与南宋时期外贸重心转移,泉州夺广州之盛有极大关系^㊱。

　　本期今广西藤县、岑溪、容县、北流、玉林、浦北、桂平、贵州等地,出现了一大批以烧造青白瓷为主的窑场。它们烧造的时间很长,如藤县窑窑址曾发现"嘉熙二年"(1238年)印模^㊲,说明该窑在南宋晚期还在生产。总的来说,大部分窑场兴起于北宋中期,北宋晚期到南宋前期进入盛烧,南宋后期衰落。广西的青白瓷窑区以东北—西南走向的云开大山、大容山和大瑶山为界,自然分成东西两个小区。从产品分析,西区中处于大瑶山与大容山之间的桂平窑生产青白瓷的年代,比东区中云开大山与大容山之间的容县、藤县等窑场要早。因此,广西的青白瓷产区自身可能存在生产中心的转移,在生产时间稍早的西区窑场衰落后,一些工匠转移到东区窑场继续生产。广西生产的青白瓷在本地发现不多,研究者认为它们主要是用于外销。东区比西区距离外贸港口广州更近。这很可能是北宋晚期以后东区青白瓷生产蓬勃发展的主要原因。

2. 钱塘江流域

浙江是南方青瓷的重要产区,在宋代以前,已发现的窑场全部烧制青瓷或黑瓷。但从北宋中晚期,随着越窑的衰落,景德镇青白瓷开始输入这一地区,并在钱塘江上游的金衢盆地出现了烧造青白瓷的窑场。今江山境内江山港支流哒河溪两岸的徐家园山头、上江坝过溪山、东村踏脚山和上高山、碗窑达埂山、蜈蚣山等7处窑场都分布着青白瓷遗存。

江山地处金衢盆地西侧,在宋代属衢州,位于两浙路与江南东路的交界地带。由信江、江山港、衢江、富春江组成的东北—西南航线,在宋代为"水陆之所经由"[②],是沟通两浙路与、江南西路及福建路的重要通道,也应该是景德镇青白瓷东运的线路之一。江山窑青白瓷的兴烧应该与景德镇青白瓷在沿线的畅销有关,江山窑的产品亦有可能参与到景德镇窑青白瓷的外销中[③]。

3. 闽江、晋江流域等东南沿海地区

福建路青白瓷的生产开始于北宋中晚期,窑场主要分布在闽北和闽南两大区域。闽北以南平茶洋窑为代表,同时开始烧造青白瓷的还有建瓯小松、建阳华家山、浦城大口、光泽下史源、顺昌河墩、邵武洪墩等。闽南地区以德化盖德碗坪仑窑下层遗存为代表。此外,闽南泉州、晋江、厦门等地的窑场于北宋晚期也开始烧造青白瓷。

闽北和闽南两大区域中,闽北地区生产青白瓷的时间可能会早于闽南地区。如建瓯北宋庆历三年(1043年)墓中,就出土了富有地方特色的青白瓷产品,发掘者认为系本地窑场烧造[④]。因此,至迟在北宋中期,闽西北的一些窑场就开始制作青白瓷,尔后受海外贸易的推动,青白瓷的烧造迅速展开。福建的许多窑场在产品选择上都有模仿畅销名窑产品的特点,其中青瓷模仿龙泉窑,黑瓷模仿建窑,青白瓷则模仿景德镇窑。因此,各窑场往往同时烧造以上三种仿名窑产品。

福建窑场对景德镇窑的模仿与景德镇青白瓷通过泉州港外销有关。在泉州清净寺奉天坛基址[41]等多处地点都发现过景德镇青白瓷。景德镇青白瓷运往福建,可经今昌江抵鄱阳湖,再溯信江而上,经信江支流铅山河,陆运经分水关,向南入闽江支流崇阳溪;或溯信江支流西溪河而上直接进入闽江支流富屯溪。在唐代,商人们就通过这条道路向江南道贩运舶货[42]。富屯溪沿岸的光泽、邵武、顺昌,崇阳溪沿岸的崇安、建阳、建瓯,及两河与闽江交汇处的南平,都发现北宋中晚期的青白瓷窑址,当与它们处于景德镇瓷器外销线路上的地理位置有关。景德镇瓷器在海外的热销,刺激了福建的青白瓷生产。根据孟原召的研究,泉州沿海地区自北宋晚期至南宋早期,外销瓷器的品种由以越窑风格的青瓷为中心转向以仿烧景德镇青白瓷系统和越窑青瓷系统的多类瓷器。泉州沿海地区北宋中晚期的瓷业遗存基本上反映出沿海地区外销瓷的生产情况[43]。

浙东南飞云江上游的文成、泰顺等地的青白瓷生产可能与福建沿海的外销瓷生产有关。其产品种类、装烧技术变化与福建沿海地区都是同步的,可以视作福建沿海外销窑场向北的扩展区。泰顺下革方厝、垟岱、文成蟾宫埠窑下层发现的北宋晚期青白瓷,器形丰富,多有花纹装饰,均用漏斗形匣钵和垫饼单件仰烧。

三 南宋中晚期:青白瓷窑场分布格局的变化

南宋中晚期,是青白瓷生产史上的一个变动时期。一方面,随着区域开发程度的加深,一些荒远之地的瓷土资源被发现,新的窑场得以开辟。另一方面,许多创烧于北宋时期的窑场,由于瓷土资源用尽或其他原因趋于倒闭(图2—4)。

1. 赣江流域

在北宋瓷业不甚发达的地点,新出现一批烧制青白瓷的窑场,

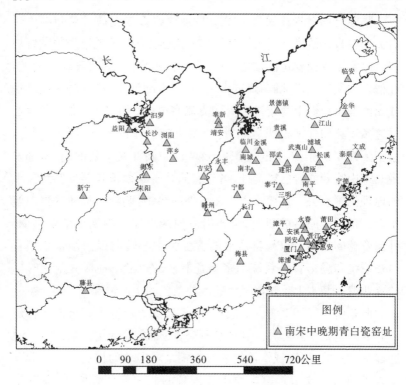

图 2—4　南宋中晚期青白瓷窑址分布示意图

它们是信江沿岸的贵溪坝上窑、南城株良窑及金溪小陂窑和里窑、靖安丫髻山窑、奉新窑里窑、萍乡南坑窑、永丰山口窑和宁都窑等等。这些窑场大都位于偏远的山区和半山区，采用与景德镇相同的装烧方法，说明随着区域开发的深入，景德镇等名窑的瓷业技术已传播到江南路各地。关于这些小型窑场的销路，目前尚没有研究。由于当时草市镇遍布于江南东、西路各地，这些窑场当通过农村集市供应本地民众，或借助便利的水网交通，由"揽户"统一收购后销往海外市场④。

2. 湘江流域

本期湘江流域一些窑场开始增烧青白瓷,它们分布于湖南益阳、长沙、汨罗、浏阳、新宁、耒阳、衡东等地⑮,这些窑场附近均有河道与湘江干流相通,交通便利。湘江流域的青白瓷普遍采用江西地区流行的覆烧法烧成,器形、器类也与江西地区十分接近,应与南宋时期大量江西人移居湖南有关。

《宋史·地理志》载:"(荆湖)南路有袁、吉壤接者,其民往往迁徙自占。"与袁州(治今江西宜春)、吉州(治今江西吉安)接壤的是荆湖南路的潭州和衡州(治今湖南衡阳),袁、吉民众通过武功山南北两侧的谷地就可到达潭、衡二州。乾道间(1165—1173年)范成大由两浙路的吴兴(今浙江湖州)赴任广西,就是从吴兴经衢州道达鄱阳湖,过临江军(今江西樟树),再过袁州分宜、宜春和萍乡,进入潭州醴陵,沿渌水入湘江,再溯湘江而上⑯。湘江东岸的长沙、汨罗和浏阳均发现了与萍乡类似的青白瓷窑址,其青白瓷生产技术可能由赣西北传入,而衡阳与耒阳一带的窑场则容易与吉州窑发生联系。这一带自北宋时起就有不少吉州人西迁而来。宋欧阳守道《与王吉州论郡政书》说:"邻郡向上深僻去处,佣奴妾婢常多吉州人"⑰。说的就是吉州人迁往湘南地区的事。

以衡阳为中心的湘南地区,于南宋时期大兴釉上粉彩和以覆烧法烧制的青白瓷,正是来自吉州窑的技术传播。青白瓷直到南宋时期才传入湖南,推测是因为这种产品在吉州窑中所占不例不大、烧制青白瓷成本较之釉上粉彩为高,而湘南地区的窑场主要是满足本地生活所需的生产目的。另外的两处青白瓷窑场——益阳和新宁,其一位于洞庭湖西南岸,其二位于湘南瑶族生活地区,都是宋代新开发的地区。湖南青白瓷在南宋中晚期的出现,当与江西移民的不断迁入以及新的瓷土资源的发现有关。因此,南宋晚期湖南青白瓷窑场的兴起,也是区域开发的一个结果。

3. 钱塘江流域

本期增加的青白瓷窑场,已报道的有金华沐尘塘窑和临安窑。金华沐尘塘窑亦位于浙赣水道沿线,其兴起与江山窑原因应相同。临安窑所在地南宋时为临安府于潜县,北宋时这里的产品主要是黑釉瓷,以茶盏为主。临安窑在南宋时期增烧的青白瓷采用明火叠烧,属低端产品。尽管该窑场离行在杭州不远,但其生产似乎只是为了满足普通民众而非社会上层之需。

4. 闽江、晋江流域等东南沿海地区

在闽北地区,前期烧造青白瓷的窑场本期仍在烧造,并新增加了建瓯范埼窑、建阳社长埂窑、崇字五渡桥窑、光泽茅店窑、顺昌连坑窑和长汀南山窑等。闽南地区泉州东门窑、安溪魁斗窑、永春玉斗窑、同安汀溪窑、莆田灵川窑、漳浦竹树山窑从南宋到元代都有青白瓷的烧造。

闽南地区以德化碗坪仑窑上层遗存为代表的青白瓷产品受到龙泉窑工艺的影响,釉料成分有所变化,多呈青灰色,胎釉较前期粗糙。孟原召对泉州沿海地区宋元瓷器手工业遗存的研究,也有相似的结果。他认为南宋中晚期是泉州沿海地区制瓷业十分活跃的一个阶段,窑场较之前期分布更为广泛。但就青白瓷生产而言,景德镇青白瓷对这一地区的影响逐渐衰微。与此同时,龙泉青瓷的影响力剧增,成为各地模仿的主要对象。此外,北方磁州窑瓷器生产风格也逐渐向南辐射。因此福建南宋中晚期的青白瓷在数量和质量上都不如北宋中晚期。

浙东南飞云江上游的文成、泰顺继续生产青白瓷。泰顺玉塔采用初级分室龙窑、多级钵式装烧具,青白瓷多素面,少数为篦纹,下革坎山头采用组合式支圈覆烧法,多印花。二者可能存在早晚之别。两处窑场都通过引进覆烧工艺,扩大窑炉的装烧量。这种技术改进与同时期的各大窑场是同步的。

第三节 相关问题讨论

一 繁昌窑:五代至北宋早期青白瓷的生产中心

青白瓷是 10 世纪中叶前后,在南方白瓷窑场中出现的新的瓷器品种。对考古实物的观察表明,早期青白瓷的釉色有接近白瓷、接近青瓷以及介于青白二色之间等各种表现。所以,具体指认哪个窑场烧出了第一件青白瓷,从而认为其为青白瓷的源地,其结论将不得不随着新的考古材料的发现而改变,而且对于陶瓷史的研究并无特别的意义。因此,本书提出应该重视对从早期白瓷生产到青白瓷窑系形成这一过程研究。这一过程大致可确定为 10 世纪中叶到11 世纪中叶。

在生产同一釉色品种的所谓"窑系"中,有中心窑场与普通窑场之分,窑系的形成就是普通窑场仿造中心窑场产品的结果。学术界一般认为,江西景德镇窑是青白瓷窑系当之无愧的生产中心。但迄今为止发现的景德镇窑青白瓷遗存年代多在北宋中期以后[38],那么早期青白瓷的生产中心在哪里? 这一问题是在研究青白瓷窑系的形成过程时必须回答的问题。

对"生产中心"或"中心窑场"的界定,可以用生产规模、技术革新先后及辐射范围、销售范围与使用对象等指标来衡量。目前报道的窑址考古资料,对各个时期的生产规模重视不够[39]。考古报告公布的窑址面积往往包括该窑从兴烧到停烧的全部遗存,不足以用它作为某一时期窑场生产规模的依据。因此目前讨论的重点可以放在瓷业技术和器类组合这两个有研究可行性的方面。

瓷业技术包括造型、装饰、配方、装烧和窑炉建造等要素。在市场竞争中,技术先进的窑场率先提高产品质量,增加产量,降低成本,在众多窑场中脱颖而出,成为被效仿的名窑。

名窑的产品往往有更多的等次之分,可以满足社会不同阶层的需要,比普通窑场有更大的内销市场。《景德镇陶录》卷十云:"今俗又以品之上品者为青,如呼头青、提青、上色青之类,昔只以上色、次色、三色分之。"《陶记》中也说"釉有三色",当指是按烧成效果分出的产品等次。从墓葬出土的瓷器看,远距离销售的瓷器,一般是品质优异的"上色"品。因为只有优质瓷器才能通过高附加值的销售,获取远远超出本地的利润。

器类组合是判断窑场生产对象的重要指标,它能体现不同的阶层的生活方式,像造型复杂的瓷质茶酒具、香具、陈设瓷和宗教用瓷等,一般只限于权势与富庶阶层使用,它们可以称为不同于日用品的瓷质奢侈品。

一般来说,"上色"瓷器和瓷质奢侈品主要是为了满足城市显贵、富裕阶层的需要。有能力生产高档瓷器和奢侈品瓷器的窑场还可能成为官府或宫廷用瓷的定烧地点,它们往往也成为一时名窑[49]。来自社会上层的需求和财力支持,一方面保证了名窑产品的销路,另一方面也使名窑成为其他窑场竞相模仿的对象,名窑因此成为窑系中的"中心窑场"或"生产中心"。

综合考虑上述各因素可以认为,北宋中期以前,青白瓷的生产中心或中心窑场当在以繁昌窑为代表的皖南窑场。

1. 繁昌窑始烧年代的判定

陶瓷界基本认同繁昌窑创烧于五代时期这一观点,但并没有人拿出过可靠的考古学证据。1984 年,在距繁昌柯家冲窑不到 2 公里,距离骆冲窑不到 1 公里的老坝冲发现了一批宋墓。发掘者认为其中的大部分产品为繁昌窑所产,部分墓葬用窑具和废瓷片砌成,墓主可能为繁昌窑窑工[50]。本章选取其中的一部分器物,与其他考古材料进行排比,证明繁昌窑创烧于五代时期,并于北宋早期进入盛烧期(图 2—5)。

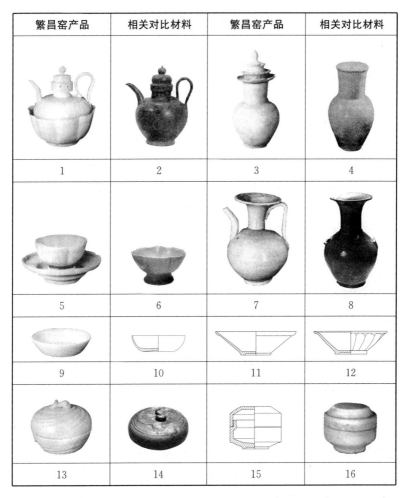

繁昌窑产品	相关对比材料	繁昌窑产品	相关对比材料
1	2	3	4
5	6	7	8
9	10	11	12
13	14	15	16

图 2—5　繁昌窑瓷器的断代

1. 安徽繁昌老坝冲宋墓 M1 注子；2. 江苏镇江何家门五代墓青瓷注子；3. 安徽繁昌老坝冲 M9 直口壶；4. 福州刘华墓直口壶(930 年)；5. 安徽繁昌老坝冲 M10 盏托；6. 浙江慈溪越窑寺龙口窑址吴越国早中期杯(T3⑩：7)；7. 安徽繁昌老坝冲 M2 执壶；8. 浙江慈溪越窑寺龙口窑址吴越国早中期执壶(T8⑤A：3)；9. 安徽繁昌老坝冲宋墓 M1 碟；10. 浙江慈溪越窑寺龙口窑址碟(T6 扩⑨：228，吴越国晚期到北宋真宗以前)；11. 安徽繁昌柯家村窑碗；12. 江苏连云港大成砖厂北宋初年 M2 碗；13. 安徽繁昌老坝冲 M11 盒；14. 浙江慈溪越窑寺龙口窑址盒(T6 扩⑨：158，吴越国晚期到

北宋真宗时期);15.安徽繁昌老坝冲 M16 盒;16.湖南长沙五代盒(M283:3)

1、3、5、7、9、11、13、15.分别见于《考古》1995 年第 10 期;2.见于《文物》1977 年第 10 期;4.见于《文物》1975 年第 1 期;6、8、10、14.分别见于《寺龙口越窑址》(北京:文物出版社,2002 年)彩图 165、236、87、346;12.见于《考古》1987 年第 1 期;16.见于《湖南古墓与古窑址》(长沙:岳麓书社,2004 年)黑白图版 5

2. 繁昌窑在生产技术上略高一筹

繁昌窑是青白瓷窑系中可确定最早引进漏斗形匣钵和垫饼、垫圈装烧具的窑场。繁昌窑在初创时,也曾采用过泥点明火叠烧的装烧方法,但这样的标本在繁昌窑发现的很少,大多数产品都采用了比明火叠烧技术含量更高的漏斗形匣钵和垫饼、垫圈的组合窑具。五代时期,繁昌窑周邻地区的窑场,以及其他烧制白瓷的窑场,如景德镇,还采用废品率很高的明火叠烧工艺[52]。近来,陶瓷工艺学者还发现,繁昌窑在五代时期可能率先采用瓷石与高岭土组合的二元配方法,而景德镇直到元代才采用这一工艺[53]。可见在制瓷工艺上,繁昌窑比其他窑场先胜一筹。

3. 相比五代宋初生产白瓷和青白瓷的其他窑场,繁昌窑的产品组合最为高档、最为丰富

繁昌窑的瓷器品种如表 2—1、图 2—6 和 2—7 所示,不仅有各式各样的饮食器——碗、盏、盘、碟、盏、钵,还有大量用于奢侈消费的器具,如温碗注子、盏托、各式香炉和盒子。从墓葬出土繁昌窑瓷器的情况看,它多供及社会富裕阶层,甚至宫廷。如 1978 年发现的镇江乌龟山宋墓,就发现了繁昌窑生产的盏托、盒子和香炉,同出了越窑青釉八棱瓶、煤精带饰、端砚、铜印、铅梳和 3 枚铜镜,此外还出土 347 枚铜钱[54]。该墓为砖室木顶,长达 4 米,出土品丰富,其身份不会是普通平民。再如连云港发现的一批五代至北宋早期墓,所出白瓷或青白瓷许多都可以在繁昌窑址找到相同的器形。这些墓多为砖室石顶,长度在 3 米以上,随葬品丰富。如一号墓除白瓷外,还出土了漆茶托、银手镯、银发钗、铜镜等贵重物品[55]。繁昌窑瓷器不仅

表2-1　五代至北宋早期南方白瓷或青白瓷窑址产品组合表

窑名	釉色	年代	饮食器	茶酒具	香具	其他用具
赣州窑	乳白瓷	五代	碗、盏			
吉州窑	乳白瓷	五代	碗、碟			
青山窑	白瓷或青白瓷	北宋早期	碗、盘、碟、钵			
景德镇窑	白瓷	五代	碗、盘	瓜棱执壶		
景德镇窑	青白瓷	北宋早期	钵、水浇		石榴盒	
繁昌窑	白瓷或青白瓷	五代到北宋早期	碗、盏、盘、碟、钵、盂	注子注碗、杯、盏托	香炉、盒	罐、灯、壶

出于富庶阶层的墓葬,还发现于南唐二陵的随葬品中。

　　五代顾闳中的《韩熙载夜宴图》记录了南唐名臣韩熙载的日常生活,画面中有31件颜色黄白或青白的器皿,有人认为它们全都是青白瓷⑩,计有带注子注碗2件,带盖粉盒1件,台盏2件,高足盘10件,平底侈口小盘13件,摆在两排茶几上,盘中皆盛满果品之类食物。另外侍女所持托盘中还有注子注碗1件,高足盘2件。这些器型大多可以在繁昌窑瓷器中找到对应品。综合上述材料,大致可以认为,早在南唐国时期繁昌窑瓷器就进入到了上层社会的日常生活之中。

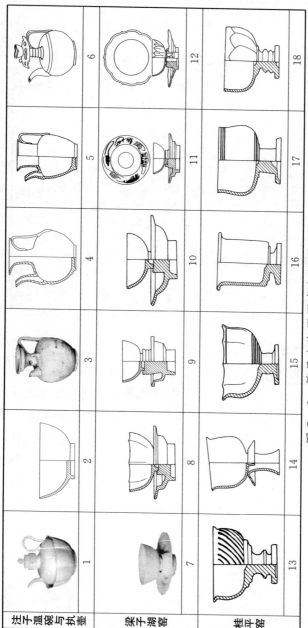

图 2—6 繁昌窑瓷器器类与器型组合(1)

1. 繁昌老坝冲 M1 注子温碗;2. 繁昌老坝冲 M1 温碗;3. 繁昌老坝冲 M1 执壶;4. 繁昌老坝冲 M2 执壶;5. 繁昌老坝冲 M14 执壶;6. 繁昌窑址出土凤首执壶;7. 繁昌老坝冲 M1 盒盖;8. 繁昌老坝冲 M10 盒盖;9. 繁昌老坝冲 M10 台盖;10. 繁昌老坝冲 M11 台盖;11. 繁昌老坝冲 M16 台盖;12. 繁昌老坝冲 M16 台盖;13. 繁昌老坝冲 M2 香炉;14. 繁昌老坝冲 M9 香炉;15. 繁昌香炉;16. 繁昌老坝冲 M12 香炉;17. 繁昌老坝冲 M2 香炉;18. 繁昌老坝冲 M16 香炉

1,6 见于《文物研究》第十期(合肥:黄山书社,1998 年);其余均见于《考古》1995 年第 10 期

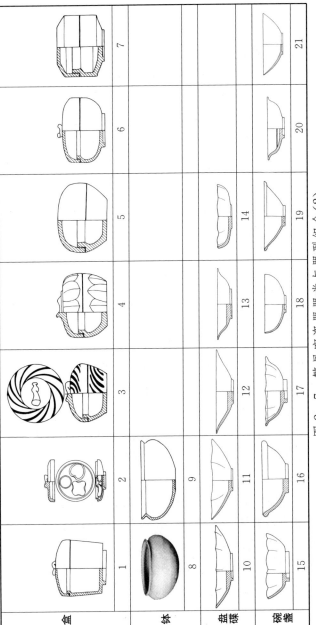

图 2—7　繁昌窑瓷器器类与器型组合（2）

1. 繁昌老坝冲 M2 盒；2. 繁昌老坝冲 M5 盒；3. 繁昌老坝冲 M11 盒；4. 繁昌老坝冲 M11 盒；5. 繁昌老坝冲 M11 盒；6. 繁昌老坝冲 M12 盒；7. 繁昌老坝冲 M16 盒；8. 繁昌老坝冲 M1 钵；9. 繁昌老坝冲 M12 钵；10. 繁昌老坝冲 M1 盘；11. 繁昌老坝冲 M1 盘；12. 繁昌老坝冲 M1 盘；13. 繁昌老坝冲 M10 盘；14. 繁昌老坝冲 M2 碟；15. 繁昌老坝冲 M2 碗；16. 繁昌老坝冲 M9 盏；17. 繁昌老坝冲 M9 盏；18. 繁昌老坝冲 M9 碗；19. 繁昌老坝冲 M9 碗；20. 繁昌老坝冲 M10 碗；21. 繁昌老坝冲 M11 碗（所有标本均见于《考古》1995 年第 10 期）

4. 繁昌窑销售范围广,产品行销海内外

从销售区域看,繁昌窑瓷器除供应本地外,还大量销售于长江下游地区以及运河沿线附近的大城市,在合肥、扬州、镇江、南京、邗江、连云港、灌云、宝应、海宁等地都发现了繁昌窑瓷器。一部分繁昌窑产品可能通过贸易或赠送的方式输往辽地[⑰]。但景德镇瓷器在北宋中期以前,多在鄱阳湖一带流布,总量不大。其他窑场的产品也主要在本地销售。

除了满足大陆市场的需求外,繁昌窑瓷器还与定窑、越窑等名窑瓷器一起行销海外。1997 年,由德籍海床勘探公司及印尼籍老海成公司合作打捞的印坦号沉船上,就同时发现了这三个窑场的瓷器[⑱]。该沉船被认为是 920－960 年间的商船,说明早在 10 世纪繁昌窑瓷器就已加入到输往东南亚的外销瓷之列。在日本出土的五代宋初中国瓷器中,也有一些不明窑口的白瓷,被推测为华南窑的产品。根据印坦号发现繁昌窑瓷器的事实,我估计日本出土的五代宋初白瓷中,也可能包含繁昌窑的产品。与当时名窑一起跻身外销瓷之列,说明 10 世纪中叶繁昌窑已进入盛烧期,这也是它作为早期青白瓷中心窑场的证明。

繁昌窑瓷器的外销从一个侧面反映了南唐国对海外贸易的重视。据史书记载,南唐国不仅与辽等北方政权保持着官方联系,还与西亚和南亚诸国有往来。李煜次子仲宣年仅四岁时,"一日戏佛象前,有大琉璃灯为猫触堕地",声响巨大,吓死了仲宣[⑲]。这种大琉璃灯,就可能是海外舶来品。又《宋史》卷四七八《世家一·南唐李氏》载:"开宝四年,又以占城、阇婆、大食国所送礼物来上……"在南唐进贡给宋朝的礼物中就有南亚和西亚各国的礼物。印坦号沉船中繁昌窑瓷器的发现,证明南唐与海外国家不仅互赠礼物,还存在贸易关系。

繁昌窑与其他窑口产品流布范围和地点的差异,在于其产品质

量和组合的不同,这与北宋中期以后景德镇青白瓷在大地域范围流
行是一样的道理。繁昌窑青白瓷尽管不能与北宋中期以后景德镇
成熟的"影青"瓷相比,但在当时南唐国生产的瓷器中,它显然是首
屈一指的产品。

**5. 繁昌窑瓷器的造型特点是仿名瓷、仿金银器,它也成为其
他窑场模仿的对象**

从造型上看,繁昌窑瓷器吸收了北方定窑(图 2—8)、南方越窑
的某些特点(见图 2—5)。如前所述,繁昌窑的兴起与南唐国缺乏生
产优质瓷器的窑场有关。因此,繁昌窑瓷器在造型上势必广泛吸收
当时名窑的特点,以迎合人们向往名窑瓷器的心理。由于与越窑、
定窑等一同加入海外贸易的行列,繁昌窑便有机会模仿这些名窑的
产品。

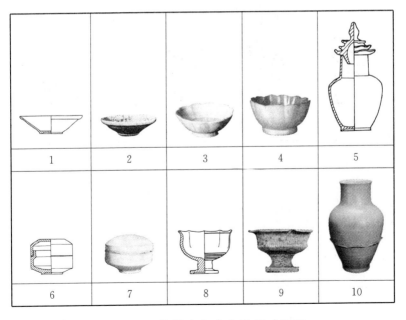

图 2—8 繁昌窑与定窑瓷器对比图

1.安徽繁昌老坝冲 M10 厚唇斜壁碗;2.河北曲阳定窑窑址厚唇碗;3.安徽繁昌窑老坝冲 M12 莲花温碗;4.内蒙古哲里木盟陈国公主墓温碗;5.安徽繁昌老坝冲 M9 直口瓶;6.安徽繁昌老坝冲 M16 粉盒;7.河北曲阳定窑窑址粉盒;8.安徽繁昌老坝冲 M1 香炉;9.河北曲阳定窑窑址香炉;10.河北曲阳定窑直口瓶

1、3、5、6、8 见于《考古》1995 年第 10 期;2、7、9 分别见于《考古》1965 年第 8 期;4 见于《文物》1987 年第 11 期;10 为故宫博物院藏品

图 2—9　繁昌窑瓷器的仿金银器造型

1.安徽繁昌老坝冲 M1 注子温碗;2.安徽繁昌老坝冲 M14 执壶;3.安徽繁昌老坝冲 M2 香炉;4.安徽繁昌老坝冲 M6 台盏;5.安徽繁昌老坝冲 M16 盒;6.浙江淳安银壶盖;7.江苏丹徒丁卯桥素面银注壶;8.陕西扶风法门寺碗形银炉;9.山西繁峙菱花形银盘;10.陕西扶风法门寺素面圆形银盒

1—5 为青白瓷,见于《考古》1995 年第 10 期;6、7 见于《文物》1982 年第 11 期;9 见于《文物季刊》1996 年第 1 期;8、10 见于石兴邦编选《法门寺地宫珍宝》(西安:陕西人民美术出版社,1989 年)图 35 和图 6

晚唐五代时期瓷器仿金银器之风盛行,这一点在繁昌窑瓷器上也有反映。从图2—9可以看出,繁昌窑某些仿金银器的器形来自对越窑瓷器的模仿,并不是直接仿自金银器。繁昌窑也有一些不同于越窑、定窑瓷器但具备金银器造型风格的器形,如各式的香炉、台盏等,虽然暂时没有找到其源头,但可以推测它们吸收了宣州、扬州等南方金银器的某些特点。皖南地区的宣州等地是晚唐五代南方重要的金银产区,润州(治今江苏镇江)和扬州等地则是著名的金银器制造中心,长江下游地区又是繁昌窑瓷器最大的内销区。因此,繁昌窑瓷器在造型上仿造在同一市场上出售的金银器,也在情理之中。

繁昌窑的产品也成为其他窑场的模仿对象。长江南岸的江夏青山窑、湘江沿线的湖南衡阳窑五代宋初的产品与繁昌窑有很大的相似之处。不仅如此,广西桂平窑的早期制品也似与繁昌窑存在某种联系(图2—10、2—11、2—12)。结合印坦号沉船的例子,可以认为上述窑场瓷器造型上的趋同应与长江—湘江—西江作为繁昌窑瓷器外销航线的背景有关。

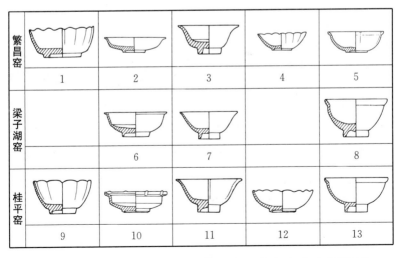

图2—10　繁昌窑、梁子湖窑、桂平窑三窑青白瓷比较图(1)

1—5.安徽繁昌窑碗;6.湖北武汉青山窑碗(T120②∶1);7.湖北武汉浮山窑碗(T86②∶32);8.湖北武汉梁子湖窑碗;9—13.广西桂平窑碗

1—5见于《东南文化》1991年第2期;6—7见青山窑、浮山窑发掘资料;8见于《江汉考古》1998年第4期;9—13见于《考古学报》1983年第4期

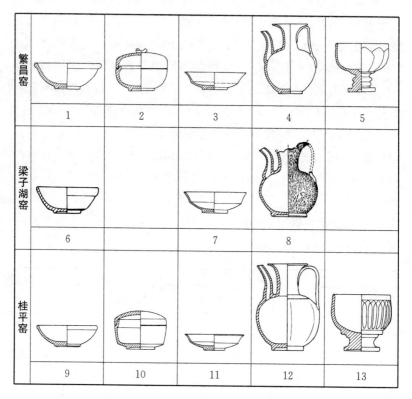

图 2—11　繁昌窑、梁子湖窑、桂平窑三窑青白瓷比较图(2)

1—5.安徽繁昌窑厚唇碗、盒、折腹碗、执壶、香炉;6—7.湖北武汉青山窑厚唇碗(青山T48铺底砖下∶90)、折腹碗(青山Y2②∶10);8.湖北武汉梁子湖窑执壶;9—13.广西桂平窑厚唇碗、盒、折腹碗、执壶、香炉

1—5见于《东南文化》1991年第2期;6—7见青山窑发掘资料;8见于《中国古代窑址调查发掘报告集》(北京:文物出版社,1984年)第273—275页;9—13见于《考古学报》1983年第4期

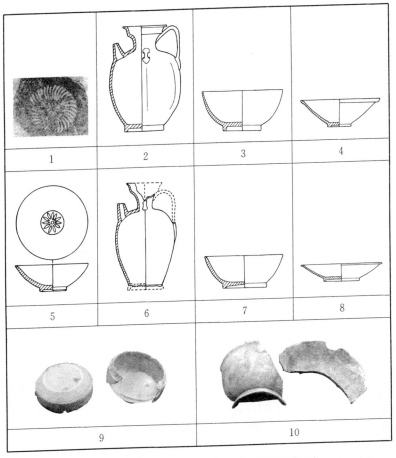

图 2—12　繁昌窑青白瓷与湖南衡阳窑青瓷比较图(五代宋初)

1. 安徽繁昌柯家冲窑碗底印花纹饰;2—4. 安徽繁昌柯家冲窑执壶、大碗、厚唇碗;5—8. 湖南衡阳窑印花碗、执壶、大碗、厚唇碗;9. 安徽繁昌窑青白瓷粉盒;10. 湖南衡阳窑青瓷划花碗

1 见于《文物研究》第四期;2 见于《考古》1995 年第 10 期;3 见于《文物研究》第十期;4 见于《东南文化》1991 年第 2 期;5—8 见于文物编辑委员会编《中国古代窑址调查发掘报告集》(北京:文物出版社,1984 年)第 254、243 页;9、10 为印尼海底沉船遗物

二　景德镇:北宋中期以后青白瓷的生产中心

北宋中期以后,生产青白瓷的窑场增多,景德镇等早期窑场生产规模迅速扩大。与同一时期其他窑场相比,景德镇窑青白瓷器类更多,质量更好,生产规模更大,销售范围更广。其产品被模仿,其技术被借鉴。景德镇成为青白瓷窑系当之无愧的新的生产中心。

这一时期的景德镇窑工已经熟练掌握了强还原焰的烧成技术,釉色多呈典型的青白色,有类玉的色泽;器物品种空前增多,造型丰富多样。除碗、盏、盘、碟等日常用器外,还有注子注碗、盒、香炉、盏托、台盏、香熏、枕、棋盒等高级生活用品及各种瓷雕;刻花、划花、镂空、雕塑、点彩等多种手法被运用到瓷器装饰之中,纹样有牡丹、卷草、云气、莲荷、鱼虫、水波、潮水、婴戏和篦纹菊等[①]。

从销售范围看,景德镇瓷器不仅流行于窑场所在的鄱阳湖平原,还销往远离窑场的其他地区,不仅供及宋统治区,还受到辽、西夏、金和大理等周边政权社会上层的青睐。景德镇瓷器也销往海外,在东亚、东南亚、西亚和非洲等地都有发现。

相比之下,生产青白瓷的其他窑场,要么就是以内销为主,如梁子湖周围的青白瓷窑场,其产品一般供应荆湖北路地区;要么以外销为主,如岭南和福建诸窑,销售对象主要是海外民众。没有第二个窑场,像景德镇窑一样,产品遍布大陆,兼及海外。

景德镇取代繁昌窑成为北宋中期以后青白瓷的生产中心,主要是由两方面的原因决定的。一是景德镇的优质瓷土资源得到了进一步的开发,二是五代到北宋早期南方地区最优秀的窑场——越窑到北宋中期以后渐趋衰落。一部分越窑工匠有可能迁移到景德镇,使这里的制瓷技术进一步提高。景德镇窑的兴起,使一度繁荣的繁昌窑产品相形见绌,加速了衰落的进程。

区域内瓷业的此兴彼衰是商品经济发展、瓷窑间竞争加剧的结果,正如洪州窑等青瓷窑场的衰落给南方白瓷和青白瓷的产生创造了契机,越窑的衰落与景德镇窑的继起也是彼此关联的。

关于景德镇窑在五代和北宋早期的生产地位,也有研究者认为它与繁昌窑的发展是同步的[51]。此外,《宋会要辑稿》食货五二之三七载:"瓷器库,在建隆坊,掌受明、越、饶州、定州、青州白瓷器及漆器以给用"[52]。景德镇在宋代属饶州,而且至迟到晚唐已开始烧造瓷器,不排除在宋初烧造贡瓷的可能。但从已有的考古材料来看,景德镇五代和北宋早期的制瓷水平不敌繁昌,为什么不由繁昌而由饶州(景德镇)提供宫廷用瓷呢? 这个问题有待今后解决。

小 结

宋代的青白瓷产生于南方五代以来的白瓷生产过程中。宋代青白瓷窑址分布于东、南至大海,西至雪峰山、北抵长江的广大地域。根据各窑场生产青白瓷的起止时间,产品面貌和生产技术的创新等因素,可以大致可以将青白瓷窑系中的各窑场分为六大区域。

北宋早期的青白瓷窑场主要分布于长江、赣江和西江沿线,窑场大多位于南唐故地。受繁昌窑青白瓷外销的影响,广西西江沿线某些窑场可能也于这一时期开始烧造青白瓷。

北宋中晚期,浙江、福建等地也出现了青白瓷窑场,青白瓷窑系中大部分窑场进入盛烧期。传统青瓷产区——浙西地区青白瓷窑场的出现,暗示着越窑技术圈的收缩和景德镇技术圈的扩张。浙南地区在地形上与福建沿海连为一体,其青白瓷生产也应该以外销为主。北宋时期的广州是中国最重要的对外贸易港口,两广地区青白瓷生产的繁盛与此有关,其生产动力当来自于外销的需求。与此同时,繁昌窑、梁子湖沿岸等早期窑场经过了百余年的烧造后,在两宋之际趋于衰落。

南宋中晚期,以景德镇为中心的赣江流域,仍然是青白瓷的主要产区。除北宋以来续烧的窑场外,在江西的一些偏远山区新增了烧造青白瓷的窑场。为增加产量,江西地区的青白瓷窑场普遍使用覆烧技术,产品质量较北宋中晚期有所下降。位于内陆的湖南也于南宋中晚期至宋元之际,出现了一批生产青白瓷的窑场,其技术来源于江西地区,其兴起可能与新原料的发现有关。这一时期福建沿海瓷业生产的勃兴令人瞩目。在福建沿海地区,形成了以泉州为中心的外销瓷生产基地,青白瓷大量输往海外。由于福建地区同时接受来自龙泉窑、磁州窑等多个窑系的技术传播,景德镇窑对福建窑场的影响似有减弱的趋势。随着南宋对外贸易中心从广州向泉州转移,两广地区,特别是以广州为中心的青白瓷生产逐渐衰落。

北宋早期青白瓷的生产中心在繁昌,北宋中期转移到景德镇。宋代青白瓷窑系发生过两次大的装烧技术革新。第一次技术革新是以来自中原北方地区的漏斗形匣钵和垫饼垫圈的装烧具,取代南方传统的泥点叠烧法;第二次技术革新的主要内容是支圈组合式覆烧技术的运用。前者在北宋中期以前为几乎所有的青白瓷窑场采用,它沿着自北而南的传播方向,繁昌是重要的技术中转站;支圈组合式覆烧技术也来自北方定窑,景德镇是重要的技术中转站,这一技术的传播范围主要在赣江流域和福建地区,兼及粤北和湘江流域的少数宋元窑场。第一次技术革新的动力来自于浙江以外的南方地区对优质瓷器的需求,第二次技术革新的动力,或与窑业税制改革有关,是一种防止瓷胎变形和增加单位产量的举措⑥。

总之,从北宋早期开始,青白瓷生产已在长江南岸沿江地区、赣江流域、岭南地区展开。钱塘江、闽江流域以及泉州沿海地区青白瓷的兴烧似乎迟至北宋中期以后,最后一个兴起青白瓷生产的区域是湘江流域。长江南岸沿江地区与赣江流域的青白瓷生产从五代十国时期的白瓷生产中脱胎而来,沿海地区的青白瓷生产受到了景德镇等窑场青白瓷外销的推动。湘江流域青白瓷生产则可能缘于新的瓷土资源的发现。

① 刘新园:《景德镇宋、元芒口瓷器与覆烧工艺初步研究》,《考古》1974年第6期, 第386—393、405页。

② 国家文物局主编:《中国文物地图集·湖南分册》,西安:西安地图出版社,1997 年。

③ 姚桂芳:《论天目窑》,中国古陶瓷研究会编《中国古陶瓷研究》第四辑,北京:紫禁 城出版社,1997年,第63—75页。贡昌:《婺州古瓷》,北京:紫禁城出版社,1988 年,第133页"婺州窑系中的青白瓷窑"。浙江省文物考古研究所、江山市博物 馆:《江山碗窑窑址发掘报告》,浙江省文物考古研究所编《浙江省文物考古研究 所学刊》,北京:长征出版社,1997年,第178—218页。

④ 冯先铭:《三十年来我国陶瓷考古的收获》,《故宫博物院院刊》1980年第1期,第 3—27、50页。

⑤ 郑东:《福建闽南地区古代陶瓷生产概述》,《东南文化》2002年第5期,第62—56 页。

⑥ 郑建华:《浙江青白瓷遗存初论》,中国古陶瓷研究会编《中国古陶瓷研究》第五 辑,北京:紫禁城出版社,1999年,第179—187页。

⑦ 林忠干认为蒋祈《陶记》所载"建阳窑"可能就是福建建阳市营口镇南部的华家山 窑址。见林忠干《关于蒋祈〈陶记〉所载的"建阳窑"》(中国古陶瓷研究会编《中国 古陶瓷研究》第四辑,北京:紫禁城出版社,1997年,第97—101页)。

⑧ 蒋廷瑜:《广西考古四十年概述》,《考古》1998年第11期,第1—10页。

⑨ 如梅县瑶上南宋窑址采用了组合式支圈覆烧具生产青白瓷。见杨少祥《广东梅 县市唐宋窑址》(《考古》1994年第3期,第231—238页)。

⑩ 周仁、李家治:《景德镇历代瓷器胎、釉和烧制工艺的研究》,周仁等著《中国古陶 瓷研究论文集》,北京:轻工业出版社,1982年,第134—149页。刘新园、白焜: 《高岭土史考》,《中国陶瓷》1982年增刊,第111—170页。

⑪ 《景德镇陶录》卷五《历代窑考》:"陶窑,初唐器也。土惟白壤,体稍薄,色素润,镇 钟秀里人所烧也。邑志云,唐武德中,镇民陶玉者载瓷入关中,称为假玉器,且贡 于朝,于是昌南镇瓷名天下。"

⑫ 罗学正、黄云鹏:《景德镇唐瓷浅析》,《景德镇陶瓷》1993年第1、2期,第6—10 页。

⑬ 据民国十年《湖北通志》卷二二《舆地志》物产条三记载,鄂东产"苏釉泥……蕲州 志出挂口及隐静庵,案此亦陶土之类,谓其泥可为陶器之釉"。蕲春与江夏相距 不远,但此地尚无古瓷窑遗址的报道。

⑭ 黄义军:《湖北梁子湖地区宋代瓷器手工业遗存的初步研究》,硕士学位论文,北京大学考古系,2000年。

⑮ 冯敏等:《繁昌窑青白瓷的初步研究》,《文物保护与考古科学》2004年第16卷第3期,第29—34页。

⑯ 王苏新:《安徽繁昌地区陶瓷原料的试验》,《江苏陶瓷》1994年第1期,第21—23页。

⑰ 葛剑雄、吴松弟、曹树基:《中国移民史》第三卷,福州:福建人民出版社,1997年,第272—273页。

⑱ 《全唐诗》卷五〇六。

⑲ 翁俊雄:《唐代区域经济》,北京:首都师范大学出版社,2001年,第238页。

⑳ 《皇甫持正集》卷五《吉州庐陵县令厅壁记》。

㉑ 《皇甫持正集》卷五《吉州刺史厅壁记》。

㉒ 赵憬:《鄂州新厅记》:"天宝以前,四方无虞,第据编户众寡,等衰州望,鄂是以齿于下。后戎狄乱华,寓县沸腾,屯兵阻险,斯称巨防"(《全唐文》卷四五五)。

㉓ 《旧唐书》卷四〇《地理志》。

㉔ 周振鹤:《唐代安史之乱和北方人民的南迁》,《学腊一十九》,济南:山东教育出版社,1999年,第112—138页。

㉕ 《樊川文集》卷五《唐故宣州观察使御史大夫韦公墓志铭》。

㉖ 《文苑英华》卷八五五李峤《宣州大云寺碑》。

㉗ 《读史方舆纪要》卷一〇八《广西三》。

㉘ 裴雅静:《景德镇青白瓷分期研究》,中国古陶瓷研究会编《中国古陶瓷研究》第五辑,北京:紫禁城出版社,1999年,第209—221页。

㉙ 江建新:《景德镇宋代窑业遗存与相关问题的探讨》,《景德镇出土五代至清初瓷展》,香港大学冯平山博物馆,1992年,第72—98页。刘慧中等:《江西浮梁县二处古文化遗址调查记》,《南方文物》2003年第3期,第10—14页。

㉚ 彭涛、石凡:《青白瓷鉴定与鉴赏》,南昌:江西美术出版社,2004年,第23—24页。

㉛ 肖发标:《北宋景德镇窑的贡瓷问题》,中国古陶瓷研究会编《中国古陶瓷研究》第七辑,北京:紫禁城出版社,2001年,第253—262页。

㉜ 蒋祈在《陶记》中在谈到景德镇的内销市场时说镇窑市场为"临川、建阳、南丰他产有所夺。"

㉝ 陈万里:《从几件瓷造像谈到广东潮州窑》,《文物参考资料》1957年第3期,第36—39页。

㉞ 黄惠怡认为,江西地区烧造青白瓷的窑场对北宋广东瓷窑发生了影响,使它们开始兼烧青白瓷。这些窑场还同时烧造与浙江、福建等地窑场相似的青瓷器。见《广东地区唐宋时期制瓷手工业遗存的初步研究》(硕士学位论文,北京大学考古系,2003 年)。

㉟ 陈高华、吴泰:《宋元时期的海外贸易》,天津:天津人民出版社,1981 年,第 127—128 页。

㊱ 广州市文物管理委员会、香港中文大学文物馆合编:《广州西村窑》,香港中文大学中国考古艺术研究中心出版,1987 年,第 68—74 页。

㊲ 封绍柱、张浦生、杨李:《广西容县、藤县、北流三个青白瓷窑出土印模浅探》,郭景坤主编《古陶瓷科学技术 3　国际讨论会论文集》,上海:上海科学技术文献出版社,1995 年,第 330—336 页。

㊳ 《默堂集》卷一二《又上殿劄子》:"衢州至临安水陆之所经由。"

㊴ 季志耀:《试谈浙西宋元窑址及其产品的外销》,古陶瓷研究会、中国古外销陶瓷研究会《1987 年晋江年会论文集·中国古代陶瓷的外销》,北京:紫禁城出版社,1988 年,第 66—69 页。

㊵ 建瓯市博物馆:《福建建瓯市迪口北宋纪年墓》,《考古》1997 年第 4 期,第 73—75 页。

㊶ 福建省博物馆:《泉州清静寺奉天坛基址发掘报告》,《考古学报》1991 年第 3 期,第 353—387 页。

㊷ 《沈下贤集》卷四《郭常传》曰"郭常者,饶人,业医,居饶中,以直得信。饶江其南导自闽,颇通商,外夷波斯、安息之货,国人有转估于饶者。"

㊸ 孟原召:《泉州沿海地区宋元时期制瓷手工业遗存研究》,硕士学位论文,北京大学考古系,2005 年。

㊹ 傅宗文:《宋代草市镇研究》,福州:福建人民出版社,1991 年,第 193 页。

㊺ 同注②。

㊻ 《范石湖集(上)》卷十三。

㊼ 《巽斋文集》卷四。

㊽ 江西省文物考古研究所、景德镇民窑博物馆编著:《景德镇湖田窑址》,北京:文物出版社,2007 年。

㊾ 权奎山先生在《试论南方古代名窑中心区域移动》一文中,曾详细讨论过南方洪州窑等四大窑场生产中心的转移,其间注意到各窑不同时期的生产范围(《考古学集刊(11)》,北京:中国大百科全书出版社,1997 年,第 276—288 页),但类似的讨论并不多见。

○50　刘兰华:《唐宋以来宫廷用瓷的来源与烧造》,《中原文物》1996 年第 2 期,第 113
　　—120 页。

○51　繁昌县文物管理所:《安徽繁昌县老坝冲宋墓发掘简报》,《考古》1995 年第 10
　　期,第 915—929 页,图版伍、陆、柒、捌。

○52　刘新园、白焜:《景德镇湖田窑各期碗类装烧工艺考》,《文物》1982 年第 5 期,第
　　85—93 页。

○53　同注○15。

○54　镇江市博物馆:《镇江宋墓》,《文物资料丛刊(10)》,北京:文物出版社,1987 年,
　　第 162—170 页。

○55　南京博物院、连云港市博物馆:《江苏连云港清理四座五代、北宋墓葬》,《考古》
　　1987 年第 1 期,第 51—57 页。南京博物院、连云港市博物馆:《江苏连云港市宋
　　代墓葬的清理》,《考古》1987 年第 3 期,第 232—237 页。

○56　靳青万:《从〈韩熙载夜宴图〉看我国青白瓷的始烧年代》,《汉中师范学院学报(社
　　会科学版)》2002 年第 4 期,第 92—94 页。

○57　北宋早期以前繁昌窑瓷器是否输入辽地,目前尚无明确的证据。但以辽和南唐
　　的交聘关系推测,繁昌窑青白瓷有可能在五代时期就传入了辽地。

○58　杜希德、思鉴:《沉船遗宝:一艘十世纪沉船上的中国银锭》,《唐研究》第十卷,北
　　京:北京大学出版社,2004 年,第 383—431 页。

○59　〔宋〕陆游:《南唐书》卷一六《后妃诸王传·仲宣传》。

○60　同注○30,第 26 页。

○61　同注○28。

○62　这段话本身存在矛盾,定州和饶州是白瓷器产地无疑,但明州、越州只产青瓷,不
　　产白瓷。有研究者指出,宋代青州境内根本出现过大规模的瓷业生产,也没有优
　　秀的窑场。因此,"青州白瓷器"应为"青白瓷器"的笔误。(秦彧:《"青州窑"考》,
　　《东南文化》2001 年第 7 期,第 71—73 页。)

○63　刘新园:《蒋祈〈陶记〉著作时代考辨》,《文史》第 18 辑第 111—131 页,第 19 辑第
　　97—108 页。

第三章　宋代青白瓷的销售区域与运输线路

第一节　宋代青白瓷在大陆的出土情况

作为南方地区地方产品的青白瓷,流布范围之广,在宋代各类瓷器中堪称魁首。宋代青白瓷的流布大致有两种形式。一种形式是土贡,宋朝政府在都城设有专门收纳各地土贡的仓库,其中,设在建隆坊的瓷器库中就藏有"饶州白瓷器"①,可能就是景德镇青白瓷器。土贡瓷器到北宋中晚期已成为形式上的例贡,数量很少,如《元丰九域志》卷三《陕西路》、卷五《淮南路》记载耀州窑、越州窑土贡瓷器都只有"五十事"。瓷器流布的另一种形式就是商品贸易。后者是青白瓷流通的主要形式。私人馈赠等也可以成为瓷器流布的途径,但它在规模上不能与前二者相比。

南宋蒋祈《陶记》中记录了景德镇瓷器进入市场的情形:"窑火既歇,商争取售,而工者择焉,谓之'栋(拣)窑'。交易之际,牙侩主之,同异差互,则有考,谓之'店簿'。运器入河,肩夫执券,次第件具,以凭商算,谓之'非子'。"从这段话中可知,瓷器从出窑到市场要经历的程序是,先由"工者",即选瓷工,将瓷器分成不同的等级,再由牙人,即交易中间人,与商家谈好价钱,商家持了商税交纳的凭证——非子后,就可以请肩夫——搬运工运走瓷器了。政府对瓷器的烧造与买卖等商业行为,制定了明确的惩罚条例:"窑有尺籍,私之者刑;釉有三色,冒之者罚。凡利于官者,一涉欺瞒,则牙、商、担夫一例坐罪。"所谓"利于官者",指有利于官府征收赋税,包括对窑主征收窑炉税,对瓷器产品征收商业税。这里的"釉色三色"指的是瓷器出窑后的不同成色,是划分产品等级的依据,既然规定"冒之者罚",说明对不同等级的瓷器征收不同数额的商税。

青白瓷的流布遍及宋统治区。宋墓出土的青白瓷以今江西、江苏两省数量较多。此外,湖北、湖南、安徽、浙江、广东、广西、河南、四川等地也有出土。在与宋朝对峙的辽、金、西夏、大理等政权的统治区内,也发现了青白瓷。特别是辽国,曾经是青白瓷的一个重要的使用区,辽墓及古城遗址里,出土了不少的青白瓷器,使用者多是身份较高的社会上层人物,关于这一点,将在第四章作详细讨论。可见,青白瓷除了供应宋朝统治区内各阶层,还供应宋朝统治区之外的其他消费者;不仅流传于青白瓷产地长江以南地区,还通过长途运输到达其他地区。远离产地的销售,在扣除运费和商税以后,仍能使商人们获得高出在产地销售的利润,这显然是青白瓷能在一个大地域内流行的主要动力。

从第二章的叙述可知,宋代生产青白瓷的窑场很多,已报道的窑址均分布在长江以南地区(以下简称江南)。由于研究条件所限,本书无法对出土宋代青白瓷一一作窑口判别。但根据有关研究成果可以得知,在供应内陆市场方面,一般窑场的产品多见于窑场的周边地区,中心窑场所产的青白瓷则可以在远离窑场的地方出现,而且远距离传播的青白瓷多为质量上乘的奢侈品。北宋中期以后,北方地区出土的青白瓷,主要为景德镇窑场的产品,其中有不少注子注碗、香熏、盏托、瓶等奢侈用品;南宋中后期运至四川的景德镇青白瓷,不仅有奢侈品器类,而且不少作为普通饮食器皿的碗、盘镶上了金属边,说明了它们作为高档生活用品的性质。

通过统计已公开报道的考古遗存中发现的宋代青白瓷,将其地理分布的变化分5个时期加以叙述,即北宋早期、中期、晚期,南宋前和后期。附表3—1至3—5统计了419个出土宋代青白瓷的单位,这些单位以墓葬为主,兼及塔基、灰坑、窖藏,统计单位应超过总单位的 10%，具备统计学意义。出土青白瓷的生活遗址（包括聚落、水井、城址等）的报道，由于多没有具体的统计数字，有些包含物复杂，难以判断具体年代，因此不作专门统计。由于考古发掘以及搜集资料的局限，实际存在和出土的青白瓷肯定超过现有的统计。这是需要首先说明的。

一　北宋早期：以州府城市为主要服务对象

本期主要包括北宋太祖、太宗和真宗时期，大致从 10 世纪 60 年代到 11 世纪 20 年代。

这一时期青白瓷的分布范围与出土数量都十分有限（图 3—1，附表 3—1），从质地上看，青白瓷与早期白瓷的界限尚不明显，因此，对于有些考古报告中所称的"白瓷"应仔细鉴别其产地。本期青白瓷纪年材料中只有江西九江、彭泽和瑞昌等长江南岸的三处地点；非纪年材料中，湖南长沙、江苏连云港、宝应、淮安和浙江海宁出土的白瓷和青白瓷，其年代也早到宋初。此外，11 世纪初，可能有一部分青白瓷作为土贡输入都城汴京[②]。

总之，在北宋早期，青白瓷与五代时期南方白瓷的流布区域大体一致。青白瓷，这种在白瓷窑场中出现的新产品，随着白瓷的流通，散落于各地，零星分布在湘江、赣江、大运河和长江沿线或附近的少数州府城市。

北宋早期青白瓷的生产中心在安徽繁昌。已发现的北宋早期青白瓷，很多都可以在繁昌窑址找到相似的器物，因此可以初步认为图 3—1 各地点中的青白瓷主要为繁昌窑所产。从北宋早期青白瓷分布图中可以看出，繁昌窑产品沿长江东运和西运。

繁昌窑瓷器的东运，今长江下游平原是一个重要的销售地带。这里缺乏优质瓷土，其瓷器的供及主要仰仗外地。南京以东的运河沿线和环太湖地区，自五代时期起就是南方白瓷的集散地，终宋一

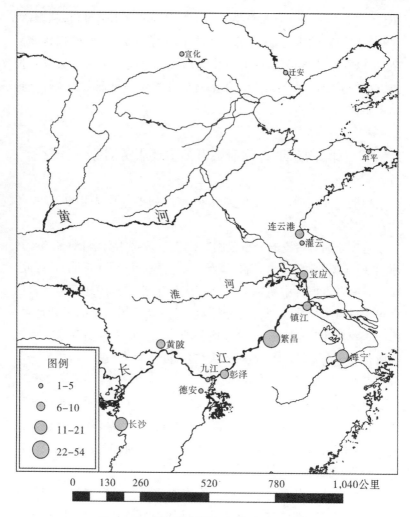

图 3—1　北宋早期出土青白瓷分布图

代,青白瓷在这里的流布都没有中止。在运河沿线的镇江、宝应及以北的灌云、连云港均发现了北宋早期青白瓷。

繁昌窑瓷器西运至洞庭湖后溯湘江而上,再经漓江、西江转运至广州。由于缺乏岭南地区北宋早期墓的资料,这一时期青白瓷在岭南的出土情况不是很清楚。但在第二章通过繁昌窑与桂平窑青白瓷的比较,初步判断繁昌窑也可能由这一线路外运出海,并引起了沿线窑场的仿造。在西运线路上的九江、武汉(黄陂)、长沙都发现了北宋早期的青白瓷,特别是长沙地区的出土品,基本上可以认定为繁昌窑瓷器③。如前所述,长沙在五代时期就是繁昌窑等皖南窑场白瓷和青白瓷的重要销售地,北宋初繁昌窑青白瓷的外运其实是延续了五代时期的做法。南宋中期以后,对外贸易的中心转移至泉州,长沙出土青白瓷明显减少。

在运河两浙段附近的海宁东山也发现了这一时期的青白瓷。东山宋墓共 10 座,时间从北宋早期延续至北宋晚期。出土瓷器共107 件,其中青白瓷 88 件,占瓷器总数的 82%,同出 19 件似越窑青瓷,占总数的 18%。海宁距越窑中心窑场所在的慈溪很近,且有运河相通,但出土瓷器却主要来自更远的青白瓷窑场。是否因为北宋时期繁昌窑、景德镇窑青白瓷也通过宁波港外销,以故海宁有较多的青白瓷出土? 或者东山宋墓只是一个特殊的个案? 这一问题还有待探讨。

二　北宋中期:青白瓷分布范围的扩大

本期主要包括仁宗和英宗时期,大致从 11 世纪 20 年代到 11 世纪 60 年代。

统计的 384 座墓葬,共出土北宋中期的青白瓷 347 件,与北宋早期 144 件相比,增加了 1 倍有余(图 3－2,附表 3－2)。本期是青白瓷窑场的发展时期,青白瓷产品的分布范围也随之扩大,主要表现在:第一,各青白瓷窑场所在的地区,如湖北、安徽、江西、福建、广东陆续发现青白瓷。出土地点一般集中在窑址周边或主要交通线附近的州府城市。第二,以南京、镇江为中心,北到连云港、南到海宁的范围内,形成一个青白瓷出土相对密集的地带。第三,辽地开始

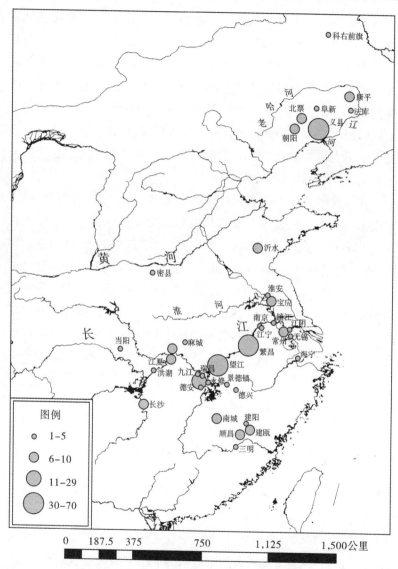

图3—2 北宋中期出土青白瓷分布图

注：图中湖北当阳、江西永修青白瓷为塔基出土，余为墓葬出土

集中发现青白瓷。

北宋中期以后,青白瓷生产中心从繁昌转移到景德镇,从图3—2中可以看出,长江中下游沿江地带及运河沿线,仍是青白瓷畅销之所,尤其是运河沿线和长江下游平原,出土青白瓷相对集中。随着各地青白瓷窑场的兴起,湖北、福建、广东等地也出土了一定数量的本地产青白瓷。如前所述,景德镇等青白瓷窑场在北宋中期以后的发展势头,与南方最大的青瓷窑场越窑的渐趋衰落是相呼应的。但总的来说,在两浙地区,北宋中期青白瓷的发现还不多见。

辽地青白瓷出土的增多,是值得注意的事。关于这一点,在下一章有专门论述。

三　北宋晚期:青白瓷生产和销售的高峰期

本期主要包括北宋神宗、哲宗、徽宗、钦宗时期,大致为11世纪60年代到北宋灭亡。这一时期是青白瓷生产和销售的高峰期。主要表现在:第一,各青白瓷窑址所在地区,青白瓷出土地点更加密集。青白瓷开始向原越窑系青瓷销售区,如浙西渗透。第二,长江中下游沿江地带及运河沿线仍保持销售中心的地位。第三,辽地出土青白瓷地点以中京道为中心,向各道扩散。西夏和大理国也有少量发现。第四,中原和北方宋统治区内出土地点增多,尤其以山东半岛较为集中。

墓葬出土北宋晚期青白瓷的数量与早中期相比有了较大增长,384座墓中出土青白瓷达到1006件,为中期(347件)的近3倍(图3—3,附表3—3)。这一时期兴起于北宋早中期的一些窑场,如景德镇窑、湖北梁子湖地区的王麻窑和青山窑、广西桂平窑、广州西村窑、广东潮州窑,窑场规模扩大,普遍进入盛烧期,以故出土青白瓷的总数大幅度增长。

景德镇窑的优质青白瓷不仅销往不产青白瓷的地区,如长江下

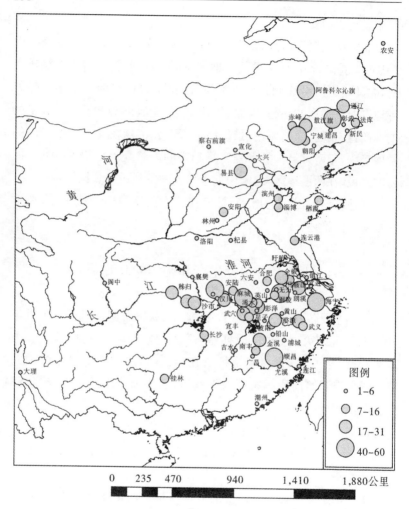

图 3-3　北宋晚期出土青白瓷分布图

注：图中潮州、淄博两地青白瓷为窖藏出土，农安、易县、大理为塔基出土，其余为
　　墓葬出土。此外，本期在内蒙古林东、林西，浙江宁波、绍兴，福建泉州，江苏
　　扬州、镇江，安徽马鞍山等地的城市遗迹中也发现过青白瓷，因无法统计件数
　　未在图中标出

游平原、中原北方地区,而且开始大量销往其他青白瓷产区,增加了本地青白瓷窑场的竞争压力。

以湖北梁子湖窑场为例加以说明。从北宋神宗到钦宗朝,景德镇瓷器流入荆湖地区的数量逐渐增多。从瓷器上可以观察出本地窑场为提高竞争力所做的努力。

梁子湖窑场北宋中期的瓷器,有不少仿照景德镇青白瓷的划花和刻划花装饰。此后,花纹装饰越来越简单、随意,最后为了提高产量,降低成本,放弃装饰手段,改为以素面为主,且多施半釉。从墓葬出土青白瓷的情况来看,随葬景德镇青白瓷的墓主,一般修筑有精致的墓葬、随葬墓志或其他贵重物品,显然为本地富庶阶层,这样的墓葬中很少出土本地产青白瓷;下层民众墓则是另一种情形,以湖北安陆蒋家山为例,这里发现 200 多座宋墓中,可确定为北宋神宗到钦宗时期的墓葬达百座以上,从墓葬形制判断,墓主为中下层民众。这些随葬瓷器 90％以上来自梁子湖地区,只有少数可能来自于景德镇④。器类多是施半釉的碗、盘、碟等食器,以及少量的执壶,基本不见香盒、盏托等高档瓷器。与此形成对照的汉阳十里铺北宋晚期墓(见附表 3—3 第 115 号),出土了盒子、执壶、钵、碗 10 件十分精致的景德镇青白瓷,同时还出土了多件当时名品襄州漆器,以及铜器、金饰件等湖北宋墓少见的随葬品,墓主显然是有一定经济实力的人士。

可见,不同经济实力与社会身份的人,往往会选择精粗不同的瓷器,这与他们的购买力有关。北宋中期以前,梁子湖诸窑场的青白瓷尚有精粗之分,其供应的对象应包括了不同经济实力的社会各阶层。但到北宋晚期,特别是北宋末期,随着景德镇青白瓷对湖北市场的渗透,梁子湖窑场似乎放弃了对富庶阶层的供应,只生产供贫民使用的粗质青白瓷。为了降低成本,简化了瓷器装饰程序,并采取了增加单位产量的措施,如加长窑尾,降低器身等⑤。尽管这样,还是无力挽回衰落的命运。

　　梁子湖窑场的衰落除了两宋之际湖北地区的社会变动,更有可能因为,北宋末年瓷业竞争导致市场价格降低,梁子湖诸窑场可能无法维持最低利润,最终只能放弃生产。

四　南宋前期:青白瓷分布范围的收缩

　　本期主要包括高宗、孝宗、光宗和宁宗开禧(1205－1207 年)以前,大致为 12 世纪 20 年代到 13 世纪初期。这一时期青白瓷的分布范围相对缩小,总体上向东南转移。主要表现在:第一,长江以北地区青白瓷只有零星发现,长江中游沿江地带青白瓷的出土地点和数量大大减少。第二,江南成为主要的销售区。其中,宁镇地区的出土地点相对减少,太湖地区相对增加。以杭州为中心,形成新的青白瓷销售中心。青白瓷已深入到原越窑中心产区。

　　本期青白瓷出土数量减少。384 座宋墓中出土南宋前期青白瓷215 件,不仅远远低于北宋晚期的 1006 件,而且也不及北宋中期随葬青白瓷的数量(图 3－4,附表 3－4),说明南宋前期的确为青白瓷生产中的一个低迷时期。

　　靖康之变后,宋王朝丧失了广大的北方领土。从文献史料来看,南宋人蒋祈在《陶记》中列举的景德镇瓷器的销售市场有江、湖、川、广、福建、浙江等南方诸路,不见北方;金代遗址亦不见或极少见到景德镇产品。与北宋时期青白瓷大量发现于辽地的情形相比发生了很大改变。其原因在下一章中将略作探讨。

　　根据出土青白瓷的地点判断,与北宋时期相比,南宋前期青白瓷市场已大为缩小。青白瓷内销市场的缩小,原因之一是政权的南北对峙。另一个原因,如刘新园所言,当因景德镇等青白瓷产区,在南宋时期遭遇了严重的原料危机。从调查情况来看,景德镇这一时期的窑址大大减少,南河一带曾繁荣一时的北宋窑场绝大多数没有南宋时代的遗物,象宁村、小坞里、月山下等数十处北宋窑址至此时

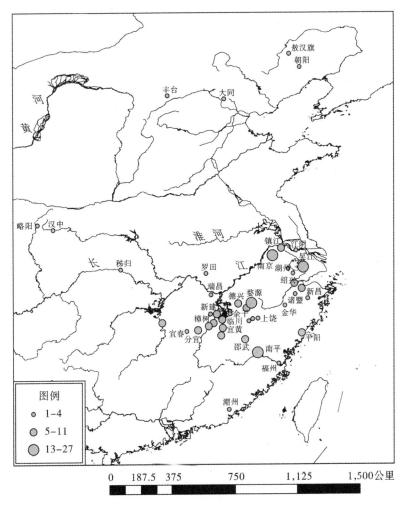

图3—4 南宋前期出土青白瓷分布图

多已停产,甚至包括规模巨大的南市街窑亦复如此。能够持续烧造的仅见湖田窑与镇窑等少数几处,但其南宋堆积中,仰烧产品减少,覆烧器增多,大量的碗碟之类均为芒口。无论从窑址残废品还是随葬瓷器,这一时期的景德镇窑青白瓷的质量都远逊于北宋,色泽不美的暗黄瓷器的比例呈现了增大的趋势⑥。

衢港流域在地形上与赣东北地区连为一体。从北宋晚期起,衢江(富春江)沿线的兰溪、武义就出土了较多的青白瓷。南宋前期青白瓷在浙江的出土地点增加。以杭州为中心,太湖沿岸的长兴、湖州,浙东的绍兴、新昌、诸暨都发现了青白瓷,应为景德镇制品。浙南的平阳所出青白瓷则有可能是飞云江上游窑场所产。

南渡以后,临安成为南宋行在,"都会之下皆物所聚之处"⑦,各种地方优质产品汇集于临安。南宋耐得翁《都城纪胜》"铺席"条就记载了杭州平津桥沿河设有"青白碗器铺",而且说它是一种"广大物货",即常见的商品。据同书"坊院"条记载,在城中北关水门内,还建有"迭塌坊"(即货物仓库),"以寄藏都城店铺及客旅物货,四维皆水,亦可防避风烛,又免盗贼,甚为都城富室之便,其他州郡无此"。"青白碗器铺"所卖的瓷器很可能通过水运到杭州后,也保存于此,然后由各店铺或行商到此批发。《都城纪胜》成书于端平二年(1235 年),但书中所记可以早到南宋早期,结合墓葬出土瓷器的情况,可以认为南宋早期临安城中就应该出现了青白瓷铺席。

从图 3-4 中出土青白瓷的分布情况,可以大致观察出景德镇青白瓷由衢江—钱塘江运输到杭州的线路。这一时期,长江下游平原发现的景德镇青白瓷,应该不仅由长江东运,而且可以由杭州沿运河北运所至。杭州成为景德镇江南东部市场中最重要的城市。

景德镇青白瓷还沿闽西北水道东南运至泉州外销,在这条运输线的沿线及泉州城内,也发现了景德镇青白瓷,但福建地区出土的青白瓷中,本地和外地产品的比例不是很清楚。

五 南宋后期:青白瓷分布区域的变化

本期主要包括宁宗开禧、嘉定朝至南宋灭亡,大致为 13 世纪初到 1279 年。这一时期景德镇青白瓷生产再度兴旺。墓葬与窖藏出土的青白瓷多达 1276 件,超过以往各期(图 3—5,附表 3—5)。

出土青白瓷的增加往往意味着窑场生产规模的扩大和产量的提高。以景德镇为例,扩大生产规模和增加产量的举措不断出台。其一是大量采用覆烧法,这一方法在南宋前期就已经出现,南宋中后期成为各青白瓷窑场最主要的装烧方法,它可使窑室装载量高于北宋 4 倍,节省燃料 3/4[⑧],最终达到降低成本的目的。其二是增加生产时间。烧瓷原本是受季节限制的生产活动,唐人陆龟蒙就说过"九秋风露越窑开"[⑨],说明秋日干爽的天气适宜烧瓷。但南宋中后期,景德镇窑场却通过冬天设置火房的办法,克服季节对烧瓷的限制。成书于嘉定七年至端平元年(1214—1234 年)的《陶记》称:"至若冬泥冻脆不可以烧,坯陶既就不复易操,乃有'火房'"。

在扩大生产规模的同时,这一时期的景德镇青白瓷的质量也大有提高。根据裴雅静的研究,本期青白瓷胎白质细,釉呈淡青色或月白色,玻璃质较强。装饰内容最为丰富,刻划花、印花、剔花、堆贴、镂空等多种装饰手法并存,有时几种装饰手法同时用于一器。除了一般的盘、碗、壶、罐之外,这一时期景德镇窑场还生产大量的高档瓷器,如各式香炉、整套的文具,而且出现了众多仿青铜器的造型[⑩],这种造型风格的变化,当出自对龙泉青瓷的学习,因为二者在北宋中后期已成为出土瓷器中稳定的组合。这一点从四川南宋后期窖藏瓷器上可以看得十分清楚。

从南宋早期到中后期,景德镇生产规模再次扩大,青白瓷质量大幅度提高,似乎说明景德镇窑场已经成功地度过原料危机。但景德镇是如何度过原料危机的呢?

蒋祈《陶记》在讲述景德镇原料产地时说:"进坑石泥,制之精巧,湖坑、岭背、界田之所产已为次矣。比壬坑,高砂、马鞍山,磁石塘厥土、赤石,仅可为匣、模,工而杂之以成器,则皆败恶不良,无取焉。"在湖田窑址也出土了刻有"进坑"二字的青白瓷片,正好印证了

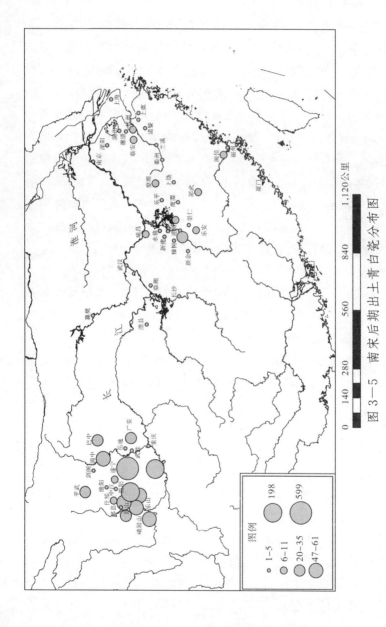

图 3—5 南宋后期出土青白瓷分布图

注:四川地区南宋中晚期墓葬出青白瓷共计 13 件,分布在成都、乐山、绵阳、巴中、岳池、重庆、巴中 6 个地点。简阳所出 198 件青白瓷原报告认为是墓葬出土,本文仍定为窖藏出土,其余地点均为窖藏出土

蒋祈的记录⑪。《陶记》成书于南宋嘉定七年至端平元年(1214—1234 年)之间,正好是本书所说的南宋后期。这一时期景德镇青白瓷质量的提高,很可能是因为进坑等优质原料产地的发现,也就是说,是进坑的发现,解决了南宋前期的原料危机。

原本以轻盈、纤巧取胜的景德镇青白瓷,在南宋后期开始大量仿照施厚釉的龙泉青瓷造型。这与北宋中期以后,以"千峰翠色"的单色釉取胜的越窑青瓷大量引进刻划花工艺,似有相似之处。不过,与越窑的命运不同,景德镇并没有在一味模仿他人的老路上走下去。到元代,景德镇原有的宋代青白瓷窑场,增烧了新的外销品种——青花瓷。自主的技术革新、官方的财力扶持和外销市场的旺盛需求,使景德镇进入一个新的蓬勃发展时期。

第二节　宋代青白瓷的外销情况

中国瓷器的外销要追溯到中晚唐时期。安史之乱发生后,社会秩序崩坏,民户逃亡,国家税收锐减,庞大的军费开支使中央政府不胜重负。为缓解中央财政压力,保证税收,维持统治,中央政府将一部分财权下放到地方,为地方经济的发展提供了契机。各地方政府积极招抚流民,增加劳动人口,扩大耕地面积,减轻税赋压力,并通过改善交通、兴建城市,营造良好的投资环境吸引资金和人员的流入,因地制宜开展生产,扩大财源,使地方经济得到了发展⑫。

中晚唐时期制瓷业的突飞猛进,正是在这样的历史背景下展开的。迄今发现的唐代窑址,大部分始烧于中晚唐时期。以越窑为例,根据谢纯龙的研究,著名的秘色产地——慈溪上林湖地区,其瓷业生产经过从东汉至唐前期的缓慢发展,到中晚唐至北宋前期达到鼎盛⑬。

伴随着窑场规模的扩大,地区间瓷业生产技术交流增多,竞争加剧,一些拥有优良瓷土和先进制瓷技术的窑场成为众窑模仿的对象。陶瓷史家所称的"窑系",正是普通窑场仿造名窑产品的结果。因此,名窑与"窑系"的发端实则可以上溯到中晚唐时期。

名窑创造出来的新的瓷器品种、新的瓷器样式,畅销于世,甚至得到宫廷的重视。瓷业生产开始适应不同的消费群体。瓷器以其结实耐磨的胎体、光洁的釉面,适应各阶层购买力的价格,逐渐取代陶器,成为普及于社会各阶层的商品。

正如日本学者矢部良明所言,中唐以后,由于制瓷业在广大地域内的兴起,"中国陶瓷被外国人单纯当作珍贵货物之一的时代结束了"[14],大宗的外销瓷生产,使中国瓷器源源不断地流向海外诸国。为扩大财源,唐朝政府采取了鼓励海外贸易的政策。从考古发现的情况判断,大约在8世纪末9世纪初的中晚唐时期[15],中国瓷器开始加入海外贸易的行列。此后的宋元时期,瓷器的外销一直没有中止,而且规模不断扩大。宋代青白瓷的外销,实则是延续了中晚唐以来中国瓷器外销的传统。

瓷器的外销具有三重意义。首先,间接地增加了政府财政收入。宋代船舶出海前必须到官府办理手续,获得到海外经营贸易的许可证,即"公凭",也称"公据"或"公验"。《朝野群载》卷二十大宰府条附有两浙路市舶司签发的公凭一件。公凭持有人李充于崇宁元年、三年、四年(1102年、1104年、1105年)连续三次往返于中日之间,他的船上就载有"瓷垸贰百床"、"瓷碟壹百床"[16]。按当时一床200件单位计算,那么就有瓷碗4万个、盘2万个[17]。一艘船一次就装有这么多的瓷器,可见船体之大、瓷器数量之多。

从李充公凭看,瓷船出海只需领取公凭,并不直接征税,但运瓷船到达他国转买回货后,必须到公凭上规定的宋朝市舶务抽解,即对舶货按比例纳税。为了提高海船的往返频率,增加抽解收入。政府以减少抽税为诱饵,鼓励海商缩短日程。隆兴二年(1164年)规定:"商贾由海道兴贩诸蕃及海南州县……乞召物力户充保,自给公凭日为始,若在五月内回舶,与优饶抽税;如满一年内,不在饶税之限;满一年以上,许从本司根穷责罚施行,若有透漏,元保物力户并当坐罪"⑱。违者还会受到惩罚,甚至迁累保人。瓷器出海虽然不直接被征税,但由于它是一种在海外有极大需求的中国特产,海舶满载瓷器销往海外诸国,又载回香料等贵重舶货回到中国,按规定供市舶司抽解,实际上间接地增加了宋朝政府的外贸收入。

其次,瓷器的外销,在一定程度上减少了铜钱和金银的外流。南宋范成大在一则防止铜钱外流的奏议中说:"臣闻东南蕃夷舶船岁至中国,旧止以物货博易,近年颇见钱为贵。广、泉、四明及并海州郡钱之去者不可胜计"⑲。由于海外诸国对中国铜钱的热切需求,以往"物货博易"的方式,逐渐为钱货交易取代,导致中国铜钱大量外流,引起宋廷士大夫的警觉。为防止铜钱、金银等金属通货外流,宋朝政府鼓励用中国土特产来换取海外舶货。《宋史》卷一八五《食货志》称:"嘉定十二年,臣僚言以金银博买,泄之远夷为可惜。乃命有司止以绢帛、锦绮、瓷漆之属博易,听其来之多寡,若不至则任之,不必以为重也。"可见,瓷器贸易也是宋朝政府维持货币稳定的一种举措。

再次,中国瓷器输入海外诸国,改变了当地的生活方式。如在中国陶瓷输入以前,南海某些小国饮食不用器皿,而以植物叶子为食器。《诸蕃志》卷上载:"登流眉国在真腊之西,饮食以揆叶为椀,不施匕筋,掬而食之"。中国瓷器,卫生实用且外形美观,受到各地民众的热烈欢迎。"唐货"——包括瓷器在内的中国土特产,成为海外的畅销商品⑳。

漫长的海上陶瓷之路将中国与世界连为一体,中国瓷器向海外输出,改善了当地民众的生活质量,扩大了中国文化的影响。

一　出土宋代青白瓷的国家和地区

宋代青白瓷的外销至迟从 10 世纪中叶前后就已经开始,前述印坦号沉船上即发现了青白瓷早期窑场——繁昌窑的青白瓷唇口碗。另外,《中国陶瓷史》在叙述各国出土的宋代瓷器时,提及在巴基斯坦的布拉米纳巴(Brahminabad)曾发现 1020 年以前的白瓷,巴博(Bhambore)出土有北宋初期广东地区的青白瓷浮雕莲瓣纹标本。1931－1932 年在马库兰地区一些古遗址中发现了属于 10 世纪的青白瓷碎片㉑。

由于文献记载与考古发现的不足,对于 11 世纪以前青白瓷的外销情况,目前还不是很清楚。迄今海外发现的宋代青白瓷,多为 11 世纪中叶即北宋中期以后的产品。从窑口看,景德镇等江西窑场和东南、岭南沿海窑场的产品都有发现。其中,景德镇等内陆窑场兼顾内销与外销,沿海窑场则以外销为主。

19 世纪 50 年代以来,在亚、非一些国家的沿海地区的古遗址中,陆续出土了一定数量的宋元时期的青白瓷器。如日本、韩国、菲律宾、马来西亚、巴基斯坦以及非洲的埃及。其中以亚洲国家发现居多㉒。根据《诸蕃志》等宋元文献记载,宋元时期泉州地区等处的陶瓷,包括青瓷、白瓷和青白瓷,盆钵粗器以及瓷珠等,已行销中印半岛、马来半岛、菲律宾群岛、东印度群岛、阿拉伯半岛、波斯湾沿岸以及东非海岸一带。计有 40 多个国家和地区,包括亚洲和非洲的许多地区。宋末荷兰人还贩运陶瓷至欧洲,价值每与黄金相等,且有供不应求之势㉓。

各地对中国瓷器的釉色品种和器类有一定的选择性。这种地区差异是由当地的经济发展水平、购买能力和风俗习惯等因素决定的。此外,瓷器出海港口与销往国的距离也成为海外居民选择外销瓷品种的因素之一。以下简要叙述主要国家和地区发现宋代青白瓷的情况。

1. 朝鲜半岛

20 世纪 30 年代以后,朝鲜半岛陆续出土了中国瓷器,主要有海州所属的龙媒岛、开城附近及江原道的春川县等地区。出土宋瓷以青白瓷数量居多,其中可分辨的有景德镇青白瓷[24]。

朝鲜半岛出土了很多青白瓷盒子,尤其是印花盒子,仅春川县的一个墓葬里就出有 30 多件。在遗址出土青白瓷中,有汪、蓝、朱、徐、程诸姓氏及张家合子记 6 种铭文。1977 年新安海底沉船发现瓷器 16100 余件,其中青瓷有 10400 余件,占 64%,青白瓷为 5100 件,占 31.6%,绝大部分是景德镇的产品,典型的有卧女枕、龙纹梅瓶、牡丹纹鱼耳瓶、玉壶春瓶、凤纹执壶、象耳壶、花口盘、镶银钮碗、桃形盏等,与宁波海运码头遗址出土一致,说明朝鲜半岛发现的青白瓷很可能是从宁波出海的[25]。

2. 日本

日本有 40 余县发现宋瓷,其中以镰仓、佐贺、福冈等地出土最多,以青瓷、青白瓷为主。出土瓷器中,景德镇产品占有较大的比例。在 12 世纪后期和 13 世纪输入的中国陶瓷主要是以青白瓷镶边芒口碗为代表,是日本国内各地发现最多的陶瓷品种之一[26]。

3. 菲律宾

菲律宾出土中国瓷器数量巨大,总数在 4 万件以上。出土瓷器中宋瓷数量不大,元以后明显增多。宋瓷主要为青瓷,青白瓷比较少见,多来自福建德化、泉州等地的窑场[27]。

4. 马来西亚

马来西亚出土的中国瓷器也很丰富。20 世纪以来,在东马来西亚沙捞越地区的沙捞越河三角帮的圣士邦(Santubang)及附近的桑吉布亚(Sungei Buah)、桑吉加昂(Suangei Jagong)和尼亚大窟(Great Caee at Niah)周围进行了发掘,出土数量惊人的中国瓷器。宋瓷碎片中有不少青白瓷,有壶、瓶、盒子、洗和碗等器类,大部分来自福建德化、泉州、广东潮安及广州西村等产区。在马来西亚的莫尔包河口南边的布吉巴士林登（Butit Batu Lintang），也出土了景德镇及德化窑青白瓷印花标本。

5. 文莱

文莱出土的中国瓷器，时间从 12 世纪延续到 16 世纪，其中有宋代刻花青白瓷，为福建、广东沿海地区的产品。

6. 非洲

非洲发现宋代青白瓷的地点有福斯塔特、埃得哈布、马林迪、基尔瓦、马达加斯加等地，这些青白瓷按装饰手法可分为素釉、刻划划花、印花等。计有碗、盘、瓶等类别，总数不多。

总之，在 10—13 世纪的外销瓷中，青白瓷始终是一个主要的品种。但在不同的销售地区，青白瓷的产地有所不同，总的来说，景德镇等内陆窑场青白瓷多销往东亚日本和朝鲜半岛，而华南沿海窑场的青白瓷多销往东南亚地区。

瓷器输往海外诸国，有些保持着原有的功能，另一些则随当时的宗教信仰或风俗，使用功能发生改变。如日本出土的景德镇宋代青白瓷水注、小盒、梅瓶，多发现于庙宇附近的遗址，它们往往由日常用品转变为作为宗教用品。

在中国，水注是一种盛酒、温酒之器具，盛行于五代至宋代。日本出土了大量的水注，却是用作盛骨容器的，如和歌山县高野山峰奥之院遗迹或镰仓极乐寺纳骨堂出土的水注即为其例[28]。

盒子在大陆多用来盛香料、头油或化妆粉[29]。销往日本后，许多盒子也变成宗教用品，多出土于佛教经冢遗址[30]。在中国用作酒具的梅瓶（宋人称经瓶[31]）输入日本后，一部分用作藏骨品[32]。

有些青白瓷可能是海外定制的物品，如日本经冢内常见的仿铜经筒[33]以及广泛发现于东南亚的青白瓷军持[34]，在中国内地的遗址和墓葬中很少出土。

二 宋代青白瓷的外销港口和运输线路

探索古代窑场的外销线路,首先要确定其产品出海的港口。港口遗址的发掘成果,是判断某一窑场是否由此输出瓷器的重要根据。根据不同时期青白瓷的出土情况,结合历史时期的交通格局,又可以大致勾勒出瓷器从窑场到港口的运输线路。由于本书关注的重点是宋代青白瓷生产揭示的大陆内部的区域经济与文化联系,因此,这里所说的运输线路指的是从有关窑场到外销港口的运输线路,关于从外销港口到销售地的线路,前人已有很多成果,本书暂不作详细讨论。以下以宋代青白瓷窑系的两个中心窑场——繁昌窑和景德镇窑为例,讨论青白瓷的外销港口和运输线路问题(图3-6,图3-7)。

1. 繁昌窑瓷器的外销港口与运输路线

(1)东线:五代和北宋早期,青白瓷的生产中心在繁昌窑所在的皖南地区。从五代白瓷和北宋早期青白瓷的分布情况可知,繁昌窑产品通过邻近小河运抵长江后,分为东西两路。东路沿长江干流销往下游平原,并通过运河北运和南运,向北有可能通过当时的港口城市江宁府(治今江苏南京)、扬州、楚州(治今江苏淮安)和海州(治今江苏连云港)出海,运往日本和高丽,甚至辽地。

(2)西线:溯长江而上到洞庭湖,入湘江,然后过漓江、西江至广州。五代宋初长沙出土的大量白瓷和青白瓷,它们中有一些可以肯定为繁昌窑制品。同时,此线沿线的窑场如武汉青山窑、长沙衡阳窑、广西桂平窑,其产品与繁昌窑都有很多相似之处。湘江通道在宋代以前是沟通中原和岭南的最重要的交通线,唐人杜佑评价长沙郡:"夫湘川之奥,人丰土辟,南通岭峤,唇齿荆雍,亦为重镇"[①]。入

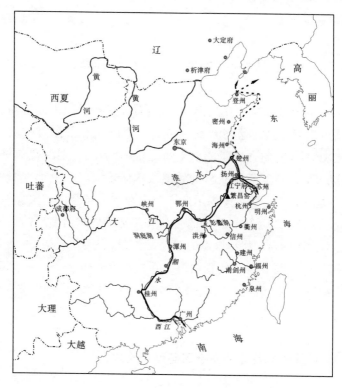

图 3—6　宋代繁昌窑青白瓷外运线路示意图

（根据《中国历史地图集》第六册北宋政和元年政区改绘）

宋后，因为都城的东移，此线的重要性有所降低。但由于广州在对外贸易上的重要位置，北宋时期，湘江水道仍然为朝廷士人所重，宋人说："湖、岭之间，湘水贯之，无出湘之右者，凡水皆会焉"⑧。走湘江水道，可以全程由水路到达广州，这对于瓷器运输来说，是最为便利的。前面提到在巴基斯坦的一些遗址曾出土北宋早期的白瓷或青白瓷，结合印坦号沉船的实例，我们更有理由相信，在早期青白瓷外销中湘江航线与广州港的重要作用。此外，这一时期的青白瓷是否沿江南运河运至明州（今浙江宁波）出海，目前还没有足够的证据。

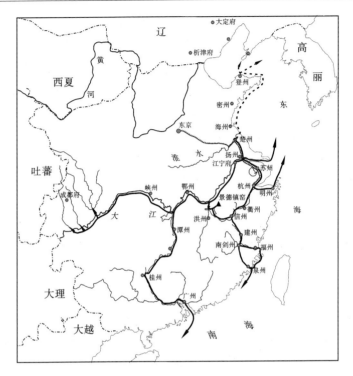

图 3—7　宋代景德镇窑青白瓷外运线路示意图

（根据《中国历史地图集》第六册北宋政和元年政区改绘）

2. 景德镇瓷器的外销港口和运输路线

北宋中期,青白瓷的生产中心转移到景德镇。其运输线路乃前期之旧且有所发展。总的来说有 4 条线路。

(1)东路:由景德镇经昌江达鄱阳湖,顺长江而下至长江下游平原,再从这里转入运河,分运南北。在此线的长江与运河沿岸,一路皆有青白瓷的发现。这也是繁昌窑瓷器东运的线路。此线的楚州(今江苏淮安)是一个值得关注的港口,"楚州北有大淮,所谓'大淮横涉,到於东海'"[⑩]。从楚州出海北行到日本和新罗,自晚唐以来就是一条传统的航海线。日本僧人圆仁在《入唐求法巡礼行记》卷一记录了他于开成四年（839年）三月十七日雇新罗人谙海路者60余人随船出行的事。同卷中还记载一批船人自称"从密州（今山东诸城）来，船里载炭向楚州去，本是新罗人，人数十有余。"圆仁描述了晚唐时期楚州—海州（今江苏连云港）—密州—登州（今山东蓬莱）一线繁忙的海上交通。在此线的江苏连云港，山东牟平、栖霞、淄博、滨州等地都发现了北宋青白瓷。根据宋代青白瓷的出土情况，大致可以勾勒出这类产品沿海岸线运输的线路图：由扬州顺运河北上至楚州，由淮河出海，北上至海州，绕过山东半岛，沿渤海湾至辽国或高丽，以及转至日本。

林士民认为经由长江干道东运的瓷器还通过大运河运抵外销港口明州。他分析宁波港口遗址出土瓷器之后，指出宁波港是景德镇青白瓷外销的重要港口。在他主持发掘的宁波东门口码头遗址宋代文化层出土有青白瓷碗、碟，宋元文化层有碗、盘、盂、盒、瓶、枕等。有些碗镶银口，当是采用覆烧方法烧制的芒口瓷。这正是景德镇南宋时期流行的圆器类型[⑧]。作者将宁波出土的景德镇青白瓷断定为北宋末至元代[⑨]。但从出土实物分析，宁波出土的青白瓷器主要是南宋时期的产品。这与南宋时期临安城内出现青白瓷店铺的记载正好呼应。

宁波出土的景德镇青白瓷是否来自长江下游平原，还值得考虑。南渡以后，宋朝都城南移，经济活动从以汴京（今河南开封）为中心改变为以杭州为中心，运河失去了交通枢纽的作用。在今安徽境内的长江沿岸地区，几乎见不到南宋时期的景德镇青白瓷，与北宋晚期大量景德镇优质青白瓷发现于这一带的情形大不相同。可见，这一带已不再是昔日繁华的商贸线了。兼顾内销和外销的景德镇窑场，若选择一条已变得冷僻的交通线，就不能达到沿线销售瓷器的目的。当时的运瓷船还可能同时运输其他市场急需的东西，沿途停靠治安良好、人烟稠密、经济发达的区域当然会成为商人考虑的内容。因此，南宋以后两浙路出土的青白瓷可能是由中路，即繁华的衢州路贩运所至。

(2)西路:景德镇瓷器出鄱阳湖后亦沿长江西运,但北宋时期仅止于归州(今湖北秭归)一带。向南溯湘江的运输仍在继续,否则对长沙和桂林出土的景德镇青白瓷器无从解释。

南宋以后,此线发生了一些变化。其一,广州对外贸易的地位逐渐被泉州取代,直接影响到湘江航线的繁荣,长沙出土南宋青白瓷的锐减,可以作为一个旁证。其二,景德镇青白瓷于南宋中晚期首次大量进入四川盆地。此前,险恶的长江航道、都城汴京的向心作用,都使四川与长江下游地区的经济联系远不如与北方地区紧密。四川北宋和南宋早期墓葬中极少发现青白瓷等江南产品也说明了这一点。南宋晚期,大量的景德镇青白瓷器出现于四川地区,且多以窖藏形式埋葬,当与这一时期四川军事战略地位提升,运输官方军事物质之需导致长江上游航线的短暂繁荣有关。关于这一点,下一章还有详细讨论。

(3)中路:南宋时期,衢江—富春江一线以及浙东地区景德镇青白瓷的出现是值得注意的现象。景德镇窑产品沿昌江到饶州府鄱阳县(今江西波阳),入鄱阳湖转余干溪(今信江下游),溯余干溪而上,经上饶江(今信江中游)至玉山,陆行一段河谷低地至常山,转入江山溪(今江山港),顺流而下到达南宋行在临安以及外销港口明州。处于浙赣交界处的衢州,号称"五路总头"。衢江航道,上联徽歙,下通杭州;乌溪江航道,上达遂昌、龙泉,下游在衢县樟树潭与衢江会合。更有3条陆路,其一是官道,其二是北山通道,其三是南山通道。在南山通道沿线设有许多宋元时期的窑址,一些重要城镇大洲镇还设有天妃宫,暗示着此路与海运的关系[①]。北宋晚期,在衢江及其支流沿线附近的武义、兰溪等地就传入了景德镇青白瓷,南宋以后的景德镇青白瓷的分布地点和数量更是有增无减,反映出江西与两浙路联系的加强。

这一路的江西玉山至浙江常山之间虽有一段陆路,但较之横亘于章水与始兴江(今浈水)之间的大庾岭道,要好行得多。大庾岭道素来艰险,唐开元间开辟以后缺少维护,路况很差。清雍正十年(1732年)《江西通志》卷一百三十引桑悦《重修岭路记》云:"庾岭两广往来襟喉……开辟以来,岭之元胎崤崪刺天,良艰于行。有唐开元四年丞相张公九龄凿石开道,往来粗便,自岭至府治旧有砖石细街,岁久碎没,尺点丈缀,散如列星,路之真形,邱陇阴夺,积雨连旬,洿者吹渎,往往人驴俱仆,摩虹蹋触,货随覆败,殴争讼辨卒至求珉废玉,主客俱困,公移索烦,前守兹土者明解其故,力绵材弱付之叹息而已。"如此的交通状况,于运输瓷器显然是不利的。在大庾岭道沿线也很少发现景德镇青白瓷,可能就是这个原因。

(4)南路:南宋中期以后,泉州以其接近都城临安的优越地理位置,成为中国最大的对外贸易港口。这一转变,不仅导致了广东沿海地区瓷业生产的衰落,也导致湘江航线失去了外销瓷运输枢纽的作用。湘江沿线窑场,南宋以后瓷业生产的革新,大多来自赣江流域的影响,如青白瓷覆烧技术的采用,就是直接来自于江西窑场,而不再是来自外销瓷运销的刺激。

泉州港地位提升的另一结果是,赣江流域至泉州沿海运输线的繁荣。在泉州府后山遗址宋元文化层,除本土窑瓷器外,还发现了包括景德镇青白瓷在内的多种外销瓷器①。泉州出土的数量众多的景德镇青白瓷,可以作为景德镇青白瓷由此外销的一个旁证。

黄天柱认为,宋元时期景德镇至泉州的运输线主要有三条,一路由信州过分水关,至崇安,南下至南剑州剑浦(今福建南平);一路由信州广丰至建州浦城,再顺建溪至剑浦;一路由抚州至邵武军,再至剑浦。到剑浦后,可以顺闽江至福州,再泛海转抵泉州,或沿闽江而下转大漳溪,经永福(今永泰)入德化之涌溪和浐溪,至德化县,再达泉州②。

但是,由景德镇到泉州的交通也不如长江水道便利,由赣入闽的各交通线虽然是中原和两浙、江西人民南迁福建的传统道路,但闽赣边界也没有直通的水道。这些线路应该不适合大宗瓷器的运输。

在以上讨论的各条交通线中,湘江航道在唐宋时期作为外销瓷运输航道的作用,应当受到研究者充分的关注。将视野进一步扩大就会发现,唐宋时期的湘江流域,瓷业生产的多元化特点尤其引人注目。从晚唐五代长沙窑仿北方晚唐三彩的釉下彩瓷器,到五代宋初衡阳窑仿繁昌窑造型的青瓷器,再到北宋时期仿耀州窑印花瓷器,使人不能不联想到唐宋时期长江—湘江—西江一线繁荣的商业贸易。这条贸易线在大陆的终点就是晚唐至北宋中国最大的对外贸易港口——广州。

与此形成对比的是赣江—大庾岭道,虽然此线在宋初已为广州至汴京的官道所经由⑧,在运输广州舶货的作用上,赣江航道的地位不亚于湘江航道。但对于瓷器运输而言,情况却有所不同。大庾岭险峻的陆行道路,增加了易碎瓷器的运输风险,同时雇佣人力进行搬运也将提高运输成本。以故,赣江一线始终不是中原和长江流域瓷产品输往广州的通衢。

总的来说,长江水道是青白瓷最重要的运输线。在长江支流中,湘江水道的地位高于赣江和其他水道,在北宋时期尤其如此。内陆的青白瓷产品运抵外销港口以后,即通过当时的海上交通线销往各国。关于宋元时期的海上交通,陈高华和吴泰在《宋元时期的海外贸易》(天津:天津人民出版社,1981年)中已有缜密的考证,本书不再赘述。以上关于宋代青白瓷外运线路的推断,主要依据已知出土青白瓷的情况,有的方面也根据当时的交通布局做了猜测,这些结论或推猜还有待今后考古发现的检验。

小　结

讨论宋代青白瓷的销售,主要根据考古发现青白瓷的分布情况。在宋代商品生产已成为瓷业生产的主流。因此,青白瓷的分布也大体能够反映其销售情况。

北宋早期青白瓷的销售范围十分有限。作为一种在白瓷窑场中出现的新产品,青白瓷主要是随着白瓷的流通散落各地,零星分布在湘江、赣江、大运河和长江沿线或附近的少数州府城市。作为北宋早期青白瓷的生产中心,繁昌窑产品在长江下游及运河沿线城市都有发现。北宋中期青白瓷的出土地点和数量有所增长,长江下游平原和淮河以南的运河沿线是青白瓷集中出土的地带,这一带所出青白瓷多为中心窑场景德镇窑所产。随着青白瓷窑系的形成,各地都发现了本地窑场生产的青白瓷。北宋晚期大多数青白瓷窑进入盛烧期,墓葬和遗址出土的青白瓷较早中期有较大的增长,景德镇青白瓷向其他青白瓷产区的渗透,加速了某些窑场的衰落。南宋前期出土青白瓷的数量减少,江淮之间的广大地区出土青白瓷数量锐减,与南渡以后政治格局的变化有关。景德镇在本期遭遇原料危机,产量和质量都明显降低。南宋后期青白瓷的出土再次增加,产品质量也大大提高,可能与新原料的发现有关。这一时期四川窖藏出土的景德镇青白瓷令人瞩目。

总的来看,宋代青白瓷的内销以南方地区为主,尤其集中在长江中下游地区。中原北方地区出土青白瓷很少,但辽国是个例外。辽国从北宋中期开始输入较多的青白瓷,北宋晚期出土地点和数量都有较大增长。

海外出土宋代青白瓷的情况表明,在 10—13 世纪的外销瓷中,青白瓷始终是一个主要的品种。不同国家和地区对的青白瓷窑口有不同的选择,这与各窑场青白瓷的出海港口,以及这些港口与海外国家的传统航线有关。从出土情况看,景德镇等内陆窑场的青白瓷多销往日本和朝鲜半岛,华南沿海窑场的青白瓷多销往东南亚地区。此外,北非、东非、西亚和南亚都有少量宋代青白瓷的出土。某些青白瓷输入海外国家后会发生功能上的改变,另一些则是海外国家向中国窑场定制的产品,在大陆很少出土。本章还分析了青白瓷中心窑场繁昌窑和景德镇窑的瓷器外运线路和出海港口。繁昌窑瓷器主要通过长江东运至下游诸港口,或溯长江西运、转湘江、过西江运抵广州;景德镇窑除利用长江水道外运,一部分产品还通过衢江或闽江运抵明州和泉州。在各条运输线中,湘道航线的作用应得到更多的关注,本书认为在运输外销瓷这一点上,湘江水道的作用比赣江—大庾岭道更加重要。

---

① 《宋会要辑稿》食货五二之三七记载:"瓷器库,在建隆坊,掌受明、越、饶州、定州、青州白瓷器及漆器以给用。"

② 同注①。

③ 长沙出土的北宋早期青白瓷被误定为南宋器,如周世荣编著《湖南古墓与古窑址》,长沙:岳麓书社,2004年。第392页图271盖罐、图272粉盒均为北宋早期器物,从造型上看很可能是繁昌窑制品。

④ 黄义军:《湖北梁子湖地区宋代瓷器手工业遗存的初步研究》,硕士学位论文,北京大学考古系,2000年。

⑤ 同上注。

⑥ 刘新园、白焜:《高岭土史考》,《中国陶瓷》1982年增刊,第111—170页。

⑦ 《都城纪胜》"铺席"条。

⑧ 同注⑥。

⑨ 《全唐诗》卷六二九《秘色越器》。

⑩ 裴雅静:《景德镇青白瓷分期研究》,中国古陶瓷研究会编《中国古陶瓷研究》第五辑,北京:紫禁城出版社,1999年,第209—221页。

⑪ 刘新园:《蒋祈〈陶记〉著作时代考辨》,《文史》第18辑第111—131页、第19辑第97—108页。

⑫ 陈丽、郑学檬:《中晚唐时期中央财政地方化倾向探析》,《西北师范大学学报(社会科学版)》,2004年41卷第2期,第34—39页。

⑬ 谢纯龙:《上林湖地区的青瓷分期》,浙江省博物馆编《东方博物》第4辑,杭州:杭州大学出版社,1999年,第88—107页。

⑭ 〔日〕矢部良明:《日本出土的唐宋时代的陶瓷》,《中国古外销陶瓷研究资料》第三辑,第2—26页。

⑮ 关于早期贸易瓷开始的时间,目前还有争议。矢部良明认为早期贸易瓷开始于9世纪初,此观点在日本学者中有一定的代表性,但台湾学者谢明良认为早期贸易瓷开始的时间可以早到8世纪前半。见谢明良《日本出土唐宋时代陶瓷及其有关问题》(《故宫学术季刊》13卷4期,第85—139页)。

⑯ 转引自中国硅酸盐学会主编《中国陶瓷史》第309页(北京:文物出版社,1987年)。

⑰ 刘兰华:《宋代陶瓷与对日贸易》,中国古陶瓷研究会编《中国古陶瓷研究》第五辑,北京:紫禁城出版社,1999年,第155—172页。

⑱ 《宋会要辑稿》职官四四之二七至二八。

⑲ 《历代名臣奏议》卷二七二。

⑳ 《真腊风土记》二十一《欲得唐货》。

㉑ 同注⑯,第310页。

㉒ 叶文程:《宋元时期中国东南沿海地区陶瓷的外销》,叶文程《中国古外销瓷研究论文集》,北京:紫禁城出版社,1988年,第21—32页。

㉓ 冯和法:《中国瓷业之现状及其状况》,《国际贸易导报》,1932年。转引自叶文程《略谈古泉州地区的外销陶瓷》,叶文程《中国古外销瓷研究论文集》,北京:紫禁城出版社,1988年,第183页。

㉔ 同注⑯,第311页。

㉕ 林士民:《从明州古港(今宁波)出土文物看景德镇宋元时的陶瓷贸易》,《景德镇陶瓷》1993年第4期,第40—43页。

㉖ 〔日〕佐佐木达夫:《日本海的陶瓷贸易》,《中国古代外销陶瓷研究资料》第三辑,第114—136页。

㉗ 以下各地区出土青白瓷的情况主要参考了中国硅酸盐学会主编《中国陶瓷史》(北京:文物出版社,1987年)和马文宽、孟凡人《中国古瓷在非洲的发现》(北京:紫禁城出版社,1987年)。

㉘ 同注⑭。

㉙ 同注⑯,第269页。

㉚ 谢明良:《日本出土宋时代陶瓷及其有关问题》,《故宫学术季刊》13卷4期,第85—139页。

㉛ 《侯鲭录》卷三。

㉜ 同注㉚。

㉝ 同注㉚。

㉞ 叶文程:《畅销国际市场的古代德化外销瓷器》,叶文程《中国古外销瓷研究论文

集》,北京:紫禁城出版社,1988 年,第 246－259 页。

㉟　《通典》卷一八三《州郡十三》。

㊱　《方舆胜览》卷二三《湖南路·潭州》。

㊲　《入唐求法巡礼行记》卷一。

㊳　同注㉕。

㊴　林士民:《宁波东门口码头遗址发掘报告》,《浙江省文物考古研究所学刊》(1981),北京:文物出版社,1981 年,第 105－129 页。

㊵　季志耀:《试谈浙西宋元窑址及其产品的外销》,古陶瓷研究会、中国古外销陶瓷研究会编《1987 年晋江年会论文集·中国古代陶瓷的外销》,北京:紫禁城出版社,1988 年,第 66－69 页。

㊶　陈鹏、曾庆生:《泉州府后山出土的江西瓷器》,《江西历史文物》1983 年第 4 期,第 73－77 页。

㊷　黄天柱:《福建泉州古港与著名“景瓷”外销的深远关系》,《景德镇陶瓷》1993 年第 3 期,第 56－61、13 页。

㊸　《宋史》卷二六三《刘蒙正传》:“蒙正请自广、韶江溯流至南雄,由大庾岭步运至南安军,凡三铺,铺给卒三十人,复由水路输送。”

附表 3－1　北宋早期出土青白瓷统计表

编号	路名	州府	出土单位	组合	纪年	资料出处
001	淮南东路	海州	江苏灌云伊山镇宋墓	碗 1		《考古》1992 年第 12 期
002	淮南东路	海州	江苏连云港大成砖厂 M2	托盏 1、塑像 1、碗 2		《考古》1987 年第 1 期
003	淮南东路	海州	江苏连云港大成砖厂 M4	碗 4		《考古》1987 年第 1 期
004	淮南东路	海州	江苏连云港大成砖瓦厂宋墓	托盏、碗、盏、罐		《考古》1987 年第 3 期
005	江南东路	江州	江西九江陶仁恝墓	碟 2	983	《考古》1984 年第 8 期
006	江南东路	江州	江西九江阿周墓	碟 1	986	《文物》1990 年第 9 期
007	江南东路	江州	江西九江宋墓	钵 1	1000	中国硅酸盐学会主编：《中国陶瓷史》，北京：文物出版社，1987 年，第 266 页
008	江南东路	江州	江西九江李贞墓	钵 1	1002	《中国陶瓷》1982 年增刊
009	江南东路	江州	江西彭泽宋墓	浇 1	1007	彭适凡主编：《宋元纪年青白瓷》，庄万里文化基金会，1998 年
010	江南东路	江州	江西德安薛氏夫人墓	盒 2	1022	《江西文物》1990 年第 3 期
011	江南东路	江州	江西彭泽宋墓	盏 3、碗 1、钵 1、执壶 1、碟 1		《南方文物》1992 年第 1 期
012	江南东路	太平州	安徽繁昌老坝冲 M1	碗 1、盏 1、盘 3、碟 8、执壶 1、注子注碗 1、托盏 1、洗 1、盒 4、盂 1		《考古》1995 年第 10 期
013	江南东路	太平州	安徽繁昌老坝冲 M2	碟 2、执壶 3、香炉 1、盒 1、盂 1、碟 2、执壶 3、香炉 1、盒 1、盂 1		《考古》1995 年第 10 期

续表

编号	路名	州府	出土单位	组合	纪年	资料出处
014	江南东路	太平州	安徽繁昌老坝冲M10	碗1、盘1、碟6、执壶1、注子注碗1、托盏2、香炉1、盂1、罐1		《考古》1995年第10期
015	江南东路	太平州	安徽繁昌老坝冲M11	碗2、盏2、碟6、注子注碗1、托盏2、香炉1、盒2、盂2、罐1		《考古》1995年第10期
016	江南东路	太平州	安徽繁昌老坝冲M14	碗1、碟5、执壶1、注子注碗1、托盏1、香炉1、盂1、罐1		《考古》1995年第10期
017	辽西京道		河北宣化姜承义墓	注子注碗1	994	《北方文物》1991年第4期
018	辽南京道		河北迁安韩相墓	注子1、托盏1	1017	《中国陶瓷史》第266页
019	京东东路	登州	山东牟平北头M2	碗1		《考古》1997年第3期
020	荆湖南路	潭州	湖南长沙北宋墓M3	碗3		周世荣编著:《湖南古墓与古窑址》,长沙:岳麓书社,2004年
021	荆湖南路	潭州	湖南长沙北宋墓M24	碟1		《湖南古墓与古窑址》
022	荆湖南路	潭州	湖南长沙北宋墓M31	碟2、碗1		《湖南古墓与古窑址》
023	荆湖南路	潭州	湖南长沙北宋墓M44	碗1、碟1		《湖南古墓与古窑址》
024	荆湖南路	潭州	湖南长沙北宋墓M51	碗2		《湖南古墓与古窑址》
025	荆湖南路	潭州	湖南长沙北宋墓M96	盒1		《湖南古墓与古窑址》

续表

编号	路名	州府	出土单位	组合	纪年	资料出处
026	荆湖南路	潭州	湖南长沙北宋墓M119	盒2		《湖南古墓与古窑址》
027	荆湖南路	潭州	湖南长沙北宋墓M120	盒1		《湖南古墓与古窑址》
028	荆湖南路	潭州	湖南长沙南宋墓M231	碗1、碟1		《湖南古墓与古窑址》
029	荆湖南路	潭州	湖南长沙北宋M76	碗1、盒1		《湖南古墓与古窑址》
030	荆湖南路	潭州	湖南长沙北宋M125	碗1、盒1		《湖南古墓与古窑址》
031	荆湖南路	潭州	湖南长沙北宋M4	碗1、碟2		《湖南古墓与古窑址》
032	荆湖南路	潭州	湖南长沙M169	碗1		《湖南古墓与古窑址》
033	荆湖南路	潭州	湖南长沙M215	碗1		《湖南古墓与古窑址》
034	两浙路	润州	江苏镇江谏壁宋墓	注子注碗1、托盏1、香炉1、碗1、盒1		《考古》1980年第3期
035	两浙路	润州	江苏镇江乌龟山M1	盒1、托盏2、香炉1		《文物资料丛刊(10)》,北京:文物出版社,1987年
036	两浙路	杭州	浙江海宁东山M19	注子2、注碗1		《文物》1983年第8期
037	两浙路	杭州	浙江海宁东山M9	碗7、碟5、杯1、托盏1、注子注碗1		《文物》1983年第8期
038	两浙路	杭州	浙江海宁东山M20	碟1		《文物》1983年第8期
039	两浙路	杭州	浙江海宁东山M10	碗1、碟1		《文物》1983年第8期

附表 3－2 北宋中期出土青白瓷统计表

编号	路名	州府	出土单位	组合	纪年	资料出处
001	福建路	建州	福建建瓯迪口镇墓	碗 1、碗 2、瓶 1	1043	《考古》1997 年第 4 期
002	福建路	建州	福建迪口象山宋墓	瓶 1、执壶 1	1043	《考古》1997 年第 4 期
003	福建路	建州	福建建阳将口宋墓	碗 1、瓶 1	1063	《考古》1992 年第 5 期
004	福建路	建州	福建建瓯城郊水南 M2	罐 4、碗 2		《考古》1995 年第 2 期
005	福建路	南剑州	福建顺昌大坪林场宋墓（男室）	执壶 1、杯 1		《文物》1983 年第 8 期
006	福建路	南剑州	福建顺昌九龙山宋墓	罐 1、注碗 1、碗 5、盏 1		《考古》1979 年第 6 期
007	福建路	南剑州	福建三明莘口后池路马道山麓宋墓	执壶 1、罐 1、动物模型 2		《福建文博》2001 年第 2 期
008	淮南东路	楚州	江苏淮安杨庙镇壁画墓	罐 1、瓶 3	1060	《文物》1960 年第 8、9 期
009	淮南东路	楚州	江苏宝应宋墓 21 座	钵 1、盂 1、盒 1、盘 1、注子 1		《中国文物报》1997 年 3 月 9 日
010	淮南西路	舒州	安徽望江城西南墓	碗 6、盏 2、盒 1、罐 2、执壶 1、坛 1、香炉 1、箫 1、俑 15、动物模型 6、器物模型 11	1062	《考古》1993 年第 2 期
011	淮南西路	黄州	湖北黄陂铁门坎 M2	执壶 2		《考古》1995 年第 11 期
012	淮南西路	黄州	湖北麻城胡家畈宋墓	碗 2、盘 1、执壶 1		《考古》1991 年第 5 期
013	淮南西路	黄州	湖北黄陂滠口 M1	注子 1、碟 4、碗 3		《江汉考古》1998 年第 4 期

续表

编号	路名	州府	出土单位	组合	纪年	资料出处
014	江南东路	江宁府	江苏南京钟氏墓	瓶1	1038	《考古》1963年第6期
015	江南东路	江宁府	江苏江宁徐的墓	碗2	1045	《考古》1959年第9期
016	江南东路	江宁府	江苏南京孝卫街宋墓	盒1		《文物》1982年第8期
017	江南东路	江州	江西瑞昌僧义女墓	碗2、盒1	1025	《文物》1986年第1期
018	江南东路	江州	江西瑞昌宋四娘墓	碟1	1035	《文物》1986年第1期
019	江南东路	江州	江西德安蔡清墓	钵1、盒2、执壶2、碗1、盏1	1037	《文物》1980年第5期
020	江南东路	江州	江西德安刘氏夫人墓	盒2、碗1、罐1、钵1	1038	《江西历史文物》1979年第1期;《江西文物》1990年第3期
021	江南东路	江州	江西德安涂三郎墓	钵1、盏2	1039	《江西历史文物》1983年第1期
022	江南东路	江州	江西德安吴亮墓	钵1、盒1、执壶1、盏1	1040	余家栋:《江西陶瓷史》,开封:河南大学出版社,1997年,第310页
023	江南东路	江州	江西德安吴氏墓	钵1、盒1、执壶1	1040	《文物》1980年第5期
024	江南东路	江州	江西德安程氏墓	钵1、盒2、碗2	1053	《文物》1990年第9期
025	江南东路	江州	江西德安宋墓	执壶1、盒1	1053	《宋元纪年青白瓷》图12
026	江南东路	江州	江西九江天波村宋墓	碗2、执壶1		《考古》1991年第10期
027	江南东路	饶州	江西景德镇舒氏墓	执壶1、朱雀1	1065	《考古》1977第2期;《宋元纪年青白瓷》图16

续表

编号	路名	州府	出土单位	组合	纪年	资料出处
028	江南东路	太平州	安徽繁昌老坝冲M3	碗3、盏1、碟2、注子注碗1、托盏1、盒1、罐1、盂1		《考古》1995年第10期
029	江南东路	太平州	安徽繁昌老坝冲M9	碗4、碟9、执壶3、注子注碗1、托盏1、香炉1、盒5、盂1、罐1		《考古》1995年第10期
030	江南东路	太平州	安徽繁昌老坝冲M15	碗2、盏2、碟4、盒1、执壶1、托盏1、香炉1、盂1		《考古》1995年第10期
031	江南东路	太平州	安徽繁昌老坝冲M16	碗1、盘1、碟2、执壶1、托盏2、香炉2、盒7、盂1、罐1		《考古》1995年第10期
032	江南东路	太平州	安徽繁昌老坝冲M18	洗1、盘2、碟8、托盏1		《考古》1995年第10期
033	江南西路	建昌军	江西南城陈六娘子(陈民)墓	堆塑瓶2、瓶1、注子注碗1、台盏2、碗1	1057	《考古》1965年第11期
034	江南西路	南康军	江西永修云山真如寺僧塔地宫	香炉1、杯1、钵1	1059	《江西文物》1989年第3期
035	江南西路	南康军	江西都昌陈显墓	执壶1、香熏1、碟1、盖1	1062	《江西历史文物》1980年第2期
036	江西东路	饶州	江西德兴万师诏墓	执壶1、碗1	1063	《宋元纪年青白瓷》图14—15
037	京东东路	沂州	山东沂水宋墓	碗5、碟1		《考古》1985年第2期
038	京西北路	郑州	河南密县冯京夫妇合葬墓	盘2、盂1	1063	《中原文物》1987年第4期
039	荆湖北路	安州	湖北孝感徐家坟M7	碗1、注子1		《考古》2001年第3期
040	荆湖北路	鄂州	湖北江夏段岭庙宋墓	堆塑瓶1、碟2、碗2、钵1		《江汉考古》2000年第4期

续表

编号	路名	州府	出土单位	组合	纪年	资料出处
041	荆湖北路	鄂州	湖北江夏安山宋墓	碗1、执壶1、钵1		《江汉考古》1996年第3期
042	荆湖北路	复州	湖北洪湖蒋岭宋墓	碗2		《中国文物报》1991年12月8日
043	荆湖北路	荆门军	湖北当阳玉泉铁塔塔基	香炉1	1061	《文物》1996年第10期
044	荆湖南路	潭州	湖南长沙南宋墓M240	盒2、罐1		《湖南古墓与古窑址》
045	荆湖南路	潭州	湖南长沙南宋墓M225	盒1		《湖南古墓与古窑址》
046	荆湖南路	潭州	湖南长沙南宋墓M184	盒2、瓶1		《湖南古墓与古窑址》
047	荆湖南路	潭州	湖南长沙南宋墓M195	盒1		《湖南古墓与古窑址》
048	荆湖南路	潭州	湖南长沙南宋墓M51	唾盂1		《湖南古墓与古窑址》
049	两浙路	常州	江苏无锡健康路M2	碗1	1056	《考古》1959年第6期
050	两浙路	常州	江苏常州红梅新村M2	盒2、盏1		《考古》1997年第11期
051	两浙路	常州	江苏常州红梅新村M3	盂1、碗1、钵1、盒2		《考古》1997年第11期
052	两浙路	常州	江苏江阴葛闳墓	盒3		《文物资料丛刊(10)》,北京:文物出版社,1987年
053	两浙路	常州	江苏无锡市郊M2	唾盂1、盒1		《考古》1982年第4期
054	两浙路	杭州	浙江海宁东山M21	注子注碗1、托盏1		《文物》1983年第8期

续表

编号	路名	州府	出土单位	组合	纪年	资料出处
055	两浙路	润州	江苏镇江登云山M1	唾盂1、碗1、钵2		《文物资料丛刊(10)》，北京：文物出版社，1987年
056	辽东京道		辽宁法库叶茂台M7	碗2		《文物》1975年第12期
057	辽东京道		辽宁康平后刘东屯M2	盘8		《考古》1986年第10期
058	辽上京道		内蒙古科右前旗白辛屯墓	碗2		《考古》1965年第7期
059	辽中京道		辽宁北票水泉M1	碗6		《文物》1977年第12期
060	辽中京道		辽宁朝阳耿延毅夫妇合葬墓	瓶4、罐1、盘2	1020	《考古学集刊(3)》，北京：中国社会科学出版社，1983年
061	辽中京道		辽宁朝阳柳木匠沟墓	碗1		《博物馆研究》1999年第2期
062	辽中京道		辽宁朝阳前窗户辽墓	注子注碗1		《文物》1980年第12期
063	辽中京道		辽宁阜新海力板M1	净瓶1		《辽海文物学刊》1991年第1期
064	辽中京道		辽宁阜新辽晋国夫人墓	碗2	1038	《文物参考资料》1958年第2期
065	辽中京道		辽宁义县清河门M4	注子注碗1、碗6		《考古学报》1954年第8册
066	辽中京道		辽宁义县萧慎微祖墓群M2	碗7、盏4、钵2、托盏2、杯4、碟7	1057	《考古学报》1954年第8册
067	辽中京道		辽宁义县萧慎微祖墓群M1	碗4	1044年以前	《考古学报》1954年第8册

附表 3－3　北宋晚期出土青白瓷统计表

编号	路名	州府	出土单位	组合	纪年	资料出处
001	福建路	福州	福建连江南塘乡虎头山 M2	盒 1		《考古通讯》1958 年第 5 期
002	福建路	建州	福建浦城后门山宋墓	堆塑瓶 1		《文物》1959 年第 3 期
003	福建路	南剑州	福建顺昌水泥厂宋墓	碗 1、盏 1、碟 1		《考古》1991 年第 2 期
004	福建路	南剑州	福建顺昌大干良坊宋墓	碗 2、碟 3、盏 1、托盏 2、执壶 4、罐 7、堆塑瓶 2、多角坛 2、动物模型 2		《考古》1987 年第 3 期
005	福建路	南剑州	福建顺昌大干宋墓	注碗 3、仓 2、碗 5、托盏 2		《考古》1979 年第 6 期
006	福建路	南剑州	福建沙县镇头宋墓	碗 1、碟 1、执壶 1		《考古》1992 年第 5 期
007	福建路	南剑州	福建尤溪麻洋宋墓	执壶 1		《考古》1989 年第 7 期
008	福建路	南剑州	福建南平来舟宋墓	碗 3、执壶 1		《考古》1992 年第 5 期
009	广南东路	潮州	广东潮州城西南羊皮岗石室	香炉 1、塑像 4	1069	《文物参考资料》1957 年第 3 期
010	河北西路	相州	河南林州刘朝宗墓	唾盂 1	1112	中国古陶瓷研究会编:《中国古陶瓷研究》第八辑,北京:紫禁城出版社,2002 年
011	河北西路	相州	河南林州刘逢辰墓	碗 1	1125	同上
012	河北西路	相州	河南安阳西郊宋墓	碟 10		《考古》1959 年第 5 期
013	淮南东路	滁州	安徽全椒张之纪墓	碗 5、碟 7、杯 1、香熏 2、执壶 1、盒 1	1092	《文物》1988 年第 11 期

续表

编号	路名	州府	出土单位	组合	纪年	资料出处
014	淮南东路	泰州	江苏泰兴宋墓	香熏1	1116	国家文物局主编：《中国文物精华大辞典·陶瓷卷》，上海：上海辞书出版社，1995年
015	淮南东路	海州	江苏连云港海州区宋墓	盒2		《中国文物报》1998年7月5日
016	淮南东路	泗州	江苏盱眙宋墓	香熏1		《中国文物报》2000年9月20日
017	淮南西路	黄州	湖北麻城阎良佐墓	碗2、碟5、台盏2、钵1、托盏1	1113	《考古》1965年第1期
018	淮南西路	黄州	湖北黄陂铁门坎M5	碗4		《考古》1995年第11期
019	淮南西路	黄州	湖北麻城闵家畈宋墓	枕1		《考古》1996年第7期
020	淮南西路	黄州	湖北黄陂铁门坎M1	执壶1		《考古》1995年第11期
021	淮南西路	黄州	湖北黄陂铁门坎M3	碗4		《考古》1995年第11期
022	淮南西路	黄州	湖北黄陂铁门坎M10	碗1、盏2、执壶1		《考古》1995年第11期
023	淮南西路	黄州	湖北黄陂刘桥宋墓	执壶2		《江汉考古》1995年第2期
024	淮南西路	庐州	安徽肥西冯安国墓	盂1	1107	《文物参考资料》1957年第12期
025	淮南西路	庐州	安徽合肥包绶墓	香熏1、碗1	1116	《文物研究》第十期，合肥：黄山书社，1998年
026	淮南西路	庐州	安徽合肥马绍庭夫妇合葬墓	碗6、盏1、盒3、盂1	1118	《文物》1991年第3期

续表

编号	路名	州府	出土单位	组合	纪年	资料出处
027	淮南西路	庐州	安徽合肥包永年墓	钵1、碗1	1120	《文物研究》第十期,合肥:黄山书社,1998年
028	淮南西路	蕲州	湖北英山谢文诣墓	碗3、碟1、执壶2	1077	《考古》1993年第1期
029	淮南西路	蕲州	湖北英山田三郎夫妇合葬墓	碗10	1077	《考古》1993年第1期
030	淮南西路	蕲州	湖北浠水侯仲修墓	钵1	1089	《江汉考古》1989年第3期
031	淮南西路	蕲州	湖北英山胡氏墓	碗13、碟7、托盏2、执壶1	1114	《江汉考古》1988年第1期
032	淮南西路	蕲州	湖北英山土台塆宋墓	碗2		《考古》1993年第1期
033	淮南西路	蕲州	湖北英山毕卅八墓	碗4		《江汉考古》2005年第2期
034	淮南西路	蕲州	湖北武穴从政村宋墓	碗5		《考古》2001年第12期
035	淮南西路	寿州	安徽六安宋墓	盒2		《文物研究》第六辑,合肥:黄山书社,1991年
036	淮南西路	舒州	安徽宿松吴正臣夫妇合葬墓	碗2、碟22、罐3、盂2、钵2、瓶3、执壶3、注子注碗2、台盏1、托盏4	1087	《文物》1965年第3期
037	淮南西路	舒州	安徽怀宁龙王嘴宋墓	碗6、碟1、执壶2、盒1		《文物研究》第十二辑,合肥:黄山书社,2000年
038	淮南西路	舒州	安徽望江九成坂宋墓	碗2、盏1、托盏2		《文物研究》第三期,合肥:黄山书社,1988年
039	淮南西路	舒州	安徽望江宋墓	碗1、杯1、钵1、托盏2、注子1、执壶1		《文物研究》第五辑,合肥:黄山书社,1990年

续表

编号	路名	州府	出土单位	组合	纪年	资料出处
040	淮南西路	舒州	安徽望江青龙嘴宋墓	碗2、盏2、碟1、钵1、香炉1		《考古》1991年第4期
041	淮南西路	舒州	安徽太湖罗湾M1	碗1、盏2、碟2		《文物研究》第五辑,合肥:黄山书社,1990年
042	淮南西路	舒州	安徽太湖罗湾M2	碗1、盏4		《文物研究》第五辑,合肥:黄山书社,1990年
043	淮南西路	无为军	安徽无为胡士宗夫妇合葬墓	碗2、香炉2	1109	《文物》1987年第8期
044	淮南西路	无为军	安徽庐江宋墓	香熏1		《文物》1986年第8期
045	江南东路	常州	江苏武进剑湖砖厂M2	盂1	1075	《考古》1995年第8期
046	江南东路	广德军	安徽郎溪宋墓	瓶1、盒1		《文物研究》第五辑,合肥:黄山书社,1990年
047	江南东路	广德军	安徽郎溪南乡轮窑厂宋墓	瓶1		《东南文化》1994年第5期
048	江南东路	江宁府	江苏江宁徐伯通墓	盏10、钵1、香熏1	1081	《考古》1959年第1期
049	江南东路	江宁府	江苏溧阳李彬夫妇合葬墓	盘2、碟13、碗8	1091	《文物》1980年第5期
050	江南东路	江宁府	江苏南京陆营宋墓	碗1		《东南文化》1995年第2期
051	江南东路	江宁府	江苏南京太平门外王家湾宋墓	盒1		《考古》1961年第2期
052	江南东路	江州	江西瑞昌杨家垱山卧虎地袁八娘墓	碗2、盏3、执壶1	1070	《考古》1992年第4期
053	江南东路	江州	江西德安宋墓	执壶2、碗1、托盏2	1070	《江西历史文物》1983年第1期

续表

编号	路名	州府	出土单位	组合	纪年	资料出处
054	江南东路	江州	江西德安郑初墓	香炉 1	1076	《宋元纪年青白瓷》图 19
055	江南东路	江州	江西九江蔡八郎墓	执壶 1、碗 4	1085	《考古》1991 年第 10 期
056	江南东路	江州	江西彭泽易氏夫人墓	碟 1	1090	《文物》1980 年第 5 期
057	江南东路	江州	江西彭泽张愈墓	碗 1	1099	《江西历史文物》1983 年第 1 期
058	江南东路	江州	江西瑞昌梅家坑何毅墓	罐 1、碟 2	1124	《考古》1992 年第 4 期
059	江南东路	江州	江西瑞昌邹四师墓	碟 1、盏 2		《江西文物》1990 年第 4 期
060	江南东路	江州	江西瑞昌翟三郎墓	碗 4、执壶 1		《南方文物》1993 年第 4 期
061	江南东路	饶州	江西德兴胡夫人墓	香炉 1、台盏 2、碗 6、碟 4	1092	《南方文物》1994 年第 3 期
062	江南东路	饶州	江西波阳施氏墓	盒 1、碟 1	1111	《考古》1977 年第 4 期;《江西历史文物》1986 年第 2 期
063	江南东路	饶州	江西景德镇熊氏墓	唾盂 1、盒 1	1120	《宋元纪年青白瓷》图 36
064	江南东路	润州	江苏镇江章岷墓	托盏 2、钵 1、执壶 1、碟 1	1071	《文物》1977 年第 3 期
065	江南东路	太平州	安徽繁昌象形山宋墓	碗 10、注碗 1、盏 8、盂 2、执壶 1、盘 1、罐 1、盒 2、香炉 2、盘 1		《文物研究》第七辑,合肥:黄山书社,1993 年
066	江南东路	太平州	安徽繁昌老坝冲 M8	碗 1、碟 4、托盏 1、香炉 3、盂 2		《考古》1995 年第 10 期
067	江南东路	太平州	安徽繁昌老坝冲 M12	碗 1、盏 3、罐 5、执壶 1、香炉 1、盒 2、盂 2、六管瓶 1		《考古》1995 年第 10 期

续表

编号	路名	州府	出土单位	组合	纪年	资料出处
068	江南东路	太平州	安徽繁昌老坝冲M17	碗1、盏1、盂2		《考古》1995年第10期
069	江南东路	歙州	江西婺源汪路墓	盘1、仓1	1120	《中国陶瓷》1982年增刊
070	江南东路	歙州	江西婺源汪路妻张氏墓	碗3、盏2、盘3、杯1、碟3、罐1、盒1	1127	《中国陶瓷》1982年增刊
071	江南东路	歙州	江西婺源武口茶场宋墓	注子注碗2、托盏2、盏2、碗2		《江西历史文物》1981年第4期
072	江南东路	信州	江西铅山吴氏墓	注子注碗1、杯2、碟6	1086	《考古》1984年第11期
073	江南东路	宣州	安徽黄山沈格夫妇合葬墓	碗2、碟2、罐2	1121	《考古》1997年第3期
074	江南西路	抚州	江西金溪孙大郎夫妇合葬墓	盘2、碗5、盏5、堆塑瓶4、罐2	1109	《文物》1990年第9期
075	江南西路	广德军	安徽郎溪南乡轮窑厂宋墓	盒1		《东南文化》1994年第5期
076	江南西路	吉州	江西吉安江注墓	钵1	1073	《文物》1980年第5期
077	江南西路	吉州	江西吉水宋墓	盒1、碟3		《南方文物》2002年第1期
078	江南西路	建昌军	江西广昌杨敏修墓	俑1	1108	《江西陶瓷史》第311页
079	江南西路	建昌军	江西南丰宋墓	碗2、碟1、托盏1、罐1、钵1、堆塑瓶4	1118	《江西历史文物》1983年第1期
080	江南西路	建昌军	江西广昌M1	堆塑瓶2、碗1		《南方文物》1999年第4期
081	江南西路	建昌军	江西广昌M11	盒2		《南方文物》1999年第4期
082	江南西路	建昌军	江西南丰桑田宋墓	盏2、盂1、灯盏1		《考古》1988年第4期

续表

编号	路名	州府	出土单位	组合	纪年	资料出处
083	江南西路	筠州	江西宜丰蔡披墓	碗 4	1125	《江西历史文物》1983 年第 1 期
084	江南西路	临江军	江西樟树知在墓	碗 1	1094	《江西文物》1991 年第 3 期
085	江南西路	南康军	江西星子陈氏夫人墓	钵 2、执壶 1、盏 2、碗 2	1092	《文物》1980 年第 5 期
086	江南西路	南康军	江西星子胡十四郎（胡仲雅）夫妇合葬墓	钵 2、碗 2、盏 2、执壶 1	1101	《文物》1980 年第 5 期
087	京东东路	登州	山东栖霞慕忼墓	碗 3	1116	《考古》1998 年第 5 期
088	京东东路	登州	山东栖霞慕家店 M1	罐 2、盂 1、碗 1		《文物资料丛刊 (10)》，北京：文物出版社，1987 年
089	京东东路	登州	山东栖霞慕家店 M2	盒 1		《文物资料丛刊 (10)》，北京：文物出版社，1987 年
090	京东东路	青州	山东淄博博山区瓷器窖藏	执壶 1、香熏 1、碗 2、盏 1、盏托 1、碟 1、罐 1		《文物》1982 年第 12 期
091	京西北路	河南府	河南洛阳邙山宋代壁画墓	瓶 1	1103	《文物》1992 年第 12 期
092	京西北路	开封府	河南杞县郑绪夫妇合葬墓	碗 2	1114	丘刚主编：《开封考古发现与研究》，郑州：中州古籍出版社，1998 年
093	京西南路	襄州	湖北襄阳张氏墓	碗 1	1104	《江汉考古》1985 年第 3 期
094	京西南路	襄州	湖北襄樊郑家山 M7	碗 1		《江汉考古》1993 年第 2 期
095	荆湖北路	安州	湖北孝感杜氏墓	碟 2	1126	《文物》1989 年第 5 期

续表

编号	路名	州府	出土单位	组合	纪年	资料出处
096	荆湖北路	安州	湖北云梦王家湾M18	碗5		《江汉考古》2001年第4期
097	荆湖北路	安州	湖北云梦罩子墩M1	执壶1		《江汉考古》1987年第1期
098	荆湖北路	安州	湖北云梦王家湾M8	执壶2、碗1		《江汉考古》2001年第4期
099	荆湖北路	安州	湖北云梦大汪宋墓	碟1、盒1		《江汉考古》1995年第2期
100	荆湖北路	安州	湖北孝感龙店宋墓	盏1、执壶1		《江汉考古》1995年第2期
101	荆湖北路	安州	湖北云梦王家湾M10	碗3		《江汉考古》2001年第4期
102	荆湖北路	安州	湖北云梦王家湾M12	碗3		《江汉考古》2001年第4期
103	荆湖北路	安州	湖北孝感徐家坟M1	碗3、执壶1		《考古》2001年第3期
104	荆湖北路	安州	湖北孝感徐家坟M3	碗1、碟1		《考古》2001年第3期
105	荆湖北路	安州	湖北孝感徐家坟M4	碗4、执壶1		《考古》2001年第3期
106	荆湖北路	安州	湖北孝感徐家坟M6	碗1		《考古》2001年第3期
107	荆湖北路	归州	湖北秭归望江M15	盏1		《江汉考古》2002年第3期
108	荆湖北路	归州	湖北秭归望江M31	碟1		《江汉考古》2002年第3期
109	荆湖北路	归州	湖北秭归望江M21	碗1、盏1		《江汉考古》2002年第3期
110	荆湖北路	归州	湖北秭归望江M26	碗1、碟1		《江汉考古》2002年第3期

续表

编号	路名	州府	出土单位	组合	纪年	资料出处
111	荆湖北路	归州	湖北秭归望江M48	盏1		《江汉考古》2002年第3期
112	荆湖北路	归州	湖北秭归望江M50	盏1		《江汉考古》2002年第3期
113	荆湖北路	归州	湖北秭归望江M52	盏1		《江汉考古》2002年第3期
114	荆湖北路	汉阳军	湖北武汉柏泉宋墓	执壶3、碗13		《江汉考古》1983年第1期
115	荆湖北路	汉阳军	湖北汉阳十里铺宋墓	钵1、执壶1、盒7、罐1		《文物》1966年第5期
116	利州路	阆州	四川阆中陈安祖夫人墓	瓷器3	1105	南充地区文化局、重庆市博物馆：《嘉陵江南充地区河段考古调查纪实》(内部资料)，1979年
117	两浙路	常州	江苏无锡兴竹M1	注子1、文具1		《文物》1990年第3期
118	两浙路	常州	江苏武进剑湖砖厂M1	盏1		《考古》1995年第8期
119	两浙路	杭州	浙江海宁东山M3	碗1、碟10、杯1、托盏1、注子注碗1、盘口瓶1、罐4、盒3		《文物》1983年第8期
120	两浙路	杭州	浙江海宁东山M2	碟6、杯1、注子注碗1、碗4、托盏1、盂4、盘口瓶1		《文物》1983年第8期
121	两浙路	杭州	浙江海宁东山M7	注碗1、执壶1		《文物》1983年第8期
122	两浙路	杭州	浙江海宁东山M8	注子注碗2、托盏1		《文物》1983年第8期
123	两浙路	杭州	浙江海宁东山M25	碗1		《文物》1983年第8期

续表

编号	路名	州府	出土单位	组合	纪年	资料出处
124	两浙路	杭州	浙江海宁东山 M4	盒1、盂1		《文物》1983 年第 8 期
125	两浙路	杭州	浙江海宁东山 M18	盒1		《文物》1983 年第 8 期
126	两浙路	杭州	浙江海宁东山 M5	瓶1		《文物》1983 年第 8 期
127	两浙路	婺州	浙江武义岩坞宋墓	碗5、碟5、执壶1	1083	《文物》1984 年第 8 期
128	两浙路	婺州	浙江兰溪范和之妻墓	碟10、托盏1、执壶1、盏1	1091	《考古》1985 年第 2 期
129	两浙路	婺州	浙江兰溪宋墓	执壶1、碟14、盏1、杯1、托盏1	1098	《中国陶瓷史》第 267 页
130	辽东京道		辽宁法库萧袍鲁墓	碟2、碗1、水丞1	1090	《考古》1983 年第 7 期
131	辽东京道		辽宁彰武马家 M1	杯1		《考古与文物》1999 年第 6 期
132	辽东京道		辽宁新民巴图营子墓	注子1		《考古》1960 年第 2 期
133	辽东京道		辽宁法库叶茂台 M8	盏7、碟1、葫芦形瓶1		《考古》1996 年第 6 期
134	辽东京道		辽宁法库叶茂台 M3	注子1		冯永谦:《东北考古研究》,郑州:中州古籍出版社,1994 年
135	辽南京道		北京大兴马直温及其妻张馆墓	托盏1、香熏1	1113	《文物》1980 年第 12 期
136	辽上京道		吉林库伦 M1	碗5、碟7、杯1、罐1、执壶1、盘5	1080	《文物》1973 年第 8 期
137	辽上京道		内蒙古昭乌达盟尚坤墓	注碗1、杯5	1099	《文物》1961 年第 9 期
138	辽上京道		内蒙古阿鲁科尔沁旗耶律祺墓	盘、碗共20	1108	《内蒙古文物考古》1997 年第 1 期

续表

编号	路名	州府	出土单位	组合	纪年	资料出处
139	辽上京道		内蒙古库伦 M5	瓶 2、罐 2、碗 1、盘 11、香熏 1		《内蒙古文物考古》1982 年第 2 期
140	辽上京道		内蒙古库伦 M2	盘 4、碗 1、盂 1		王建群、陈相伟：《库伦辽代壁画墓》，北京：文物出版社，1989 年
141	辽上京道		内蒙古库伦 M6	碗 3、盘 6		《内蒙古文物考古》1982 年第 2 期
142	辽上京道		内蒙古阿鲁科尔沁旗朝克图东山 M3	盘 17、盏 5、碗 5、罐 1、杯 1、盖 1		《内蒙古文物考古》1998 年第 1 期
143	辽上京道		内蒙古阿鲁科尔沁旗温多尔敖瑞山墓	瓶 1、香熏 1、盘 6		《文物》1993 年第 3 期
144	辽西京道		河北宣化张世卿墓	托盏 1	1116	《文物》1975 年第 8 期
145	辽西京道		内蒙古察右前旗豪欠营 M5	碗 1		内蒙古文物工作队、乌盟文物工作站：《豪欠营辽墓第二次清理简报》，《契丹女尸》，呼和浩特：内蒙古人民出版社，1985 年
146	辽中京道	大定府	内蒙古宁城萧閜夫妇合葬墓	托盏 2、注子 2、盏 1、杯 1	1071	魏坚主编：《内蒙古文物考古文集》总第 2 辑，北京：中国大百科全书出版社，1997 年
147	辽中京道	大定府	内蒙古宁城萧府君墓	碗 8、盘 10、盏 8、碗 1、钵 2、杯 1	1072	李逸友、魏坚主编：《内蒙古文物考古文集》总第 1 辑，北京：中国大百科全书出版社，1994 年

续表

编号	路名	州府	出土单位	组合	纪年	资料出处
148	辽中京道		辽宁阜新萧德温墓	碟2、碗1	1075	《文物参考资料》1958年第2期
149	辽中京道		辽宁建平秦德昌墓	镇纸1、盘11、托盏1	1078	《辽海文物学刊》1995年第2期
150	辽中京道		河北平泉姜家北沟辽墓	罐1		《文物春秋》2008年第3期
151	辽中京道		内蒙古宁城萧孝特本墓	盘8	1081	《内蒙古文物考古文集》总第2辑
152	辽中京道		内蒙古敖汉旗白塔子墓	碟9、盒1、盂1、香熏1、钵1	1081	《考古》1978年第2期
153	辽中京道		内蒙古赤峰大窝铺	罐1		《考古》1959年第1期
154	辽中京道		内蒙古宁城铁匠营子砖厂墓	盏1		《内蒙古文物考古》1997年第1期
155	辽东京道		辽宁法库叶茂台M23	罐1、盒1		《考古》2010年第1期
156	辽中京道		辽宁朝阳西上台墓	净瓶1、钵1、盒盖1、罐1、杯2、盘10		《文物》2000年第7期
157	辽中京道		辽宁阜新辽萧和墓	碗1		《文物》2005年第1期
158	辽中京道		辽宁建昌龟山M1	盏2、盘4		《文物》1985年第3期
159	辽南京道		河北易县净觉寺塔基	瓶6、托盏2、香熏1、盏2、盘20、碗2	1115	《文物》1986年第9期
160	辽东京道		吉林农安万金塔基	碗2		《文物》1973年第8期
161	辽上京道		内蒙古巴林右旗泡子营窖藏	钵1		《文物》1980年第5期

附表 3—4　南宋前期出土青白瓷统计表

编号	路名	州府	出土单位	组合	纪年	资料出处
001	福建路	福州	福建福州西园兴利山宋墓	罐 2	1157	《考古》1992 年第 5 期
002	福建路	南剑州	福建南平南山镇宋墓	碟 2、盒 2、香炉 1	1171	《考古》2004 年第 11 期
003	福建路	南剑州	福建南平西芹镇宋墓	碟 2、罐 1、碗 2		《考古》1991 年第 8 期
004	福建路	南剑州	福建南平大凤乡西洋村后山宋墓	碗 1、罐 4		《考古》1991 年第 12 期
005	福建路	南剑州	福建南平大凤乡店口村宋墓	碟 2、盒 3、罐 4、执壶 2、动物模型 1		《考古》1991 年第 12 期
006	福建路	南剑州	福建邵武沿山宋墓(左室)	执壶 1、钵 2、碟 4、碗 1		《考古》1981 年第 5 期
007	福建路	泉州	福建泉州南安火葬墓	碗 1	1151	《文物》1975 年第 3 期
008	广南东路	潮州	广东潮州刘景墓	碗 1	1172	《考古》1963 年第 9 期
009	淮南西路	蕲州	湖北罗田汪桥宋墓	碗 2、碟 2		《江汉考古》1985 年第 2 期
010	江南东路	建康府	江苏南京 M13	罐 1、钵 1、盒 1、碗 1		《文物》2001 年第 8 期
011	江南东路	建康府	江苏南京 M12	碗 2		《文物》2001 年第 8 期
012	江南东路	建康府	江苏南京 M17	碗 1、罐 2、盒 2		《文物》2001 年第 8 期
013	江南东路	建康府	江苏南京太平门外新庄村宋墓	盒 2		《考古》1958 年第 12 期
014	江南东路	建康府	江苏南京幕府山宋墓(男室)	盒 1		《文物》1982 年第 3 期
015	江南东路	江州	江西瑞昌刘三十八郎墓	瓶 1、执壶 1	1133	《考古》1991 年第 1 期
016	江南东路	江州	江西瑞昌宋墓	碟 1		《东南文化》1994 年第 5 期
017	江南东路	饶州	江西余干董氏墓	瓶 1	1150	《宋元纪年青白瓷》图 44

续表

编号	路名	州府	出土单位	组合	纪年	资料出处
018	江南东路	饶州	江西德兴徐衍墓	罐2、盒6、杯1、香炉1、执壶1	1165	《考古》1995年第2期
019	江南东路	饶州	江西景德镇汪澈墓	执壶1、香炉2、盏2、堆塑瓶2	1173	《江西历史文物》1983年第1期
020	江南东路	歙州	江西婺源张敦颐墓	碗6、盒1、盂1	1184	《江西历史文物》1983年第1期
021	江南东路	歙州	江西婺源汪赓墓	碗4、碟1	1200	《中国陶瓷》1982年增刊
022	江南东路	信州	江西上饶赵仲湮墓	盒1、香熏1	1130	《江西历史文物》1983年第1期
023	江南东路	信州	江西铅山淑国夫人墓	碗2、碟1	1161	《江西文物》1989年第2期
024	江南东路	信州	江西广丰施师点墓	堆塑瓶2	1194	《江西历史文物》1986年第2期
025	江南西路	抚州	江西临川钱氏墓	堆塑瓶2	1165	《文物》1990年第9期
026	江南西路	抚州	江西临川朱济南墓	盒1、罐1、堆塑瓶4	1198	《考古》1988年第4期
027	江南西路	抚州	江西宜黄叶九承事墓	碗4、堆塑瓶2	1201	《文物》1976年第6期
028	江南西路	洪州	江西进贤戴良臣墓	碗1、罐2、瓶4	1170	《江西历史文物》1983年第1期
029	江南西路	洪州	江西南昌王蔚宗墓	盒2、堆塑瓶2	1178	《江西历史文物》1983年第1期
030	江南西路	洪州	江西丰城徐氏墓	盒2、碗2、堆塑瓶2	1183	《江西历史文物》1985年第2期
031	江南西路	洪州	江西南昌翟高墓	盒3	1186	《江西历史文物》1983年第1期
032	江南西路	临江军	江西新建胡六郎墓	碗2	1160	《江西历史文物》1983年第2期
033	江南西路	临江军	江西樟树韩氏、赵氏墓	瓷器1	1181	《江西陶瓷史》第317页
034	江南西路	临江军	江西樟树张府君墓	瓷器（原文无件数）	1181	《江西陶瓷史》第317页

续表

编号	路名	州府	出土单位	组合	纪年	资料出处
035	江南西路	临江军	江西樟树熟有德墓	瓷器（原文无件数）	1185	《江西陶瓷史》第318页
036	江南西路	临江军	江西樟树陈氏墓	瓷器（原文无件数）	1189	《江西陶瓷史》第317页
037	江南西路	临江军	江西樟树樟树镇李氏墓	杯1	1190	《考古》1989年第7期
038	江南西路	临江军	江西樟树大桥乡江溪村墓	灯1、罐1	1133—1153	《考古》1989年第7期
039	江南西路	临江军	江西樟树刘椿妻杨氏墓	盒1、堆塑瓶1	1171—1173	《江西历史文物》1983年第1期
040	江南西路	临江军	江西樟树彭家山M1	堆塑瓶1		《南方文物》2001年第1期
041	江南西路	袁州	江西宜春竹亭区宝女□氏墓	仓1、堆塑瓶1	1194	《江西陶瓷史》第318页
042	江南西路	袁州	江西分宜彭氏墓	堆塑瓶1、俑1、动物模型1	1199	《江西陶瓷史》第318页
043	江南西路	袁州	江西宜春刘叔永墓	堆塑瓶1	1200	《江西陶瓷史》第318页
044	金北京路	大定府	内蒙古敖汉旗金博州防御史墓	盘2	1170	《考古》1995年第9期
045	金北京路	兴中府	辽宁朝阳马令墓	碟2、碗1	1184	《考古》1962年第4期
046	金临洮路	巩州	甘肃陇西李泽夫妇合葬墓	碗2	1128	《文物参考资料》1955年第9期
047	金中都路	大兴府	北京丰台乌古论窝论墓	盘1、碗2	1184	《北京文物与考古》1983年第1辑
048	荆湖北路	归州	湖北秭归望江M69	盒1		《江汉考古》2002年第3期
049	荆湖南路	潭州	湖南长沙市郊宋墓	杯1		《文物参考资料》1956年第8期
050	荆湖南路	潭州	湖南长沙福寿桥街东灰坑	盘1		《文物参考资料》1956年第8期

续表

编号	路名	州府	出土单位	组合	纪年	资料出处
051	利州东路	兴元府	陕西汉中宋景公墓	香炉1、香熏1、文具1	1167	《考古与文物》1984年第5期
052	利州西路	沔州	陕西略阳宋墓	瓶2、盏1、碟1	1204	《中国陶瓷史》第267页
053	两浙路	湖州	浙江湖州皇坟山宋墓	碗1		《文物资料丛刊（2）》，北京：文物出版社，1978年
054	两浙路	江阴军	江苏江阴长泾镇宋墓	碗2		《文物》2004年第8期
055	两浙路	江阴军	江苏江阴夏港宋墓	盒1、罐1		《文物》2001年第6期
056	两浙路	平江府	江苏苏州赵善苍墓	盒1	1183	《考古通讯》1955年第2期
057	两浙路	平江府	江苏吴江邹氏墓	罐1、碟9、杯1、盒3	1195	《文物》1973年第5期
058	两浙路	平江府	江苏吴县赵氏墓	罐1、盒2		《文物》1986年第5期
059	两浙路	温州	浙江平阳王蕙墓	盒1	1185	《考古》1983年第1期
060	两浙路	温州	浙江平阳林氏墓	盒2	1187	《考古》1983年第1期
061	两浙路	越州	浙江诸暨董康嗣墓	罐1	1201	《文物》1988年第11期
062	两浙路	镇江府	江苏镇江市郊罗家头宋墓	碗1、水注1、洗1、盒1		《文物》1973年第5期
063	两浙路	镇江府	江苏镇江小太古山M1	碗1		《文物资料丛刊（10）》，北京：文物出版社，1987年
064	两浙	嘉兴府	上海黄俣墓	盒1	1204	马承源主编：《上海文物博物馆志》第二章，上海：上海社会科学院出版社，1997年，第70页

附表 3—5 南宋后期出土青白瓷统计表

编号	路名	州府	出土单位	组合	纪年	资料出处
001	成都府路	成都府	四川成都市区窖藏	碗18、碟27、洗8、瓶7		《文物》1984年第1期
002	成都府路	成都府	四川郫县红星公社窖藏	碟5		《文物》1984年第12期
003	成都府路	汉州	四川什邡两路乡窖藏	杯、盘、碗、盏（原文无件数）		《文物》1978年第3期
004	成都府路	嘉定府	四川峨眉罗目镇窖藏	碟7、碟49		《四川文物》2003年第1期
005	成都府路	嘉定府	四川峨眉罗目镇窖藏(电机厂)	碟4、盘1		《四川文物》1990年第2期
006	成都府路	眉州	四川彭山山西门窖藏	碗23、碟25、盘13		《四川文物》1996年第1期
007	成都府路	眉州	四川乐山宋墓	盒1		《考古与文物》1993年第6期
008	成都府路	绵州	四川绵阳平政桥宋墓	碗3	1209	《考古通讯》1956年第5期
009	成都府路	邛州	四川大邑安仁镇窖藏	碟16、盒2、执壶1、罐1		《文物》1984年第7期
010	夔州路	重庆府	四川重庆井口宋墓	盘1		《考古》1959年第1期
011	利州东路	阆州	四川阆中市丝绸厂窖藏	碗18、碟14、盘10、瓶1、器盖4		《文物》1984年第7期
012	利州东路	隆庆府	四川剑阁窖藏(多处)	碗2、香炉1		《四川文物》1992年第3期
013	利州西路	龙州	四川平武南坝瓷器窖藏	碗31、碟4		《文物》1991年第4期
014	潼川府路	巴州	四川巴中县医院窖藏	盘9、碟12		《文物》1984年第7期
015	潼川府路	巴州	四川巴中城区宋墓	碗1、碟2		《四川文物》1994年第2期

续表

编号	路名	州府	出土单位	组合	纪年	资料出处
016	潼川府路	广安军	四川岳池后山 M1	碗 2		《四川文物》1994年第 5 期
017	潼川府路	广安军	四川广安大良乡窖藏	碗 11、盘 6、碟 12、瓶 1		《四川文物》1989年第 3 期
018	潼川府路	合州	四川武胜团堡岭窖藏	碗 4		《四川文物》1985年第 1 期
019	潼川府路	简州	四川简阳园艺场元墓	碗 61、盘 10、碟 115、杯 8、注子 1、瓶 2、唾盂 1		《文物》1987年第 2 期
020	潼川府路	遂宁府	四川遂宁金鱼村窖藏	瓶 8、香炉 4、尊 2、文具 3、印盒 1、水注 2、执壶 1、瓶 9、洗 1、钵 12、罐 1、杯 26、碗 173、碟 259、盘 27、器盖 70		《文物》1994年第 4 期
021	潼川府路	潼川府	四川三台东河纸厂窖藏	碗 4、盏 2、碟 2		《四川文物》1990年第 4 期
022	潼川府路	潼川府	四川中江凯江镇窖藏	碗 3		《四川文物》2005年第 2 期
023	福建路	福州	福建福州胭脂山宋墓	洗 1、碟 1、香炉 1		《文物资料丛刊（2）》，北京：文物出版社，1978年
024	福建路	福州	福建闽侯怀安村宋墓	盒 1		《文物》1962年第 3 期
025	福建路	福州	福建闽侯崇安造纸厂宋墓	盏 2、执壶 1、提桶 2		《福建文博》1989年第 1—2 期
026	福建路	福州	福建福州西郊洪塘宋墓	碗 1	1209	《考古》1992年第 5 期
027	福建路	泉州	福建厦门林氏夫妇合葬墓	钵 1	1253	《南方文物》2000年第 2 期

续表

编号	路名	州府	出土单位	组合	纪年	资料出处
028	福建路	泉州	福建厦门莲花新村宋墓	杯1	1253	《南方文物》2000年第2期
029	福建路	邵武军	福建邵武接龙头宋墓	碗2、洗2		《考古通讯》1957年第1期
030	福建路	邵武军	福建邵武四都宋墓（左室）	碗1、罐1、碗1	1217	《福建文博》1991年第1—2期
031	江南东路	建康府	江苏溧阳周氏墓	碗1、碟1、盒1	1271	《东南文化》1994年第5期
032	江南东路	建康府	江苏南京邓府山M5	盒1		《文物参考资料》1955年第11期
033	江南东路	江宁府	江苏南京龙潭宋墓	瓶1、香炉1		《考古》1963年第6期
034	江南东路	饶州	江西乐平李知监墓	盒1、堆塑瓶2	1236	《江西历史文物》1983年第1期
035	江南东路	歙州	江西婺源汪赓妻程宝睦墓	碗4、钵1、碟3	1211	《中国陶瓷》1982年增刊
036	江南东路	歙州	江西婺源程氏墓	碗1、碟1	1210	《江西陶瓷史》第319页
037	江南东路	信州	江西上饶赵氏墓	堆塑瓶2	1206	《宋元纪年青白瓷》图68
038	江南东路	信州	江西上饶涂氏墓	罐1、执壶1	1207	《江西历史文物》1983年第1期
039	江南东路	信州	江西上饶郑氏墓	香炉1	1252	《宋元纪年青白瓷》图90
040	江南东路	信州	江西鹰潭徐汝楫墓	瓶1	1254	《南方文物》1996年第4期
041	江南东路	信州	江西鹰潭叶继善墓	盖瓶2	1269	《江西历史文物》1983年第1期
042	江南西路	抚州	江西乐安洪觉顺墓	执壶1、盒2、盂1、堆塑瓶2	1204	《考古》1984年第8期

续表

编号	路名	州府	出土单位	组合	纪年	资料出处
043	江南西路	抚州	江西崇仁赵继盛墓	盘1、碗1、杯1、盒1	1251	《江西历史文物》1983年第1期
044	江南西路	洪州	江西进贤宋墓	碗2、盒1	1258	《宋元纪年青白瓷》图91
045	江南西路	洪州	江西进贤宋墓	盒1、堆塑瓶2	1261	《中国陶瓷史》268页
046	江南西路	洪州	江西新建胡文郁墓	碗1、盖瓶2	1263	《江西历史文物》1983年第1期
047	江南西路	洪州	江西南昌宋墓	堆塑瓶2	1209	《宋元纪年青白瓷》图70
048	江南西路	洪州	江西新建宋墓	盂1	1267	《江西历史文物》1983年第1期
049	江南西路	洪州	江西瑞昌黄氏墓	盒1、罐1	1272	《考古》1986年第11期
050	江南西路	洪州	江西丰城宋墓	堆塑瓶2	1272	《农业考古》1981年第2期
051	江南西路	洪州	江西丰城梅林乡宋墓	瓶1	1272	李辉炳主编：《中国陶瓷全集·宋（下）》，上海：上海人民美术出版社，1999年，第157页
052	江南西路	江州	江西南昌雷氏墓	盒1	1206	《江西历史文物》1983年第1期
053	江南西路	江州	江西瑞昌吴氏墓	罐1、盒1、洗1、盖2	1261	《考古》1991年第1期
054	江南西路	筠州	江西高安孙愿夫妇合葬墓	堆塑瓶2	1255	《文物》1959年第10期
055	江南西路	临江军	江西樟树临江镇花果山墓	香炉1	1205	《考古》1989年第7期
056	江南西路	临江军	江西樟树王宣义及妻周氏合葬墓	堆塑瓶4、盘1、盒1	1211—1227	《考古》1965年第11期

续表

编号	路名	州府	出土单位	组合	纪年	资料出处
057	江南西路	临江军	江西樟树彭氏墓	香炉1、瓶2	1236	《宋元纪年青白瓷》图82—83
058	江南西路	临江军	江西樟树宋墓	堆塑瓶2	1257	《考古》1989年第7期
059	江南西路	临江军	江西樟树韩氏墓	堆塑瓶2、盒1、洗1	1260	《考古》1965年第11期
060	江南西路	临江军	江西樟树临江镇寒山墓	罐1、盒1	1263	《江西历史文物》1987年第1期
061	江南西路	临江军	江西樟树江克斋墓	盏1、堆塑瓶2、仓1	1272	《江西历史文物》1983年第1期
062	江南西路	临江军	江西新余温氏墓	堆塑瓶1、洗1	1203	《江西陶瓷史》第318页
063	江南西路	临江军	江西樟树东郊宋墓	罐1	1224	《考古》1989年第7期
064	江南西路	临江军	江西樟树杨氏墓	杯1、罐1	1224	《江西陶瓷史》第319页
065	江南西路	临江军	江西樟树杜掌仪墓	瓷器（原文无件数）	1241	《江西陶瓷史》第319页
066	江南西路	南康军	江西永修赵氏夫妇合葬墓	堆塑瓶4	1240	《考古》1965年第11期
067	江南西路	南康军	江西安义李氏墓	瓶1、罐2	1249	彭适凡主编：《中国古陶瓷》，台北：艺术图书公司，1994年，第104页
068	京西南路	襄州	湖北襄樊郑家山M19	碗1		《江汉考古》1993年第2期
069	荆湖北路	鄂州	湖北武昌任晞靖墓	碗4	1213	《考古》1964年第5期
070	荆湖北路	江陵府	湖北江陵将台宋墓	盏4		《考古》1966年第1期

续表

编号	路名	州府	出土单位	组合	纪年	资料出处
071	荆湖北路	靖州	湖南靖州 M1	盘 1、碗 4		《文博》1998 年第 3 期
072	荆湖北路	澧州	湖南澧县城关镇护城村窖藏	注子 1		《考古与文物》1991 年第 2 期
073	荆湖北路	岳州	湖南临湘陆城 M1（男室）	堆塑瓶 2		《考古》1988 年第 1 期
074	两浙	湖州	浙江德清吴奥墓	塑像 1、盘 1	1268	《南方文物》1992 年第 2 期
075	两浙	湖州	浙江吴兴石泉宋墓	碟 1		《文物资料丛刊（8）》，北京：文物出版社，1983 年
076	两浙	嘉兴府	上海张玮墓	盒 1、瓶 1	1214	《考古》1959 年第 2 期
077	两浙	衢州	浙江衢州史绳祖夫妇合葬墓	罐 1、塑像 1	1274	《考古》1983 年第 11 期
078	两浙	婺州	浙江兰溪宋墓	碗 1		《考古》1991 年第 7 期
079	两浙	越州	浙江诸暨董康嗣妻周氏墓	盒 1	1208	《文物》1988 年第 11 期
080	两浙	越州	浙江上虞宋墓	盒 1	1251	《中国陶瓷史》第 268 页
081	两浙	越州	浙江绍兴虞净真墓	盒 3、罐 1	1241	《考古通讯》1957 年第 5 期

注：附表 3—1、3—2、3—3 中辽国出土青白瓷参考了彭善国《辽代青白瓷初探》
表一《出土辽代青白瓷器一览表》（《考古》2002 年第 12 期，第 64—74 页）

第四章　青白瓷流布反映的区域经济联系

社会产品流通的数量、方向和品种结构，受地理环境和社会环境的制约。地理环境主要对流通产品的类别起作用，社会环境则主要对流通产品的方向起作用①。

对于商品瓷而言，供求关系是决定其生产与流通的重要因素，影响供求关系的因素有经济、政治和文化诸方面。经济因素包括区域瓷业生产水平、经济发达程度、物价水平等。区域瓷业生产水平影响输入瓷器的市场竞争力；区域经济发达程度和物价水平影响输入瓷器的品质与种类。战争、政权对峙等特殊的政治军事背景对瓷器的流向产生一定的作用。此外，输入商品瓷的种类和造型还要受到文化习俗的制约。本章主要根据宋代青白瓷在中国内地的出土情况，考察青白瓷空间分布不平衡的原因，探讨其中体现的各区域间经济交往的若干问题。

第一节　区域之间商品流通的非均衡性：长江下游平原与中原北方地区

一般来说，区域商品的差异性越大，商品交流的机会越多，反之则机会较少。也就是说，商品在区域间的流通存在互补性，"以有易无"是商人牟利的原则。在统一政权内，瓷业生产水平低或缺乏优质瓷土资源但有购买能力的区域，往往成为吸引外地瓷器的重要市场,以宁镇地区为中心的长江下游地区即为此例;相反的,自身出产优质瓷器的区域,外地瓷器往往很难以贸易形式大量输入,青白瓷在宋代的中原北方地区的出土体现了这一规律。

一　长江下游平原

长江下游平原主要包括北宋时期的江宁府(南宋称建康府,治今江苏南京)、润州、扬州、真州(治今江苏仪征)、楚州、泰州、苏州、常州、秀州(治今浙江嘉兴)、湖州和杭州等地。南渡以后本区江南各州地位上升,杭州成为南宋都城,苏州、润州、秀州分别升为府,即平江府、镇江府和嘉兴府,又从常州析出沿江地带,设江阴军。

这一区域是宋代青白瓷的中心市场。理由是:第一,本区不是青白瓷产地,但从北宋早期到南宋晚期,始终有青白瓷的发现。仅墓葬出土青白瓷就有 300 余件,再加上城址、水井等生活遗存出土的青白瓷,总数将更为可观。第二,本区出土的青白瓷主要是中心窑场的产品。北宋中期以前多为繁昌窑产品,北宋中期以后为景德镇产品,而且都是品质优异的上等瓷器。青白瓷是本区墓葬中的主要随葬品之一[②]。汇聚名优产品,正是中心市场的特点。北宋时期,青白瓷多分布于本区北部以江宁府为中心的地带;南宋以后,临安府成为青白瓷新的销售中心。

长江下游平原成为宋代青白瓷的中心市场,有如下 5 个方面的原因:

第一,长江下游平原除杭州外,其他州府缺乏优质瓷土,在宋代没有形成发达的瓷器手工业,所需瓷器全部需要从外地输入。

第二,本区临近青白瓷产区,水陆交通便利,运费低廉。繁昌、景德镇等窑产品顺江而下,就可到达各州府城市。繁昌窑的兴起本身就与南唐国都金陵的社会需求有关,青白瓷也是这一地区传统的地方产品。

第三,上述州府自晚唐五代起就是江南地区人口最稠密、商税最高、手工业最发达的城市。如苏州是早在唐五代时期就以繁华著称,唐人杨乘《吴中书事》诗赞苏州:"十万人家天堑东,管弦台榭满春风"③。宋人评苏州:"割云翻雪,腴田利及于它州;馔玉服珠,钜室习成于侈俗。军饷转输,舟运自此邦而出;户租充羡,仓储亦它郡所无"④。润州是"三吴之会,有盐井铜山,有豪门大贾,利之所聚"⑤。常州处运河与长江交汇处,"东通吴会,西接汉沔"⑥,唐代常州"为江左大郡,兵食之所资,财赋之所出,公家之所给,岁以万计"⑦,入宋后更是成为"列屋万家"的繁华之所。

长江下游平原各州府自晚唐五代时就出现了发达的手工业。考古发现的宋代漆器和铜镜,上面经常刻有产地,据此可知,杭州、湖州、江宁府、常州、苏州都是当时漆器名品的产地,而南宋的建康府和湖州产的铜镜也是十分流行的名牌商品。

在州府城市之外,本区还分布着密集的镇市,如江宁府有镇市72处,仅上元县(今江苏南京)就多达33处;常州有22处,无锡一地就有15处;润州35处,丹徒则有32处;湖州有36处,乌程(今江苏吴兴)为17处;秀州有47处,华亭(今上海松江)多达24处;杭州37处,钱塘县(今浙江杭州)14处⑧。州治所在地和江河沿岸镇市的分布最为密集,这与青白瓷在本地的分布正好吻合,说明在青白瓷的销售中,镇市也是不可忽视的一个环节。

第四,长江下游平原凭借便利水陆交通,与邻近地区保持着密切的经济联系。宋人在评价昇州(今江苏南京)时说它:"西引蜀、汉,南下交、广,东会沧海,北达淮、泗"⑨。昇州与蜀、汉、交、广的联系是通过长江水道,转湘江或赣江道来完成的,它与淮、泗的联系则借助了自北向南穿越本区的江南运河。本区内部还有密集的水网和便捷的陆路将各大州府连接起来⑩。四面八方的商品汇集于此,并通过发达的转口贸易远销海外。

镇江古城考古所在对镇江市大市口宋代水井的清理中,就同时发现了南方的景德镇青白瓷、龙泉青瓷和北方的钧窑瓷器,以及其他窑场的白釉、黑釉瓷器①。1995 年,在镇江市解放路的宋代灰坑中也清理出景德镇青白瓷碗、吉州窑和建窑的黑瓷盏等名窑瓷器②。尤其是大市口宋代水井,同时出土南宋和金朝的瓷器,说明南北方的瓷器贸易并没有因为政权对峙而中断。

第五,本区还有密集的海港城市。这些港口城市多数处于长江口或离长江口不远的地方,特殊的地理位置使之成为南海客商必要的中间停靠站。润州、平江府、江阴军(今江苏江阴)、秀州(嘉兴府)华亭县以及杭州都曾是外贸港口。宋朝政府在杭州设过市舶司,在江阴军和华亭县设过市舶务③。从海外的考古发现来看,高丽和日本都是宋代青白瓷输出较多的国家,而且这些青白瓷主要来自景德镇窑。高丽与日本往来中国的港口主要为两浙路诸港,景德镇青白瓷输入此地,一方面满足了本地市场的需要,另一方面也可以使产品远销海外。

总之,在瓷器销售上,普通窑场依托所属县城或附近市镇,名窑依托州府城市和交通便利的区域中心,各大名窑产品汇集于海港城市,是宋代瓷器销售中的一个规律。长江下游平原以其经济、交通等诸方面的区位优势,成为宋代青白瓷的中心市场。

二 中原北方地区

这一区域主要指宋代的北方诸路,即京东路、京西路、河北路、永兴军路、秦凤路。已发现密县、杞县、林县、洛阳、安阳等 7 处宋墓发现了青白瓷,另外在东京城城垣遗址中发现了少量的青白瓷。结合已发现的北宋官署遗址及普通生活居址出土瓷器的情况来看,青白瓷并没有成为中原北方地区的流行商品。

从考古发现的实物来看,中原北方社会中上阶层的丧葬用瓷以北方窑场生产的瓷器为主。上层官员墓葬中的随葬北方名瓷,数量往往不小。如刘朝宗及其母、其子三人的墓葬中,出土定窑白瓷达28件,可确定的南方青白瓷仅有1件碗[⑭]。

一些佛教塔基遗址的出土瓷器中,也以本地产品为主,如河北定县静志寺塔基,出土定窑白瓷77件、耀州窑青瓷3件,仅出越窑青瓷1件,未见青白瓷;定县净众院塔塔基出土定窑白瓷34件,未出南方瓷器[⑮]。

开封市文物工作队对宋东京城内汴河故道进行了多次勘探与试掘,在宋元时期的汴河东段和中段的河底沉积层(汴河东段第7层、中段第8层)的钻孔中出土瓷片主要为白瓷和青瓷,其中中段钻孔中发现了越窑青瓷2片,汝窑、定窑白瓷各1片,钧瓷1片,没有青白瓷的报道[⑯]。

1995—1996年中国社科院考古所洛阳唐城队发掘了位于洛阳唐宫路的大型宋代殿址,判断该遗址为北宋西京宫城中的重要建筑——文明殿建筑群的组成部分。T642大型殿址中出土越窑青釉碗底一件,没有报道青白瓷[⑰]。

考古工作者还在隋唐洛阳城的东南隅发现了宋代衙署遗址。遗址共出土钧窑瓷器24件,黑釉瓷器18件,青瓷器12件,白瓷器11件,绞胎瓷器2件,不见青白瓷标本[⑱]。

佛寺、官署,显然都是社会上层人士的活动地点。特别是北宋都城遗址中青白瓷的罕见,说明青白瓷并未大量进入北方上层人士的生活,更没有流行于北方城市。

普通民众的日用瓷器一般就近购买,北方生产与生活居址出土的瓷器多是本地窑场的产品。禹县神垕镇发现的北宋煤矿遗址出土了一些北宋时期灰绿釉长颈灯、黑釉小瓶、酱色釉瓷盘和白地黑花碗、器盖、瓶和罐残片等。研究者认为这些瓷器与宋代内乡邓州窑产品相似[⑲]。在鹤壁集中新煤矿发现的古代煤矿遗址中,亦出土一些碗、盘、罐、瓶等日用瓷器。其形状、胎质和釉色与鹤壁附近宋元瓷窑址发现的瓷器相同[⑳]。根据平民墓以及普通生产和生活遗址出土瓷器的情况判断,北方下层民众主要使用本地各窑口生产的白瓷、黑瓷、白地黑花瓷器,很少使用包括青白瓷在内的南方瓷器。

青白瓷之所以少见于中原北方地区的宋代遗存,当与两个因素有关:

第一,中原北方诸窑场瓷业生产水平在全国处于领先地位,其产品是北宋宫廷用瓷的主要来源。北宋时期,中原北方地区有着发达的制瓷手工业,其优质瓷器产品大量供给官府和宫廷。这一地区贡瓷的历史至少可以追溯到唐代。史载唐五代中原北方地区的贡瓷地点有河南府和邢州二处(见附表1-1)。宋代的贡瓷地点,《宋史》记载有河南府①和耀州②,根据其他文献记载和考古发现,汝窑③、定窑④、钧窑⑤都曾为宫廷烧制瓷器。除上述民间窑场,朝廷还在都城汴京设置官窑⑥,专门烧造宫廷用瓷。

宋代南方贡瓷的地点有越州、饶州⑦,但越州自北宋中期以后,瓷业生产出现萎缩的迹象,到北宋晚期已全面衰落。总的来说,北宋时期南方制瓷的规模与发达程度都不如北方,北宋宫廷用瓷的主要来源还是北方窑场。以宋太宗元德李后陵为例。该墓虽经盗扰,仍同出26件精致的定窑白瓷(16件带有"官"字款,应为官府管理的物品),此外还有几十件粗白瓷和黑瓷,均为中原北方产品。南方产品仅有3件越窑青瓷,未见青白瓷⑧。

第二,北方窑场生产的瓷器不仅供宫廷使用,还作为商品瓷供应民间。由于中原北方地区不缺乏供社会各阶层,尤其是中上层使用的精品瓷器,在生产水平相当甚至略低的情况下,南方瓷器千里而来,难以取得市场竞争力。

在宋代,进入市场的商品绝大部分都要征税⑨,在本地市场销售的商品只需交纳住税,跨州越县的买卖则除住税外,还要征收过税。根据张锦鹏的研究,在接近产地的本州初级市场(草市、墟市)进行交易的商品,只需交纳一次住税;产于本州,并在本州的初级市场出售后由行商将其转运至州、县府所在地销售的,一般征两次住税和两次过税;在全国各地初级市场出售或在州、县市场出售的商品经由行商收购后,将其长途贩运到大城市销售,一般要经过两个或三个流通环节,平均征收 2.5 次住税、8 次过税。在这三种形式的商品流动中,商税依次增高⑧。

对于青白瓷而言,长途贩卖的一般是中心窑场的优质产品,北宋中期以后主要是景德镇产品,且以茶具、酒具、香具、文具等奢侈品居多。这种青白瓷奢侈品为什么不能取得北方社会上层的青睐呢?就品质而言,景德镇青白瓷与北方各名窑产品相比,各有特色,但并无绝对的质量优势;就审美而言,北宋宫廷偏爱的民窑产品是北方定窑白瓷,以及造型稳重、釉面似玉的汝窑青瓷等,这种偏爱当影响到北方社会上层乃至北方民众的审美趣味。一方面没有质量和审美优势,另一方面还要长途贩运,瓷器成本高,难以获得价格优势,景德镇青白瓷自然难以打入北方瓷器奢侈品市场。

值得注意的是,青白瓷在北方地区出土数量虽少,但使用者身份普遍偏高或有较强的经济实力。7 处出土青白瓷的墓葬中,墓主身份最高为冯京(附表 3－2－038),此人为北宋仁宗到哲宗朝的四代重臣,以太子太保致仕,曾任参知政事,其官品及勋官、爵均为正二品,致仕时增秩和赠官均为从一品。其他品官有刘朝宗和刘逢辰(附表 3－3－011),其中刘朝宗的封号为"上柱国长社县开国伯食邑七百户中散大夫赐紫金鱼袋",官阶为正五品上;刘逢辰为"文林郎,知襄阳府中庐县事",官阶为从九品上。此外,还有一些平民中的富户,如郑绪,墓志(附表 3－3－093)记载他"户籍之高联于优等",显然具有相当的经济实力。

因此,估计中原北方地区零星出土的青白瓷,不会是大规模南北贸易的商品,可能主要是宫廷赏赐和发卖的贡瓷,或者由私人从南方携回。

第二节　供求关系与政权阻隔的交互影响

一　辽境出土的青白瓷

　　辽境是北方地区出土青白瓷最多的区域,从辽圣宗时期到辽末期,都有青白瓷的出土。根据彭善国的研究,青白瓷器从 11 世纪初开始北播辽境,11 世纪中叶以前有少量发现,以后急剧增加,几乎到辽境墓葬和塔基出土瓷器总数的四分之一。在辽境出土的输入瓷器中,青白瓷所占比例高达 58.8%[③],显然是一类值得重视的器用。

　　辽国出土的青白瓷绝大多数见于墓葬,辽塔、窖藏、城址也有少量出土,器类主要有注子与注碗、盏托、熏炉、盒、瓶、罐、钵、碗、盘、盏、杯、净瓶,此外还有比较少见的瓷钟等。彭善国根据辽国出土青白瓷的器形特点,将其分为 11 世纪中叶前后两个阶段。前一阶段花色品种比较单调,多为简单的生活用品,纹饰少见,碗的造型,如花口、大足尚存五代遗风;后一阶段花色品种空前增多,有瓶、罐、熏炉、盏托、盒等,碗、盘内壁刻花纹,如篦纹、菊纹、牡丹纹等,线条流利,风格独特。他认为这种变化与景德镇湖田窑青白瓷在北宋时期的发展阶段相呼应。

　　从地理分布上看,11 世纪中叶以前(辽前期)流入辽境的青白瓷多集中辽中京地区;11 世纪中叶(辽后期)以后,流布地域扩大,数量增多。除中京地区外,辽上京、东京、西京、南京都有青白瓷出土(表 4—1)。

　　辽前期,发现青白瓷的地点有朝阳、北票、阜新、义县(此 4 处地属辽中京道)、法库、康平(此 2 处属东京道)和科右前旗(属上京道)。辽后期,发现青白瓷的范围比前期扩大。中京道仍然是发现青白瓷最多的区域,除朝阳、阜新、义县外,在建昌、建平、宁城、平泉也有发现;上京道出土地点在后期激增,库伦旗、林西、昭盟等地的墓葬出土了不少青白瓷,仅库伦一地就出土 45 件。此外,在辽上京饶州、庆州、祖州等城址中也出土大量青白瓷,祖州、庆州城址出土青白瓷占到瓷片总数的10%。在东京道的范围内,除前期发现青白瓷的法库外,康平、农安、新民、彰武等地也出土了青白瓷。在前期未报道青白瓷的南京道和西京道范围内,大兴、易县两地辽后期的墓葬和塔基中发现了青白瓷。

表 4－1   辽五京道出土青白瓷统计表

时　　代	五京道	墓葬或塔基座数	青白瓷件数
辽前期(10世纪至11世纪中叶)	中京道	9座墓葬	43件
	东京道	2座墓葬	10件
	上京道	1座墓葬	2件
辽后期(11世纪中叶至辽末)	中京道	14座墓葬	122件
	上京道	9座墓葬、1处窖藏	105件
	南京道	1座墓葬、1座塔基	32件
	东京道	7座墓葬	18件
	西京道	2座墓葬	2件

注:本表据彭善国《辽国陶瓷的考古学研究》表5－4并增补新资料统计制成

辽境内青白瓷出土地点的分布有两大特点:第一,主要分布在辽国农业经济最为发达的区域。其一是在以西拉木伦河为中心的上京道南部、中京道和东京道西部,这里是辽的农牧混杂区;其二是燕蓟地区,为辽的农耕区。它们也是辽境内州县分布最为密集、经济最发达的地区。定窑、越窑和耀州窑等其他输入瓷器也主要分布在这两类经济区。

以中京道所在的大凌河流域为例。在大凌河及其支流上的建昌、建平、朝阳、北票、义县等的墓葬中都有青白瓷器的发现,其中义县一地就发现了46件。大凌河流域原是辽境内的少数民族东奚的活动区域。经过对奚人有计划的改编,至统和十四年(996年)奚人活动区的实际控制权转移到契丹贵族手中。此后,辽加强了对这一地区的统治。统和二十三年(1005 年),辽开始营建中京城,并于两年后完成。与此同时,在中京道内军旅通行、百姓交往的交通大道上,设置大量州县,并向此地迁移大量的农业劳动力。中京的开发虽然晚于上京地区,但由于这里具有良好的农业生产条件和经济区位优势,遂成为朝廷倚重的重要经济区③,《辽史·百官志》载:"辽有五京。上京为皇都,凡朝官、京官皆有之;余四京随宜设官,为制不一。大抵西京多边防官,南京、中京多财赋官。"说明中京与南京在辽五京中具有较高的经济地位。

辽河中下游地区属辽东京道西部,本为渤海故地,辽灭渤海国后,将渤海人迁移辽东,依渤海旧制,在这里设置州县进行管理。这些州府分布在医巫闾山北端,与上京道各头下州军相邻,地形上基本取辽东山地边缘的山麓地带,呈南北带状,从辽东半岛向北一直延伸到东辽河流域③。这里是辽东京道农业生产最集中的地区,史称"编户数十万,耕垦千余里"③,富庶程度不亚于燕京地区。本区的康平、法库、彰武、新民等地都出土过不少青白瓷。

第二,青白瓷与同时代输入辽地的名窑瓷器,如越窑、定窑和耀州窑瓷器在空间分布呈互补关系。从出土时期看,辽前期,4 类主要输入瓷器中,定窑瓷器数量最多,青白瓷、越瓷和耀瓷数量相差不大;到辽后期,定瓷出土数量减少,耀瓷与越瓷数量大幅下降,越瓷几乎不再出土,与此同时,青白瓷的数量大幅上扬(表 4—2)。

表 4—2　辽国出土主要输入瓷器数量统计表

釉色器种	辽前期件数	辽后期件数
青白瓷	57 件	281 件
定瓷	大于 78 件	28 件
耀瓷	54 件	6 件
越瓷	39	0 件

注:本表据彭善国《辽国陶瓷的考古学研究》表 5—1、5—2、5—3、5—4 并增补部分新资料制成

从分布地域看,辽前期,定瓷分布于除西京以外的其他四道 12 个地点;辽后期,收缩至中京和南京的 6 个地点。耀瓷在辽前期分布在各道的 14 个地点,到后期只余下 4 个地点;越瓷只发现于辽前期,分布于上京、中京和南京。

值得注意的是,南京和西京范围内发现的辽早期输入瓷器中少见或不见青白瓷,却常见定、越、耀等名窑瓷器;到辽后期,青白瓷取代了其他三类瓷器,成为最常见的输入瓷器品种。在形成这一局面的过程中,三个因素起到了决定性作用。

第一,各窑场自身的生产规模。青白瓷是南方地区于 10 世纪中叶前后出现的一种新的瓷器品种,其生产的源起主要是仿照北方定窑的产品,但质量与当时名窑定窑、越窑瓷器都存在较大的差距。因此,在 10 世纪中叶到 11 世纪初青白瓷生产的初期阶段,它少见或不见于偏远的辽地,是不难理解的。北宋中期以后,南方名窑——越窑已渐趋衰落,青白瓷生产却进入蓬勃发展的时期,江西景德镇已能烧出后世所称的"影青"色调,形成了"青如天、薄如纸、声如磬"的独特的产品风格,青白瓷各窑系的窑场也纷纷进入盛烧期。青白瓷成为风靡江南市场的地方特产。它为仰慕中国风物的辽国上层社会所接受、乃至风行于辽境也在情理之中。

第二,市场的产品构成。定窑瓷器在辽地的出土,11 世纪中叶后数量减少,应与这一时期辽国陶瓷业的兴起有关。辽地自造的瓷器中,较好的一类是仿定瓷的白瓷器,总体质量虽然不如"真定",但也不乏质地精良者,有些与定瓷难辨真伪。由于是在本地烧造,其成本、价格应当远低于定瓷。仿定白瓷满足了中下层对定窑白瓷的需求,其中的上品可以与定瓷形成竞争之势。而南方青白瓷不同,它介于青色与白色之间的釉色,有别于传统的青瓷和白瓷,颇具特色,与辽地自造白瓷属于两类不同风格的产品。因此,青白瓷一定程度上可以避开与成本较低的辽地产瓷器的竞争。

第三,运输成本。虽然没有发现关于辽地瓷器市场价格的直接材料,但可以通过分析,判断各地输往辽地瓷器的相对价格。市场价格一般等于成本加运费,再加利润。要取得价格优势,就得在降低成本和减少运费上下工夫。北宋时期,南北方地区在生产力水平和制瓷技术已相差不大,不考虑政府特殊的区域政策,瓷器的生产成本一般不会有很大悬殊。那么,在影响价格的各因素中,运费便非常值得重视了。

关于陆运、海运和河运的成本,日本学者斯波义信以明代为例得出的结论是:"河运价格是陆路运费的 3—4 成,海运是陆路运费的 7—8 成"⑤。宋代的情况与此相仿,沈括在《梦溪笔谈》卷十一《官政一》中说:"运盐之法,凡行百里,陆运斤四钱,船运斤一钱。"以运盐为例,宋代内河船价只有陆运的四分之一。

辽后期各类输入瓷器在辽境分布的空间变化,当考虑由于不同的运输方式造成的瓷器市场价格差异。宋代的河北、河东、陕西等路的州府,基本上是陆运⑥。因此,宋代北方诸窑的瓷器也应该主要靠陆运、通过榷场贸易或陆路走私进入辽地。与宋朝北方窑场不同,青白瓷很可能以海运为主,理由有三:

第一,青白瓷在中原北方地区分布的非连续性。虽然北方辽地出土青白瓷的数量可观,但北宋中原地区只有零星的出土。中原地区迄今只报道 7 处地点出土 10 余件青白瓷,且时代晚至北宋后期。中原地区出土的少量青白瓷,既可能是作为贡瓷随漕运船北运到达汴京,也可能是官员随身携带而至。不管怎样,北宋时期中原地区不是青白瓷的重要市场。从零星的出土品中,还看不出宋代青白瓷由南方经中原内陆向辽地传播的迹象。

第二,辽地青白瓷分布的不平衡性。燕京地区是定窑、耀州窑和越窑等名窑瓷器较早传入的地区,燕京地区辽前期墓葬中很少随葬青白瓷,辽后期随葬青白瓷渐增。但东部的老哈河、大凌河和辽河流域的州县,从 11 世纪早期到辽亡一直是青白瓷分布最为集中的区域,而定窑、耀州窑和越窑瓷器出土不多。青白瓷在辽境分布的时空变化，表现出自老哈河—大凌河流域向燕京地区扩散的趋势，与辽境内定瓷、耀瓷等北方名瓷自燕京向其他地区传播的方向正好相反，可以映证二者运输路线的不同，即定瓷、耀瓷等北方名瓷主要来自陆路，青白瓷主要来自海路。

第三，海运的可行性。五代十国时期，辽同十国中的吴越、南唐（吴）的交往主要通过海路来进行。这些南方小国为寻求契丹的政治和军事支持以对付中原王朝，频繁派使臣出使契丹，进贡方物。据《辽史》记载，南唐自辽会同元年至应历七年（938－957年）的20年间，与辽交聘29次，其中南唐使辽为26次。由于与契丹之间阻隔着后晋、后汉及后周等中原国家，南唐只能取道海上与契丹交往。《资治通鉴》卷二九〇《后周纪》载："（南）唐自烈祖以来，常遣使泛海与契丹相结，欲与之共制中国，更相馈遗，约为兄弟。然契丹利其货，徒以虚语往来，实不为唐用也。"这条航线的具体线路史载不详，但大致可以判断是从金陵、扬州或楚州出发，借助季风，到达辽的东京海岸[37]。

彭善国认为，输入辽境的越窑青瓷，一部分可能为吴越、南唐星槎输贡的物品，而辽道宗以后景德镇窑系的青白瓷大量输入辽境，似与宋代南方商船经由海路与辽国进行走私贸易的历史背景有关[38]。那么这些走私海船可能从宋朝的哪个港口出发呢？经过分析，我们认为位于山东半岛北部的登州（治今山东蓬莱）值得注意。登州港自唐代以来，就是中国北方海外交通的主要港口之一[39]，《新唐书·地理志》所载"登州海行入高丽渤海道"就是一条沟通山东半岛、辽东半岛和朝鲜半岛的航线[40]。从登州南行、绕过山东半岛，还可以到达明州（今浙江宁波）。

北宋初期，山东半岛北部登州、莱州（治今山东莱阳），一度是高丽使节入宋的登陆口岸。由于山东半岛与辽东半岛地理临近，加上有的海舶以通高丽、新罗为名，秘密偷渡辽境，北宋政府一度断绝与高丽、新罗的贸易，禁止海商从登、莱州界登陆。熙宁以后宋朝重新遣人招徕高丽,允许国内海商凭引发船往高丽,东海航线呈现出"往来如织"的繁荣局面[41]。南方商船经由海路与辽国的走私贸易,也屡见不鲜。如泉州商人王应昇等"冒请往高丽国公凭,却发船入大辽买卖"[42]。由于走私活动的猖獗,政府不得不采取一系列的防范措施,如徽宗政和四年(1114 年)朝廷规定:"海南州县商船,未请公凭,径往界河或辽国贩卖,比一般处分加重二等"[43]。南方商人冒死与辽贸易的原因,无非是有暴利可图。前述王应昇船中被宋朝官方缴获的物品"并是大辽国南铤银、丝钱物"。这些比瓷器等宋朝士大夫认为的"无用之物",显然有更高的商业价值。辽国的经济政策比较开放、简单,许多商品比宋朝便宜,北宋余靖就说过:"大率契丹之法简易,盐曲俱贱"[44]。有人违禁越过辽宋边境从辽国贩盐牟利。闽浙一带的商人冒死前到辽国走私,也应该与宋辽物价水平的差异有关。

因此,南方青白瓷窑场尽管与辽地路途遥远,由于采用比陆运便宜得多的河运和海运方式,降低了运输成本,加上 11 世纪中叶以后,南方名窑越窑已趋衰落,青白瓷遂成为辽境输入瓷器中最大宗的产品。从当时宋辽关系的背景分析,输入辽地的青白瓷可能大部分是走私贸易的商品。

这一推测还可以得到考古发现的支持。从青白瓷的在大陆的出土情况看,并不存在一条从南方产地通过中原北方输入辽地的传播线路,但北宋中晚期的青白瓷在长江三角洲,苏北运河沿线以及沿海的连云港,山东半岛的烟台栖霞、淄博、滨州等地均有不少发现(参见附表 3—3),联系到这一时期的青白瓷在辽东京道和中京道的大量出土,似乎可以勾勒出一条宋代青白瓷由长江下游北运经登州港输往辽地的路线。由于宋登州港与辽国之间的贸易是官方明令禁止的,因此,如果辽地发现的大量青白瓷确由登州港运抵,它们自然属走私商品。

二　金国境内出土的青白瓷

金与南宋，以淮水—大散关为界，南北对峙。在金统治区内，很少有南方瓷器的出土，青白瓷亦不多见。已报道的 5 处出土青白瓷的墓葬均分布于原辽国境内。

金代墓葬和窖藏出土的瓷器，主要是白瓷、黑瓷、青瓷、红绿彩瓷器以及三彩等低温釉陶，大都是北方窑场的产品。因此，当时应该不存在对金国输入青白瓷的大规模的商贸活动。原因有二：

其一，金国自身的瓷业生产十分发达。从 1127 年靖康之乱到 1153 年海陵王迁都的近三十年间，金兵南犯将掠夺人口、财富和土地作为主要目标，使中原北方的经济遭到极大破坏，瓷业生产也不例外。金世宗完颜雍执政后，一方面与南宋修好，另一方面采取了一系列恢复生产的措施。此后的几十年，中原北方的瓷业生产得到了恢复和发展。河北曲阳定窑、磁县观台窑、河南禹县钧窑和陕西铜川耀州窑等纷纷重振旗鼓。从墓葬出土品观察，金国境内的窑场产品，不乏精细美观者，能满足各阶层的需要。瓷器并非金国社会的紧缺商品。

其二，政府边境通货政策的限制。为了防止铜钱出境，宋朝政府在宋金边界改用铁钱，禁止铜币流通。乾道元年（1165 年），南宋政府下令，在宋金交界的两淮路、京西路以及荆门一带，一律禁用铜钱，改用铁钱。次年，在两淮州县行使纸币，谓之"淮交"。后来又在荆湖北路印行"湖会"，流通本道。南宋政府的货币隔离政策，使东南会子、淮交和湖会只能在自己的小天地中流通，从而限制了东南地区、两淮和湖北、京西诸路之间的商品流通[45]。

那么零星发现于金国的南方青白瓷是通过什么途径传入的呢？宋金物品交流的途径主要有四，一是官方互赠礼品；二是边境榷场贸易；三是使臣的私人贸易；四是民间走私[46]。宋金官方互赠礼物虽然是两国最大宗的物质交流方式,但未发现南宋赐予金使青白瓷的记载。从常理推断,宋金交聘是南宋朝廷极其重视的外交大事,想必不会将市井常见的青白瓷作为礼物馈赠金使。

在宋金榷场贸易中,南宋输出的货物主要有茶、生姜杂物,瓷器虽未见载,但不属于禁运物质之列。5 处出土青白瓷的墓葬,集中在12 世纪后期的 1170－1190 年,正是宋金通商极盛的和平年代。从理论上讲,青白瓷是可以通过榷场贸易的途径流入金境的。

但结合墓主身份,推测已发现的金国境内出土的青白瓷,更可能是使臣私自贸易的结果。4 座出土青白瓷的墓主,其身份均属于社会中上层。乌古论窝论(附表 3－4－047),本是"赀累钜万"的地方富豪,因"输材助军愿充行武",最后成为金国驸马,死后加赐金紫光禄大夫,从莱州迁葬大兴府(治今北京)时"赐之茔田,赗赙甚厚"。乌古论窝论墓不仅出土北方耀州窑青瓷、白瓷,还出土高丽青瓷和青白瓷两种外来瓷器各 1 件。内蒙古敖汉旗大定十年墓(附表 3－4－044),墓主为博州防御史。马令(附表 3－4－045)的身份可能略低,但从其葬于带石棺的砖室券顶墓,墓中绘有备膳、备马、侍者壁画等情况看,至少是地方富户。李泽夫妇合葬壁画墓(附表 3－4－046),绘出仿木雕的柱、础、梁、枋、斗拱、椽、檐、门、窗等,似一座装饰华丽的木构小院建筑。

宋金和议之初,宋准许金使与民贸易,其所过州军,纵其为市。即使在京师,对金使的私自贸易也不禁止。绍兴十四年(1144 年)后,宋朝政府对金使臣与百姓的私相贸易略加禁止,此后,金使市买方物,皆由政府代为收买[47]。瓷器不属违禁物品,其购买应不受限制。青白瓷是南宋境内最流行的商品之一,行在临安就有专售青白瓷的铺席,金国使臣不难直接从市场上购得青白瓷,然后自己留用或作为南方特产转送他人。

第三节　政治中心的转移与青白瓷流向变化：以宋代川峡地区为例

北宋时期,川峡地区,特别是成都府路等四川盆地诸路,多与陕西、河北、河东等路发生经济联系;南渡以后,政治中心从中原的汴京转移到江南的临安,江南市场遂成为宋朝最大的市场。四川与南方的经济联系加强。青白瓷在川峡地区的出土,从无到有、由少到多的变化,是政治中心转移导致商品流向变化的一个实例。

本章引用的川峡地区的宋代遗存,主要包括墓葬、窖藏两大类。四川宋墓随葬品大多数为陶俑和陶质明器,瓷器只是偶有发现,而且多为本地窑口生产,包括青白瓷在内的外地输入的瓷器极其少见[48]。经统计,已报道的106座(批)宋代墓葬,仅发现7座墓葬出土了青白瓷13件,除一座为北宋外,其他各墓年代集中在南宋时期。这13件青白瓷包括碗、盘、碟、粉盒、香炉、香熏、象形水滴等7种日用器形[49]。

根据对已报道的、有确切器物件数的33处窖藏的统计,在3355件窖藏器物中,瓷器共2053件,为最大宗的器类,占全部出土器物的61.19%。其中青白瓷在各种釉色瓷器中所占比例最大,为44.81%,次为龙泉窑青瓷,再次为四川本地生产的瓷器(表4-3)。另有3处报道有青白瓷出土,但无确切数字。除上述考古发现的窖藏瓷器,民国时期在丹棱、洪雅、夹江、嘉定、简阳、什邡、绵阳、三台、射洪、中江等地也有成批出土的宋瓷,都被古董商转卖各地[50]。窖藏瓷器的年代主要为南宋晚期。

表 4－3　川峡地区窖藏宋代青白瓷伴出物统计表

遗存名称	青白瓷	青瓷	白瓷	黑瓷	陶/石器	铜器	铁器	铅器	银器	钱币
遂宁金鱼村窖藏	599	345	28	2	2	18				
成都昌汽成都站窖藏	60	14	32	10		9				
郫县红星乡窖藏	5		52	11						
大邑安仁镇窖藏	20	6		19		10	5			有
阆中市区丝绸厂窖藏	47	21	8	4		291				
巴中县医院窖藏	30	32		10		10				
峨眉山罗目镇阳光十组窖藏	56		5	1	1	12				160万以上
三台东河纸厂窖藏	8	25	1	14	1	4	1	1		
武胜沿河镇谷坝村窖藏	22				22	1	1		1	
彭山西门城外窖藏	61	18	5	14						
中江凯江镇西山乡龙华村窖藏	3	36	12	49	5	2	9			
武胜冶口乡团堡岭村窖藏	4	15		3						
峨眉山罗目镇机械厂窖藏	5	20				22				
雅安窖藏	有	有	有							
平武南坝瓷器窖藏	35		7			7				

　　川峡地区发现的青白瓷,基本上为景德镇生产的高档瓷器,这类瓷器在北宋晚期到南宋早期有零星输入,到南宋晚期则大量出现。从出土形式看,以窖藏为主,随葬瓷器只占极小的比例。

一 青白瓷出土地点的地理特性

青白瓷在川峡地区的 21 处出土地点(表 4—4)的地理位置有三个特点,一是沿江河和重要陆路交通线分布;二是多为区域中心城市;三是均在经济发达地区。

在四川盆地东部,三条大河渠江、嘉陵江、涪江自北向南而流,在合川汇集,注于长江。盆地西部有沱江和岷江南流入长江。一条东北—西南向的陆路,连通关中平原和成都平原——两处有"陆海"之称的富庶地区。这条陆路在广元附近分为二支,一支由沿嘉陵江谷道北上,到达陕西略阳,越过大散关,进入关中。这是唐代四川与关中之间最重要的交通干线,自唐初以来就是驿道;另一支从广元经今陕西宁强到达勉县百牢关,然后沿汉水东行,进抵汉中,再由汉中北上,翻越秦岭进入关中平原[51]。

在 13 世纪后半叶的宋蒙四川战争中,江北各大河流成为两国军队主要行军路线。南宋后期,负责四川防务的余玠,命令诸郡在嘉陵江、沱江、岷江、渠江和长江沿岸择险筑城,修建了钓鱼城、大获城(今苍溪县东南)、青居城(今南充市南)、云顶城(今金堂县南)、运山城(今蓬安县东)、神臂城(今合江县西北)等 20 座山城,把平原浅丘地区无险可守的府州治所,搬迁到附近的山城上去,并将四大戎司不满 5 万人的军队分散到各个山寨驻防。这一战略一度成功地抵御了蒙古骑兵的进攻[52]。

岷江—长江航线是四川和江南之间传统的水上交通线。这条交通线上出土青白瓷的地点有重庆、峨眉山、乐山、彭山、成都。另外,在青神、夹江、丹棱、洪雅、夹江等地也发现过瓷器窖藏,很可能也出土过青白瓷器。

嘉陵江上游是四川与陇右之间的交通干线,中下游则是四川盆地中部最重要的水上交通线,粮食、布帛、食盐的运输,往往都走这条

表 4-4　川峡地区出土宋代青白瓷统计表

今地名	级别(南宋)	州府(南宋)	数量	单位	北宋路属	南宋路属
成都	成都府治	成都府	63	窖藏/墓葬	成都府路	成都府路
郫县	县	成都府	5	窖藏		
什邡	县	成都府	不详	窖藏		
乐山	嘉定府治	嘉定府	1	墓葬		
峨眉	县	嘉定府	61	窖藏		
彭山	县	眉州	61	窖藏		
绵阳	绵州州治	绵州	3	墓葬		
雅安	雅州州治	雅州	不详	窖藏		
简阳	简州州治	简州	198	窖藏		
大邑	县	邛州	20	窖藏		
汉中	兴元府治	兴元府	3	墓葬	利州路	利州东路
阆中	阆州州治	阆州	50	窖藏/墓葬		
剑阁	隆庆府治	隆庆府	不详	窖藏		
巴中	巴州州治	巴州	33	窖藏/墓葬		
平武	龙州州治	龙州	35	窖藏		利州西路
三台	潼川府治	潼川府	8	窖藏	梓州路	潼川府路
中江	县	潼川府	3	窖藏		
遂宁	遂宁府治	遂宁府	599	窖藏		
武胜	县(武胜城)	合州	26	窖藏		
岳池	县	广安军	2	墓葬		
重庆	重庆府治	重庆府	1	墓葬	夔州路	夔州路

水道。在沿岸及附近的武胜、阆中、仪陇、剑阁出土了青白瓷。另在广安、岳池、营山还发现过其他窖藏。

涪江沿线出土青白瓷的地点有遂宁、三台、绵阳和平武,此外,

在射洪、江油还发现过瓷器、铜器等窖藏。沱江上的什邡、简阳出土
了青白瓷,沿江发现其他窖藏的地点有资中、德阳等。通江上游的
巴中也发现了青白瓷器,下游的广安则发现了铜器窖藏。

在四川盆地,穿越各条大河的陆路除了成都—广元一线,还有
一些次级交通线,在这些交通线上也有青白瓷或其他窖藏物品出
土,如中江、仪陇、营山、岳池等。彭山、德阳、绵阳、剑阁、汉中都是
大河与川陕陆路的结点,三台、巴中、遂宁等则为次级陆路交通线与
大河的结点,在这些地点,大多有青白瓷的出土,且无一例外地发现
了多处窖藏。

总的来看,出土青白瓷和窖藏最为集中的地域是成都平原。成
都、什邡、郫县、温江、大邑、彭州等地,不仅出土了为数不少的青白
瓷,更有包括大批金银器在内的珍贵窖藏。如彭州西大街的一处窖
藏就出土金银器窖藏达 350 余件,大多为南宋罕见的珍品[33]。

上述 21 处地点中,有 10 处为府治所在,8 处为县治或军所在。
它们既是区域交通中心,又是中心城市。这些城市集中分布的次序
是成都府路(10 个地点)、潼川府路(梓州路,5 个地点)、利州路(5 个
地点)和夔州路(1 个地点)。

漆侠认为,宋代的主要市场有四,一是以汴京为中心的北方市
场,二是以东南六路为主、以苏杭为中心的东南市场,三是以成都
府、梓州和兴元府为中心的川蜀诸路区域性市场,四是以永兴军、太
原和秦州为中心的西北市场[34]。以上发现青白瓷以及窖藏的地点绝
大多数都位于川蜀诸路区域市场的中心地区,也是长江上游地区经
济最发达的地区。如两宋时期成都府路的户数和口数占到川陕四
路户口总数的 40—50%,潼川府路占总数的 30% 左右[35]。成都府人
口密度很高,北宋崇宁元年每平方公里达 17.39 户[36],是当时全国人
口密度最高的地区之一。

关于窖藏的埋葬原因,徐苹芳先生在论及四川彭州金银器窖藏
时曾指出:"这种埋藏金银财宝的风气,应当发生在战乱的年代。根

据彭州历史考察，南宋绍熙元年以后，彭州有能够足以令当地富人仓促出走、埋藏珍宝的事变，恐怕只有南宋端平三年（1236 年）蒙古占领四川成都附近的事变，这个事变才能是造成这个窖藏入埋的原因"⑩。四川发现的宋代窖藏瓷器通常为远道输来的优质产品，而且常与铜器、银器等贵重物品同出，其器形与组合有很大的一致性，大部分也可以认为与端平三年及以后的宋蒙战事有关。

二　从出土青白瓷看长江上游与中下游地区的经济交往

青白瓷在川峡地区的出土情况，一定程度上反映了这一地区与长江中下游地区的经济交往。程民生认为，在宋代的四大市场中，四川市场与西北市场的联系最密切。北宋时期东西方大规模物资流通，主要在北方地区进行，以水路为主，这就是陕西由黄河、京东由广济河向中心地区东京的漕运。而横亘南方地区的长江水路，在宋代官方的物资流通中没有发挥多大的作用，一是由于自然环境障碍，二是由于社会环境因素。北方是国家的政治中心、军事重心所在，四川、东南地区均对此有向心性，主要与其联系，而四川、东南之间没有吸引力，所以缺乏交流⑯。

用这一观点来解释北宋时期川峡出土青白瓷十分稀少的现象是合适的。长江中下游地区入宋以后，随葬青白瓷蔚然成风，但上游地区见诸报道的随葬青白瓷的墓葬只有一处，即崇宁四年（1105年）阆中陈安祖夫人墓，出土青白瓷 3 件（附表 3－3－118）。这种情况到南宋时期发生了变化。不仅随葬青白瓷的数量相对增多，而且发现了大量窖藏青白瓷器。此外，江南生产的龙泉青瓷和湖州镜也广泛发现。说明南渡以后，四川市场对江南优质特产的需求增加了。大量的窖藏瓷器，发现在交通便利、商业活动频繁的水陆要冲和州府城市，应该主要是囤积待售的商品，由于南宋后期的战乱而被迫掩埋。

　　江南地方物产运抵川峡地区，要通过险恶的长江上游航道。南宋乾道五年（1169 年），陆游出任夔州（治今重庆奉节）通判，次年从山阴（今浙江绍兴）启程，前往夔州。他在《入蜀记》中记录了沿江的航运情况。其中讲到所乘民船因陶器太多导致"船底为石所损"，险些酿成事故的经历，警告船家经过新滩险段时"非轻舟无一物不可上下。舟人冒利以至此，可为戒云"⑤。

　　大量窖藏青白瓷等东南市场的奢侈品，于南宋后期在成都府路、梓州路以及经济并不发达的利州路、夔州路的出现，推测当与南宋政府在四川的军事布防有关。一方面，南宋上层人士入驻四川，会带来高档瓷器的市场需求；另一方面，南宋官员与士大夫经商成风，常有人乘官船载私物营利⑥，一部分窖藏瓷器有可能是官吏，特别是武将借助官船从南方运来的商品。1991 年，考古工作者在南宋遂宁府旧治所在的金鱼村发现了一处有近 1000 件器物的窖藏，其中来自江南的青白瓷和青瓷多达 944 件（见表 4－3）。窖藏附近堆积有大量的石质建筑构件和瓦砾，有可能是衙署所在地。这批窖藏物品有可能就是官府或官员囤积待售的商品。

　　青白瓷等江南特产在川峡地区的大量涌现，体现了南宋时期四川与东南市场经济联系的加强，这是由当时的政治军事形势决定的。北宋的政治中心和国防重点在北方，国家控制的各项物质流入北方，各种商品也从各地区网络式流通渠道，自南至北集中于汴京，四川市场主要与西北市场发生联系；南渡以后，随着四川与东南市场经济联系的加强，各类江南特产流入川峡地区。青白瓷在川峡地区分布的早晚变化，既反映出南宋时期长江上游与中下游地区的经济交往的增多，也是在南宋后期川峡地区特定的政治军事背景下出现的现象。

小　结

本章是就第三章"宋代青白瓷的销售区域与运输线路"中三个相关问题所做的进一步讨论。

从青白瓷的出土情况看,长江下游平原是始终是宋代青白瓷的中心市场。原因有五:第一,本区除杭州外,其他州府缺乏优质瓷土,在宋代没有出现发达的瓷器手工业,所需瓷器全部需要从外地输入;第二,本区临近繁昌、景德镇等青白瓷产区,水陆交通便利;第三,本区一些州府城市自晚唐五代起就是江南地区人口最稠密、商税最高、手工业最发达的商业中心。在州府城市之外,本区还分布着密集的镇市,青白瓷在本地的分布与镇市的分布也是吻合的,说明在青白瓷的销售中,镇市也是不可忽视的一个环节;第四,长江下游平原凭借便利水陆交通,与邻近地区保持着着密切的经济联系,南北名窑产品汇集于此;第五,本区还有密集的海港城市,可以作为青白瓷的外销港口。

与之形成对比的是中原北方地区,这里有发达的制瓷业,不仅有众多技术先进的民窑,还设置了官窑,南方青白瓷在这里缺乏竞争力。中原北方地区零星出土的青白瓷,多为景德镇优质产品,随葬青白瓷的墓主身份较高或者财力雄厚。这些青白瓷可能是宫廷赏赐和发卖的贡瓷,或者由私人从南方携回,不会是大规模南北贸易的商品。

辽金两国出土宋朝青白瓷的情况悬殊,本章也分析了出现这种现象的原因。辽国除南京道外,大部分统治区集中在长城以北地区。虽然辽国有自己的制瓷业,但对南方的青白瓷似乎情有独钟。以往的研究者认为辽国青白瓷可能来自榷场贸易、北宋官方赠送和海上贸易三途。我们认为海上贸易一途最值得重视,登州港或为青白瓷海运入辽的中转港口。辽与南方的海上交通线在五代十国时期就已十分繁忙,入宋后辽与北宋政权对峙,但民间往来并未中止。青白瓷以优于辽国本土瓷器的品质、通过成本低廉的海运走私,能以较低的价格在辽地出售,应该是它成为辽国输入瓷器中大宗产品的主要原因。

金国出土青白瓷的情形与北宋时期的中原北方地区相似。金将北宋淮河以北的领土尽入囊中,也拥有了这里瓷业技术高超的民间窑场,因此并不存在对南宋优质瓷器的强烈需求。金国出土青白瓷数量很少,而且集中在宋金保持正常榷场贸易的 13 世纪初期。通过分析宋金物品交流的四条途径,以及出土青白瓷的墓主身份,推测流入金国的少量青白瓷可能是使臣私自贸易所得。

四川地区以窖藏形式出土了大量属于南宋后期的青白瓷,一般认为这些窖藏与南宋后期的宋蒙战事有关。青白瓷在川峡地区分布的早晚变化,反映出南渡以后,政治中心的南移导致长江上游与中下游地区经济交往的增多。同时,长江下游地方奢侈品向上游地区的流动,也是在南宋后期川峡地区特定的政治军事背景下出现的现象。

总之,同其他商品一样,青白瓷在北宋长江下游平原和中原北方地区的不同分布,体现了区域间商品流动的非均衡性。通过远距离贸易,名窑瓷器通常会流向具备产品竞争力、能使商人获得高额利润的区域。即便是政权的对峙也不能完全阻隔区域间的商业活动,辽国出土的青白瓷清楚地说明了这一点。在王朝时代,国家政治中心的转移对经济布局会带来深刻的影响,南宋后期四川窖藏出土的大量青白瓷,表明南渡以后长江上游与中下游地区经济联系的加强。

---

① 程民生:《宋代地域经济》,开封:河南大学出版社,1992 年,第 224 页。
② 朱江:《江苏南部宋墓记略》,《考古》1959 年第 8 期,第 318—319 页。
③ 《全唐诗》卷五一七。

④ 《方舆胜览》卷之二《浙西路·平江府》。

⑤ 《文苑英华》卷四〇常衮《授李栖筠浙西观察使制》。

⑥ 《方舆胜览》卷之三《浙西路·镇江府》。

⑦ 《文苑英华》卷九七二梁肃《紫金鱼袋独孤公行状》。

⑧ 据傅宗文《宋代草市镇研究》（福州：福建人民出版社，1991 年）第 369—550 页
《草市镇名录》统计。

⑨ 《太平寰宇记》卷九十《江南东道二》。

⑩ 张剑光：《唐五代江南工商业布局研究》，南京：江苏古籍出版社，2003 年，第 304
页。

⑪ 镇江古城考古所：《镇江市大市口宋代水井清理简报》，《南方文物》1996 年第 1
期，第 32—58 页。

⑫ 镇江古城考古所：《镇江市解放路宋代灰坑清理简报》，《南方文物》1996 年第 1
期，第 25—31 页。

⑬ 陈高华、吴泰：《宋元时期的海外贸易》，天津：天津人民出版社，1981 年，第 103
页。

⑭ 张增午、李银录：《河南林州市北宋墓葬出土陶瓷器考略》，中国古陶瓷研究会编
《中国古陶瓷研究》第八辑，北京：紫禁城出版社，2002 年，第 84—93 页。

⑮ 定县博物馆：《河北定县发现两座宋代塔基》，《文物》1972 年第 8 期，第 39—51
页。

⑯ 开封市文物工作队：《河南开封市宋东京城内汴河故道的初步勘探与试掘》，《考
古》1999 年第 3 期，第 43—52 页。

⑰ 中国社会科学院考古研究所洛阳唐城队：《河南洛阳市唐宫路宋代大型殿址的发
掘》，《考古》1999 年第 3 期，第 37—42 页。

⑱ 中国社会科学院考古研究所洛阳唐城队：《洛阳宋代衙署庭园遗址发掘简报》，
《考古》1996 年第 6 期，第 1—5 页。

⑲ 安廷瑞：《河南禹县神垕镇北宋煤矿遗址的发现》，《考古》1989 年第 8 期，第 727
—730 页。

⑳ 河南省文化局文物工作队：《河南鹤壁市古煤矿遗址调查简报》，《考古》1960 年
第 3 期，第 39—41 页。

㉑ 《宋史》卷八五《地理志一》载："河南府，洛阳郡……贡蜜、蜡、瓷器。"

㉒ 《宋史》卷八七《地理志三》载："陕西路贡瓷器。"又据《元丰九域志》卷三记载，耀
州窑自神宗元丰到徽宗崇宁年间(1078—1106年)烧造宫廷用瓷。

㉓ 《南村辍耕录》卷二九引宋叶寘《坦斋笔衡》："本朝以定州白瓷器有芒，不堪用，遂

命汝州造青窑器。"南宋周辉《清波杂志》卷五:"又汝窑,宫中禁烧,内有玛瑙末为油。唯供御,拣退方许出卖,近尤艰得。"

㉔ 《吴越备史·补遗》曰:"(太平兴国五年)九月十一日,王进朝谢于崇德殿,复上金装定器两千事。"宋邵伯温《邵氏闻见录》卷二云:"仁宗一日幸张贵妃阁,见定州红瓷器,帝坚问曰:'安得此物?'妃以王拱辰所献为对,帝怒曰:'尝戒汝勿通臣僚馈送,不听何也?'因以所持柱斧碎之。妃愧谢,久之乃已。"此外,定窑遗址出土有印花云龙纹盘,传世品中此类盘上有刻"尚食局"的,研究者认为是北宋宫廷的专用品(见中国硅酸盐学会主编《中国陶瓷史》第 234 页)。

㉕ 冯先铭认为,传世的钧窑瓷器,主要是钧台窑烧造的北宋后期宫廷使用的瓷器(见中国硅酸盐学会主编《中国陶瓷史》第 260 页)。

㉖ 《南村辍耕录》卷二九引宋叶真《坦斋笔衡》曰:"政和间京师自置窑烧造,名曰官窑。"

㉗ 《宋会要辑稿》食货五二之三七:"瓷器库,在建隆坊,掌受明、越、饶州、定州、青州白瓷器及漆器以给用。"此句中的"州"可能是衍文,根据考古发现的情况,应为"明、越、饶州、定州青、白瓷器及漆器以给用。"

㉘ 河南省文物考古研究所、巩县文物保管所:《宋太宗元德李后陵发掘报告》,《华夏考古》1988 年第 3 期,第 19—46 页。

㉙ 《文献通考》卷一四《征榷考》:"凡布帛、什器、香药、宝货、羊彘,民间典卖庄田、店宅、马、牛、驴、骡、橐陀及商人贩茶盐皆算。"

㉚ 张锦鹏:《宋代商品供给研究》,昆明:云南大学出版社,2003 年,第 71—72 页。

㉛ 关于辽国出土青白瓷的考古学研究,见于彭善国《辽代青白瓷器初探》(《考古》2002 年第 12 期,第 64—73 页)以及他的著作《辽代陶瓷的考古学研究》(长春:吉林大学出版社,2003 年)。

㉜ 韩茂莉:《辽金农业地理》,北京:社会科学文献出版社,1999 年,第 70—83 页。

㉝ 同上注。

㉞ 《宋史》卷二六四《宋琪传》。

㉟ 斯波义信:《宋代江南经济史研究》,南京:江苏人民出版社,2001 年,第 336 页。

㊱ 曹家齐:《宋代交通管理制度研究》,开封:河南大学出版社,2002 年,第 176 页。

㊲ 陆游《南唐书》卷十八《浮屠契丹高丽列传》载契丹国主给李璟的信中说:"贵朝使公乘镕等自去秋已达东京海岸,……公乘镕等已遣伴送使陈植等同回,止俟便风,即令引道。"

㊳ 彭善国:《辽代陶瓷的考古学研究》,长春:吉林大学出版社,2003 年,第 253—259 页。

㊴　章巽:《我国古代的海上交通》,北京:商务印书馆,1986 年,第 53 页。

㊵　刘成:《唐宋时代登州港海上航线初探》,《海交史研究》1985 年第 1 期,第 46－50页。

㊶　《渑水燕谈录》卷九《杂录》载:"高丽……自天圣后,数十年不通中国。熙宁四年,始复遣使修贡。"

㊷　《东坡全集》卷五八《奏议一十二首·乞禁商旅过外国状》。

㊸　《宋会要辑稿》刑法二之六二。

㊹　《宋史》卷一八一《食货志下三·盐上》。

㊺　乔幼梅:《宋金贸易中争夺铜币的斗争》,历史研究编辑部编《辽金史论文集》,沈阳:辽宁人民出版社,1985 年,第 438－458 页。

㊻　赵永春:《宋金交聘制度述论》,陈述主编《宋辽金史论集》第四集,北京:书目文献出版社,1989 年,第 248－259 页。

㊼　《宋会要辑稿》食货三八:"(绍兴)十四年正月二十九日,诏北使所过州军,如要收买物色,令接引送伴所应副,即不得纵令百姓与北使私相交易,可立法禁。"

㊽　王家佑:《四川宋墓札记》,《考古》1959 年第 8 期,第 445 页－447 页。

㊾　此外,有的墓葬也称出土瓷器为青白瓷,但从器形上可以判断为本地窑口所产。如华蓥市阳和乡宋墓所青白瓷带盖小瓷罐,可能不是青白瓷(袁明森、张玉成:《记华蓥市阳和乡宋墓出土文物》,《四川文物》1996 年第 1 期,第 59－61 页)。

㊿　丁祖春:《四川省什邡县出土的宋代瓷器》,《文物》1978 年第 3 期,第 93－96 页。

51　《四川简史》编写组:《四川简史》,成都:四川省社会科学院出版社,1986 年。

52　《宋史·余玠传》。

53　成都市文物考古研究所、彭州市博物馆:《四川彭州宋代金银器窖藏》,北京:科学出版社,2003 年。

54　漆侠:《宋代经济史(上、下)》,上海:上海人民出版社,1987 年。

55　贾大泉:《宋代四川经济述论》,成都:四川省社会科学院出版社,1985 年,第 16页。

56　胡道修:《宋代人口的分布与变迁》,中国社会科学院历史研究所宋辽金元史研究室编《宋辽金史论丛》第二辑,北京:中华书局,1991 年,第 93－125 页。

57　同注53,序言。

58　参见注①,第四章"各地商业与物资流通"。

59　《入蜀记》卷六。

60　程民生、白连仲:《论宋代官员、士人经商——兼谈宋代商业观念的变化》,《中州学刊》1993 年第 2 期,第 114－119 页。

第五章　青白瓷流布反映的区域文化特性

第一节　青白瓷生活用品与使用者身份

　　古代瓷器按功能来分，有生活用品和丧葬用品两大类。优质的青白瓷生活用品流传范围广，可以进入到一部分社会上层人士的日常生活中；随葬用的青白瓷明器流传范围小，有明显的地域性。

　　在宋代，作为生活用品的瓷器包括饮食器、存储器、陈设器和宗教用器等，涉及日常生活的方方面面。瓷质生活用品广泛发现于各类生活遗址和窖藏，也被当作墓主生前喜爱之物埋入墓葬。在确定了各类瓷质生活用品实用功能的前提下，可以通过它们的出土情况，了解不同阶层的人们的生活方式，还可以根据不同窑口或某些特定器类瓷器的聚集情况，认识不同区域社会发展水平的差异。

　　遗址出土瓷器是日常生活的直接遗留，最能反映古代的实际生活情形；随葬的瓷质生活用品丧失了实用功能，却更多的体现了人们对器用的价值选择。人们需要选择那些符合身份的器物来伴随死者，所以随葬瓷器也可以成为观察日用品与古代社会生活的一个角度。

一　长江下游平原出土的青白瓷与使用者身份

1. 民窑青白瓷为官宦或富庶之家所爱

1974 年在镇江黄鹤山西麓发现的北宋章岷墓（1071 年），出土了一批青白瓷精品,有镶银镀金口茶盏、镶银边盏托和茶盏、镶银口碗、执壶和六花瓣口碟等。其中茶盏和盏托、执壶都是点茶和饮茶的器物,类似的器物在辽国贵族墓中常有出土。与青白瓷同出的还有紫定瓶、青瓷瓶、漆盘等,都是质地精良的用品①。该墓墓主章岷曾官居刑部郎中②,墓志称他一生为官40余年,被英宗"面赐紫金"及"特恩"进升,地位显赫。

　　从上海发掘的宋墓情况看,青白瓷在这一地区是作为中下级官员的随葬品入葬的。1959年上海发掘的10座宋墓,有石板砖室墓、土坑墓和火葬墓三类,大体反映了上海宋墓的主要形式③。

　　石板墓四周用砖砌,墓顶盖以平整的石板,墓室开阔。墓砖需从窑场购买,石材需从山区购运,没有一定的经济实力显然难以办到。根据墓志记载,石板砖室墓的墓主们生前曾任承信郎、承节郎、承直郎和保义郎等职,有的还监绍兴府萧山县酒税或监镇江府大港镇税等。上海西郊朱行乡张玮墓(1214年)的墓砖上还刻有"华亭县城砖官"的字样④。因此,研究者认为石板墓的墓主多属上层阶级,是有所根据的。

　　石板砖室墓数量较少,但随葬品较多,常见青白瓷盒、罐、盂及镇墓铁牛和铜镜的随葬品组合,此外还发现了较多的漆器和铜钱,有的墓出土铜钱多达820枚,有的墓还随葬金银制品,如宝山月浦宝祐四年(1256年)赵氏墓就出土了金手镯、錾花金发簪、银罐等贵重物品。土坑木棺墓,一般随葬质量较差的黄釉碗,随葬品少而且简单,大体是当时社会中的平民墓葬。相对于土坑墓和火葬墓中质量粗劣的青瓷器,石板砖室墓出土的青白瓷体现了墓主较高的社会地位和经济实力,可以说是墓主身份的象征物之一。

　　在苏南一带的宋墓中,常见景德镇青白瓷与龙泉窑青瓷、建窑黑瓷等名窑瓷器同出的情形,与它们同墓放置的还有更多的江南名品,如江宁府、温州和杭州的漆器,湖州(治今浙江湖州)和建康府(即北宋江宁府)的铜镜。其中温州漆器、青白瓷器还是南宋临安城临街店铺中的品牌商品。它们都是社会上层人士喜欢的用品。

江苏武进村前 5 号宋墓,除了青白瓷(简报中称白瓷)外,还出土了戗金细勾花卉人物奁、戗金朱髹长方形盒、大量的丝织品、铜镜、锡合金明器以及金银饰件,根据出土的带玉管的轴子判断,可能还随葬了卷轴画。发掘者认为该墓下葬于南宋嘉熙到景定之间(1237—1264 年),根据墓葬地点及随葬品判断,墓主很可能是南宋高官薛极的女眷⑤。薛极,《宋史》卷四一九有传,曾任大理评事、温州通判、司农卿兼权兵部侍郎等职,以观文殿大学士知绍兴府兼浙东安抚使。5 号墓墓主下葬时,身着印金花罗服,戴金手镯、金跳脱指环,用真珠装缀木梳,完全是"命妇"⑥装束。南宋墓葬中黄金饰品并不多见,此墓墓主的身份可见一斑。

试将武进宋墓中随葬品与吴自牧《梦粱录》卷十三所记临安铺席的品种做一比较:

武进宋墓	青白瓷碗、粉盒、小盒	"温州新河金念五郎上牢"等刻铭的漆器	彩帛随葬品	画轴玉管	梳篦	腰带	锡合金明器
临安	青白瓷	彭家温州漆器铺	刘家吕家陈家彩帛铺	碾玉作	篦刀作	腰带作	明器作

正如武进宋墓发掘者所言,该墓出土的青白瓷器、温州漆器、各色彩帛绫罗、金银器、铜镜、腰带、文具、梳篦和明器,是当时大都市铺席市场的一个缩影。正是以南宋行在临安为中心的江南市场,为环太湖地区的富裕阶层提供了高档生活用品。

2. 青白瓷为知识阶层所爱

南京、苏州、无锡、常州、淮安一带的宋墓中,常发现青白瓷器与石砚、松烟墨等文化用品同时出土的情形,反映了文化昌盛的地域风习,也说明这里的知识阶层对青白瓷器的喜好。

江宁祖堂山徐伯通墓(1081 年),随葬青白瓷盏 10 件、钵 1 件、熏炉 1 件(原报告中的洗盖可能为熏炉盖),别无其他釉色的瓷器,与青白瓷同出的有石砚台和墨。墓主徐伯通是一官宦子弟,其父为"司门员外郎,知黄州",伯通于元丰二年(1079 年)与父随行时去世[⑦]。

1959 年在淮安杨庙河运河工地发现了 5 座宋墓,其中两座(分别有嘉祐五年和绍圣元年的纪年)有精美壁画,画有墓主人的床榻及墓主人死后其家属致祭的情形,墓主为富有阶层无疑。这 5 座墓中出土物的丰富,超越了以往本省境内所发现的宋墓,其中也有青白瓷器与木烛座、木画轴、石砚、黑白石棋子等文房用品同出[⑧]。说明青白瓷在热衷于琴棋书画的书香门第占有一席之地。

3. 社会上层女性对青白瓷粉盒情有独钟

本书搜集的 42 座江苏宋墓出土青白瓷盒多达 31 件,可确定的女性墓几乎每墓必出。这些盒子造型可爱,有的呈扁圆形,有的为筒形,有的将三个小盒联成一体,还有的在大盒内套放着三个小碟,其间以荷茎相连,另一些做出内凹的瓜棱形腹壁,这种造型来自对金银盒子的模仿。盒子上往往刻或印有精美的花纹,菊瓣、荷花是常见的题材,也有的在光素无纹的青白釉上点缀几处褐彩,这是景德镇青白瓷特有的装饰手法。在连云港出土的荷花形瓷盒上,还印有"程家造"的题刻,这是景德镇盒子的品牌标识[⑨]。

前述武进薛极家族女眷墓发现的青白瓷,均为盒类。小瓷盒被放在一件戗金银钿镶口的漆奁中。漆奁盖内侧朱书"温州新河金念五郎上牢"的文字,证明它就是南宋时期著名的温州漆器。在墓地采集的另外 3 件白瓷(青白瓷)碗,口沿包银,证明这些瓷器在当时是珍贵的用品。

青白瓷在城市遗址的出土情况,也大体反映它与社会阶层的关

系,成为从日常器物观察城市生活的一个视角。青白瓷等优质瓷器
多出土于城市富庶和权贵阶层的居住区域,乡村或城市平民居住区
则一般只发现粗质瓷器或釉陶器。不同等次的瓷器品种在城市不
同区域的发现,对于判断城市各区位的性质有一定的帮助。

1963 年发现的绍兴缪家桥古井(J1),出土了带划花或印花装饰
的青白瓷,其中一件还用铜皮镶补,同出龙泉青瓷莲瓣纹碗、盘、洗、
铜皮镶口的黑瓷盏和 57 枚铜币,以及银钗、黑漆小木盘残片等[⑩]。
该井位于绍兴市区东南部,这里正是宋代绍兴的官衙、官学、官绅宅
舍和部分寺观集中分布的地带[⑪],为社会上层的生活区,发掘者认为
此井为南宋前期的富户私用水井的说法大致无误。水井出土瓷器
主要来自当时南方的三大名窑——景德镇窑、龙泉窑和建窑,部分
瓷器用铜皮镶口或镶补,可以反映社会上层对日常瓷器的选择和使
用情况。

与此形成对比的是城外聚落。井是聚落的标志。1977 年无锡
环城河东南一带发现一座古井,出土陶瓷器除一件粗质青瓷外,全
部为陶瓶、釉陶罐和执壶。无锡宋墓中常见的青白瓷生活用品,在
这里没有一件出土[⑫]。这种出土品组合反映了底层平民的器用选
择。两口宋井(J9、J33)位于妙光塔(宋南禅寺内)和槐古桥以南的环
城河底,地处宋代无锡城外东南隅,这一带分布着随江南运河的繁
荣而兴起的民间聚落。无独有偶,1994 年在上海奉贤县柘林镇冯桥
村也发现了一口南宋至元代的古井,井中出土的 80 余件遗物中,多
为陶四系罐、韩瓶、执壶及石磨、木桶底等物,没有一件名窑瓷器[⑬]。
冯桥村地属南宋嘉兴府华亭县(今上海松江),是南宋时期随着江南
人口增长,以及开辟杭州湾北岸盐场出现的农村聚落。冯桥宋井出
土物反映的是南宋时期江南农村粗朴、简陋的生活方式。

从以上二例可以看出,宋代不同地位、不同经济实力的人们居
住在城市的不同区位,身份的差异决定了他们对居住环境和器用的
选择。从古代城市遗址出土的生活瓷器中,很容易观察到不同阶层

的人们选择瓷器类型乃至生活方式上的差异。

二　青白瓷与宋辽社会上层的日常生活

瓷器是易碎的物品。瓷器的使用，往往与定居生活联系在一起。10世纪的辽早期，以游牧生活为主的人们，墓葬随葬品多反映墓主生前游牧和征战生活的车马具、铁兵器，陶质随葬器如鸡冠壶，也完全仿照出皮囊壶的模样烧制。11世纪初的辽圣宗时期，在辽国历史上是一个重要的转折点。这一时期有两件大事对辽国的经济和社会生活产生了重大影响。其一，1004年，辽宋订立"澶渊之盟"，此后百余年无战事。大量的北宋物资和书籍输入辽境，在促进辽境经济发展的同时，也加速了其汉化的进程。其二，统和二十三年至二十五年（1005－1007年）营造中京（今内蒙古昭乌达盟宁城西南），这里后来成为了辽朝都城[14]。为了发展中京的农业经济，辽廷在这里大增州县，迁移了大量的农业劳动力[15]。从辽初到辽中期的圣宗时期，契丹的农耕区不断扩大，畜牧业和农业都有较大程度的发展。从此，狩猎业逐渐便失去它在契丹人日常生活中的重要意义[16]。

随着定居人口的增多，辽国社会对瓷器的需求越来越大。价格高昂的少量名窑瓷器，不能满足市场需求。于是，辽国一方面通过榷场贸易和港口贸易输入宋朝名窑瓷器，另一方面仰仗来自中原的人力资源，大兴窑场，仿烧中原名窑瓷器。11世纪初期以后，辽墓内各种输入的北宋名窑瓷器增多起来，其中就包括景德镇青白瓷。从随葬青白瓷的墓主身份来看，终辽一代青白瓷多出于贵族和品官墓（附表5－1）。

辽墓随葬品的这种变化，与11世纪初期以来辽国社会的变迁是相适应的。到11世纪中叶，契丹社会上层的汉化过程基本完成。景德镇青白瓷于11世中叶以后，在辽国农业经济发达区域的集中出土，正说明是定居生活带来了对优质瓷器的需求。

图 5—1 辽墓壁画中的备宴图

　　绘于张世卿墓后室南壁,反映的是备宴的场景。瓜形的器具是
酒注子,它被放置在温酒的注碗中,覆置在桌上的是酒杯,前面三个
呈莲花形。桌上的盘口瓶与插花用的瓶形状相似。前方三个一排带
盖的长瓶叫经瓶,是盛酒的容器

图5—2　辽墓壁画中的备茶图

绘于张世古墓后室西南壁。炭炉上放着执壶,这是点茶的工具。中间
妇人手执盏托,托口放置茶盏。右边的妇人手持唾盂,也称渣斗

　　同时,从出土瓷器的种类也可以观察到辽国社会生活方式的转
变。以青白瓷为例,体现汉化生活方式的器具包括酒具(碗、盘、盏、
蒲篮纹杯、注子和温碗、台盏)、茶具(执壶、盏托、高足花口杯、唾
盂)、梳妆具与香具(粉盒、镂雕香熏、香炉)、宗教用具(净瓶、塔式
罐)和文化用品(砚、围棋)[17],可以从辽国品官墓壁画所绘"备茶图"、
"备宴图"及家居场景中(图5—1至5—5),找到与它们相似的器物,

图 5—3　辽墓壁画中的备经图

绘于韩师训墓东北壁。备经的时候要焚香,经卷下放着五足的香炉

这些器类在造型和装饰上还有仿照宋代金银器的特点(图 5—6),说明宴会、饮茶、熏香等汉人的生活方式,已经为包括契丹人在内的辽国上层社会所接受。

图5—4　辽墓壁画中的家居场景

　　绘于张世卿墓后室。画面包括了焚香、备茶、清洁等事件。持执壶和盏
托的两个人正在点茶。上方的壁画有插花的瓷瓶,形状与酒桌上的瓶相近

　　1973—1993年,河北省文物考古机构在宣化下八里先后发掘了
9座辽代晚期的砖砌壁画墓,其中7座有墓志出土。学术界认为下
八里村的这片墓地,为辽代晚期汉人张氏和韩氏的家族墓地,营建
年代在辽道宗大安年间至天祚帝天庆年间(1085—1120年)⑬。墓室
壁画记录了墓主生前的日常生活,有备宴、出行、散乐、点茶等。张
世卿是辽国高官,墓志称他被"特授归化州殿直,累覃至银青崇禄大
夫、检校国子祭酒,兼监察御史、云骑尉",其墓志铭撰写者郑皓,地
位也较高,曾官至燕京留守判官、中散大夫、守鸿胪少卿、开国子。
从宣化辽墓壁画中可以了解11世纪中晚期到12世纪初辽国社会上
层汉人的家居生活,由于这一时期汉人与契丹人的民族界限渐趋模
糊,壁画中的情景也大体符合契丹上层的实际生活。

图 5—5   辽墓壁画中的出行图

绘于张世卿墓前室西壁。出行的时候也要带上酒具。这套酒具由托盘、注子、注碗、酒杯组成。形制相近的青白瓷注子、注碗、酒杯都有出土

　　尽管大量品质优异的青白瓷进入部分社会上层人士的日常生活,但对于青白瓷在宋代社会中的地位和它所象征的意义却很少有人讨论。一般而言,社会的等级划分是依据人们对稀缺资源的占有和控制能力。农业社会中的等级划分往往就是依据手工业制品,尤其是稀缺手工艺品的占有能力。青白瓷制品,特别是远销各地的上等青白瓷器,它耗费的资源、烧制的难度远非普通粗瓷用品可以比拟,使用青白瓷奢侈品所象征的某种生活情态(如饮茶),也与普通粗瓷不可同日而语。

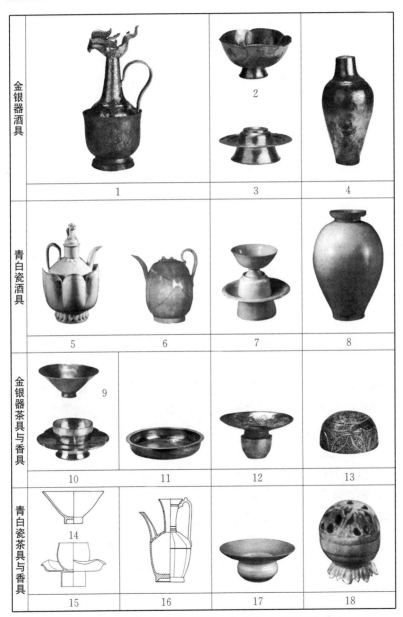

图 5—6　青白瓷茶具、酒具、香具与金银器的对比

1—3.四川彭州窖藏银注子注碗、金盏、银酒台、银瓶;5、7、8.安徽宿松吴正臣夫妇墓(1087年)注子温碗、台盏、瓶;6.内蒙古宁城辽尚暐符墓(1099年)酒注;9—13.四川彭州窖藏银斗笠盏、银盏托、银洗、银唾盂、银香熏盖;14.辽宁义县清河门辽墓(M2)斗笠盏;15.内蒙古宁城辽萧闉墓(1071年)盏托;16.辽宁法库叶茂台辽墓(M3)注壶;17.江西景德镇熊氏墓(1120年)唾盂;18.内蒙古敖汉旗白塔子辽墓香炉(未注明质地者均为青白瓷)

1—4,9—13分别见于《四川彭州宋代金银器窖藏》(北京:科学出版社,2003年)彩版四一、四四:1、三一、九:2、一二:1、四三:2、四四:3、五四:1、五三:1;5、7、8见于《文物》1965年第3期;6见于《文物》1961年第9期;14见于《考古学报》1954年第8册;15见于魏坚主编《内蒙古文物考古文集》第2辑(北京:中国大百科全书出版社,1997年);16见于《东北考古研究》(郑州:中州古籍出版社,1994年);17见于刘涛主编《宋辽金纪年瓷》(北京:文物出版社,2004年)图36;18见于《考古》1978年第2期

但相对于不同材质的同时期手工品,青白瓷大概只是普通的器物。北宋蔡襄在论及各种材质的茶具时,曾说:"茶匙要重,击拂有力。黄金为上,人间以银铁为之。竹者轻,建茶不取。(汤)瓶要小者,易候汤,又点茶注汤有准。黄金为上,人间以银铁或瓷石为之"[19]。就是将瓷器视为"人间"即民间所用之物,青白瓷的器类大量仿照金银器,甚至漆器,正说明后者在手工艺品中比瓷器地位更高。

在《东京梦华录》描写的北宋都城生活中,皇室富家偏爱的也是金银器、铜器和漆器,即便是东京城的普通店铺也以银制餐具来招徕生意。东京有唐家金银铺、枣王家金银铺、温州漆器什物铺、荆筐儿药铺和熟药惠民西局等众多的铺席,却不见《梦粱录》中描述的南宋行在临安的瓷器(青白瓷)铺席。

相对于同时期其他釉色的名窑瓷器,青白瓷的地位也不是太高。宋代皇家和士大夫喜欢斗茶,斗试家偏爱的是建窑的黑盏,而不是青白瓷。原因在于"茶色白,宜黑盏,建安所造者绀黑,纹如兔毫,其坯微厚,熁之久热难冷,最为要用。出他处者,或薄或色紫,皆不及也。其青白盏,斗试家自不用"[20]。皇家生活中有作为饮食具的定瓷瓷器,作为祭器的汝窑和官窑青瓷,作为花盆和陈设器的钧瓷,很少涉及青白瓷。

这种情况却不代表青白瓷的全部。如前所述,在南方,特别是

在经济文化最发达的长江下游平原,高档青白瓷显然是受到社会上层偏爱的一类日用品。虽然使用者也兼用其他材料和其他釉色的器用,但从整个南方地区来看,青白瓷无疑已成为畅销的地方名品。因此,对青白瓷在身份性社会中扮演的作用,应该有一个恰如其分的评价。在考虑青白瓷的使用阶层时,不应该忽视地域的成分。中晚唐以来,随着经济地位的提高,南北方的文化交流逐渐增多,南方原有的文化逐渐为北方社会上层所接受,饮茶习俗就是其中的代表。但这个过程是渐变的,直到北宋时期,南北方无论在思想观念、风俗习惯和审美价值上都还存在一定的差异[①]。就日用瓷器而言,普通民众对瓷器的选择也许更多地考察到经济因素,但是对于社会上层而来,选择不同釉色的瓷器会带有更多文化价值的考量。从这个意义上讲,宋代青白瓷流布的地域差异,也是经济因素和审美因素综合作用的结果。

第二节　瓷质明器神煞与江南地区丧葬文化的地域性

宋代的随葬用品,大致可分为实用器和明器两种类型。实用器,如日用陶瓷器、漆器、铜镜、文具等,一般为死者生前喜好之物;明器又可分为两类,一类是专为死人而设置的迷信压胜之物,另一种是反映死者生前生活情况的奴仆、用具模型或其他器物[②]。实用器与墓主财力有关,反映其生前的生活方式,它的流传可以跨越千里之遥。宋代青白瓷生活用品不仅在北至吉林、内蒙古,东、南至大海,西至四川的广大地域内出土,而且被大量销售到海外。与实用瓷器相比,随葬专用的神煞明器一般在当地制造,由那些带有相近的丧葬观念的人使用,流传范围有限,而且制作与使用(下葬)的时间间隔不大。因此,在反映区域丧葬文化的变迁方面,神煞明器包含更大的信仰和意识形态成份。对这类产品分布地域及文化渊源的分析有助于认识丧葬文化的地域性。青白瓷中的明器神煞主要有多角坛、盘口瓶、谷仓、瓷俑。本章主要讨论公布材料较多的多角坛和盘口瓶两类器物。需要说明的是,其中一部分器物并不是青白瓷,但它们与青白瓷造型和功能都相同,为研究的便利,也将它们包括在讨论之列。

一 多角坛与盘口瓶的丧葬功能

1. 多角坛

多角坛是一种装粮食或钱币的随葬品。多角坛及其变体流行的时间相当长,晚唐以来这类器物作为谷帛储藏器的功能不断被强化。湖南湘乡棋子乡出土的多角坛,发现有谷壳;湘乡巴江乡出土的多角坛,装有大量的北宋钱币;常德郊区出土的多角坛,肩下开有仓口,侧旁设有梯子,有两人在梯子上作开仓取谷状。明代弘治二年(1489年)的多角坛,角被简化,完全变成仓房形式㉓。

浙西南瓯江上游北宋晚期的多管瓶,可视为多角坛的一种演化形式,它也被用来为亡灵供奉谷物。龙泉博物馆所藏的一件五级多管瓶,器身刻有"庚戌十二月十一日太原王记",瓶盖内有"五谷仓,上应天宫,下应地中,荫子益(孙),长命富(贵)"的墨书题记㉔。在该馆收藏的另一件五级多管瓶的盖内,有"张氏五娘五谷仓柜上应天宫下应地中荫子益孙长命富贵"的24字墨书题记㉕。

福建顺昌九龙山宋墓出土的青绿釉带盖多角坛内,也盛有稻谷㉖。顺昌大干良坊宋墓女室出土的青瓷多角坛中,发现了铜钱数枚㉗。

多角坛作为谷仓的功能,从其造型上也得到反映。如长沙马楚墓所出陶多角坛就附有带四条脊楞的屋顶式坛盖。前述湖南宋代多角坛,已吸收了谷仓的仓门等造型。

多角坛作为民间丧葬用器,与道教有一定的关系。福建晚唐五代墓的多角坛,多与神怪俑、买地券一起形成特定的地域组合,暗示着它与道教的密切关系。如福建漳浦灶山一号唐墓,与多角坛同出的买地券中就有"张坚固"、"李定度"和"急急如律令"等语,是典型的道教文书格式。同出的 45 件陶俑中,伏听俑、仪鱼俑、十二生肖俑都是北方唐墓常见的随葬品,其中伏听和仪鱼俑更是北方道教葬书《大汉原陵秘葬经》中规定的明器神煞[28]。

2. 盘口瓶

盘口瓶是南方传统的器类,它们并不都用来随葬。在辽墓壁画上(见图 5—1 至 5—5)盘口瓶被用来插花或盛酒,说明它在日常生活中也被广泛使用。

盘口瓶作为丧葬用明器的功能可能在不同的地域有所不同。湖南和浙西南出土的一部分盘口瓶可能是作为盛酒器来使用的,如长沙出土的一件盘口瓶,"瓶内未见遗物,有时仅留清水"[29]。湖南盘口瓶与多角坛常同出,如果多角坛是储存谷物的容器,盘口瓶就可能是盛酒器,与《大汉原陵秘葬经》中盛放"三浆水"的容器作用近似。浙西南丽水地区宋墓中常见盘口瓶与多管瓶的丧葬用品组合,研究者认为盘口瓶用来盛酒[30]。

浙东出土的唐代盘口瓶在丧葬中是作为粮瓶来使用的。唐光化三年(900 年)墓出土的盘口瓶肩腹部有刻两行铭文"食瓶一□光化三年十月十一日造"[31]。绍兴收集北宋咸平元年(998 年)青瓷粮罂瓶腹部刻"上虞窑匠人项颈造粮罂瓶一个献上新化亡灵王七郎咸平元年七月廿日记"[32],把盘口瓶为亡灵供奉粮食的作用说得十分清楚。

敦煌发现的晚唐写本《杂抄》中有关熟食瓶、五谷袋起源的记载:"食瓶五谷罍谁作? 昔伯夷叔齐兄弟,相让位与周公,见武王伐纣为不义,隐首阳山,耻食周粟,岂不我草乎? 夷齐并草不食,遂我(饿)死于首阳山。载尸还乡时,恐魂灵饥,即设熟食瓶、五谷袋引魂。今葬用之礼"③。因此,可以认为浙江的"食瓶"或者"粮罂瓶"也是"恐魂灵饥"而设的明器。

盘口瓶作为粮瓶的功能在江西宋代长颈堆塑瓶上也得到了体现。1979年丰城县梅岭檀城宋咸淳八年(1272年)墓出土的一对青白瓷堆塑瓶,盛满了稻壳③。

在江西,长颈堆塑瓶还为道教葬仪所用。北宋祥符四年(1011年)余江李大郎墓⑤、北宋嘉祐三年(1058年)南城陈氏六娘墓⑥、北宋大观二年(1108年)金溪孙大郎夫妇合葬墓⑦等墓例中所出7件长颈堆塑瓶,形制相似,都是盘口、长颈、颈部塑龙。墓中均同出了道教买地券。

杨后礼将江西南宋长颈堆塑瓶上神煞的形状与数量与金元时期的地理葬书《大汉原陵秘葬经》做了对比,认为二者的图像大体吻合(表5—1)。

表5—1　《大汉原陵秘葬经》记录的明器神煞与堆塑瓶上神煞图像对照表

来源	名　　　称									
《秘葬经》	仰观伏听	观风鸟	玉马	金鸡	玉犬	十二辰	太阴太阳	仪瓶	当圹当野	墓龙
瓶上图像	伏听俑	鸟	马	鸡	犬	12立俑	日、月	瓶	文武俑	龙

注:本表引自杨后礼《江西宋元纪年墓出土堆塑长颈瓶研究》(《南方文物》1992年
第1期,第87—95页)

《大汉原陵秘葬经》可能是金元时期山西地区的地理葬书,山西地区自唐代以来流行的地理风水之说,渊源于唐代西京(今陕西西安)。以西京为中心,北至今山西、河北,南至四川,东至河南,西至甘肃,都受到了风水学说的影响⑧。因此,宋代以鄱阳湖平原为中心的地域普遍流行长颈堆塑瓶盘口瓶,实则是晚唐以来北方丧葬文化南传的余绪,同时在瓶或罐上堆塑人物和动物,也习见于六朝时期的陶瓷器。因此,此类长颈堆塑瓶或可视为南北方丧葬文化融合的产物。

长颈堆塑瓶的使用者,大部分是平民,但也不乏上层人士。如"官居参知政事、知枢密院事"的施师点,其在广丰的墓葬就出土了一对青白釉长颈堆塑瓶⑩。因此,杨后礼指出,江西在宋代,特别是南宋,较大范围内普遍用长颈堆塑瓶随葬,与宋朝廷崇尚道教有直接关系。长颈堆塑瓶与道教之关系更直接的证据是 1950 年贵溪陈家村发现的道教三十代天师张宗演墓,一对青白瓷长颈堆塑瓶与"解真三十六代天师圹记"同出⑪。长颈堆塑瓶分布最为密集的隆庆府(治今江西南昌)、抚州(治今江西抚州)和饶州(治今江西波阳),拥有宋代道教的三座名山之二,即清江阁皂山与贵溪龙虎山。这些事实都可以支持江西两宋时期的堆塑盘口瓶是一种受道教葬仪影响的随葬品的观点。

杨后礼认为长颈堆塑瓶上的图像是对《秘葬经》所载神煞个体的浓缩的看法有一定的道理。但我们也发现,出土长颈堆塑瓶的墓葬,仍然可以随葬大量的俑类⑫,也就是说长颈堆塑瓶的出现,并不可以整齐划一地替代俑类。民间宗教葬仪似乎没有严格的程式,宋代的道、佛二教都将各种民间图像吸收到自己的丧仪用具中来,彼此借用。如作为佛教圣花的莲花装饰被广泛用于长颈堆塑瓶上作为道徒的丧葬用器。所以,很难单单通过丧葬用品上的某种图像来确认墓主的宗教信仰。这与宋代南方地区儒释道三教共存的文化背景正好吻合。

二　多角坛的分区与区域交流

多角坛在南方最早出现的时间约为中晚唐时期,集中发现于东南沿海地区的福建漳浦、温州瓯窑系窑址、浙西婺州窑窑址和湖南长沙一带,是中晚唐时期在南方地区出现的一种新的随葬明器。多角坛在湖南、福建、浙江、江西、湖北等地的唐宋墓葬中有不少发现。

两湖与江西的多角坛一般为釉陶质,浙江为青瓷或黑瓷质。青白瓷的多角坛,主要流行于闽西北地区。

　　根据多角坛的形制,大致可以将它在江南的分布分为 5 个区域,即湘江中下游地区、金衢盆地与闽江上游地区、瓯江上游地区、闽江下游及瓯江下游地区、以北流河流域为中心的岭南地区(图5-7)。下面分述各区特点:

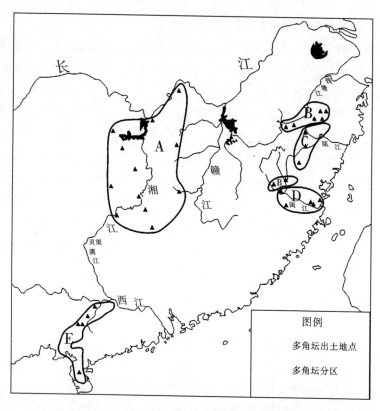

图5-7　宋代多角坛分区示意图

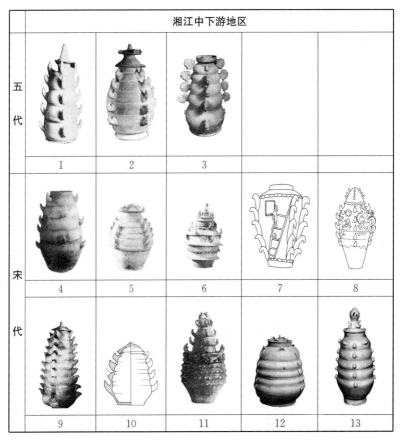

图 5—8　湘江中下游及周边地区出土的多角坛

1. 湖南长沙陶多角坛（长沙 M501：1）；2. 湖南长沙陶多角坛（长沙 M176：1）；
3. 湖南长沙陶多角坛（长沙 M511：5）；4. 湖南长沙北宋陶多角坛（长沙 M12）；5. 湖南资兴北宋陶多角坛（资兴 M483：2）；6. 湖南资兴陶多角坛；7. 湖南常德陶多角坛；
8. 湖南湘乡陶多角坛；9. 江西永兴北宋刘沆墓陶多角坛；10. 湖北武汉江夏北宋中期墓陶多角坛；11. 江西铜鼓陶多角堆塑罐（1117 年）；12. 广西容县河南城青白瓷魂瓶；
13. 广西容县容厢乡厢西村青白瓷魂瓶

1—4 分别见于《湖南古墓与古窑址》（长沙：岳麓书社，2004 年）黑白图版 34、141、38、281；5 见于《考古》1990 年第 3 期；6 见于《考古》1990 年第 3 期；7 见于《考古》1987 年第 7 期；8 见于《考古》1987 年第 7 期；9 见于《考古》1964 年第 11 期；10 见于《江汉考古》2000 年第 4 期；11 见于《江西文物》1989 年第 3 期；12—13 见于《南方文物》1998 年第 3 期

1. 湘江中下游地区(A区)

本区是最早流行多角坛的地区之一。多角坛一般为釉陶质,大约出现于晚唐时期潭州[42],是这一时期湖南葬俗变化的产物。这一时期葬俗的变化表现在两个方面,一是改砖室墓为土坑墓,二是俑类衰落,出现多角坛与盘口壶的组合(图5—8)。

本区晚唐五代的多角坛腹部一般分为五层,每层的前后四方附角一个,角中空。北宋时期的多角坛与五代相比变化不大;南宋时期增加了蟠龙、犬、鸟、人物等雕塑,谷仓功能被强化。

本区多角坛流传到邻近的赣西、鄂东地区,在鄂东南的武汉江夏、赣西北铜鼓和赣西永新发现的北宋多角坛,形制与湖南稍早的多角坛一脉相承。广西北流河流域的青白瓷多角坛系湘江中下游地区多角坛的地方变种。

2. 金衢盆地与闽江上游地区(B区)

本区也是江南最早流行多角坛的地区之一。中晚唐时期金衢盆地的婺州窑已生产青瓷多角坛。武义出土的中晚唐多角坛,器形似瓶,腹部自下而上逐股弧收成级,每级按等距离装饰圆锥形四角,上下角垂直,有盖,并施褐色釉作装饰[43]五代和北宋的多角坛延续了这一造型。

本区多角坛富有地方特色的造型有两点,一是盖顶的宝珠形纽,这是浙东越窑盖类常见的造型;二是器身有时堆塑蟠龙等动物形象,系延续了本地区早期魂瓶的装饰传统。如武义纪年宋墓(1083年)出土的多角坛,在每级器腹上做出对称的羊角装饰,坛身还盘绕着龙的塑形,盖顶也有堆塑动物[44](图5—9,8)。

与金衢盆地多角坛造型相似的器物在闽西北地区宋墓中常有发现,反映了这类器物的一个传播方向。因此将两地划为一个小区,如顺昌宋墓出土的青瓷多角坛,也有锥状的多角装饰,坛盖做亭台式,附有宝珠形纽(图5—9,5)。有的多角坛器身也堆塑龙形(图5—9,6)。

3. 瓯江上游地区(C区)

瓯江上游地区偶见唐五代多角坛。庆元唐墓出土的多角坛,从盖到底,有五级荷叶边饰,器肩有5个羊角形装饰⑤,形制与瓯江下游和金衢盆地有所不同(图5—9,9)。入宋后,瓯江上游以龙泉县为中心出现了一种叫多管瓶的地方丧葬用器(图5—9,10—12)。其祖型可以明确追溯到这一地区的唐代多角坛。

本区多管瓶从造型上可分成两类,一类吸收了金衢盆地婺州窑多角坛多级腹部和宝珠形纽的造型,并将本区唐代多角坛肩部的五个羊角装饰变成多个直管。典型的造型是直口,带盖,五级腹部,肩附五个直管,有时也被称为"五管瓶"(图5—9,11)。另一类多管瓶腹部不分级,吸收了五代宋初浙江越窑细颈盘口瓶的造型并对之加以改造,保留荷叶边装饰,在肩部做出多个直管(图5—9,10)。此外,还有多管瓶糅合以上两类多管瓶的造型。总的来看,多级器腹的造型从唐代到南宋呈逐渐退化趋势。

在装饰方面,唐五代时期以素面为主;北宋时期多莲花及其变体花纹(如荷叶边堆饰),反映了来自浙东越窑的影响(图5—9,11);南宋时期,盖面或器腹保持着莲花装饰,但坛盖上的宝珠形纽多为鸡、狗形纽取代,有的还在颈部塑出龙、虎、星、月等形象(图5—9,12)。

4. 闽江下游与瓯江下游地区(D区)

本区也是江南最早出现多角坛的地区之一。瓯江下游的瓯窑从唐代开始生产青瓷多角坛(图5—9,4),福建福州、漳州等地唐五代墓出土的多角坛与瓯窑产品多有相似(图5—9,1)。其特点是器身修长,角形装饰为空心管。福建沿海出土的唐五代多角坛还有带瓦楞的器盖,象征仓房建筑。

图 5—9　闽江、衢江与瓯江流域出土的多角坛

　　1.福建福州五代陶多角坛(952 年);2.福建尤溪北宋晚期黄陶多角坛;3.福建福州南宋褐釉陶多角坛(1231 年);4.浙江永嘉瓯窑唐代青瓷多角坛;5.福建顺昌北宋前期青瓷多角坛;6.福建顺昌北宋晚期青瓷多角坛;7.浙江金华婺州窑唐代青瓷多角坛;8.浙江武义北宋黑瓷多角坛(1083 年);9.浙江庆元唐代龙泉窑青瓷多角坛;10.浙江龙泉北宋龙泉窑青瓷多管瓶;11.浙江龙泉北宋后期龙泉窑青瓷"五谷仓柜";12.浙江遂昌南宋后期龙泉窑青瓷五管瓶

　　1 见于《福建文博》1999 年第 2 期;2 见于《考古》1995 年第 7 期;3 见于《考古》1987 年第 9 期;4 见于吴高彬主编《义乌文物精华》(北京:文物出版社,2003 年)图 93;5 见于《考古》1987 年第 3 期;6 见于《考古》1991 年第 2 期;7 见于贡昌《婺州古瓷》(北京:紫禁城出版社,1988 年)彩版柒;8 见于《文物》1984 年第 8 期;9—12 分别见于朱伯谦主编《龙泉青瓷》(台北:艺术家出版社,1998 年)图 17—1、图 36、图 56、图 100

　　入宋以后,南平以下的闽江下游地区的多角坛造型发生了变化,腹部分级很不明显,多角装饰退化,与本地区唐代多角坛不同,也不同于闽西北地区。(图 5—9,2、3)

5. 以北流河流域为代表的岭南地区(E区)

　　广西地区至迟北宋中晚期开始生产青白瓷多角坛[⑯],桂东北流河流域的容县、藤县等地即是青白瓷多角坛的生产区。广西宋墓出土的青白瓷多角坛也主要集于北流河流域,说明这一带也是多角坛的主要使用区。这种产品在生产之初便显示出工艺上的成熟,如腹部均衡的五级、腹壁的贴塑,表明其技术来自于异地。本区在此前是否存在其他质地的多角坛,目前还不清楚。宋代多角坛角部装饰不明显,多变形为谷芽或"S"形。其造型源头应是湘江中下游的多角坛,北流河流域宋代多角坛可以视为湖南多角坛的地方变种。

　　从北宋中晚期到南宋,北流河流域多角坛造型发生了两个变化。其一是形体从矮胖向瘦削演变。到南宋时期,腹部的分级已不明显,有些只做出类似瓦楞的样子,但每一条瓦楞贴上圆饼形装饰,可视为角形装饰的孑遗;另一个变化是,北宋时期坛盖顶上的宝珠装饰,到南宋时期为鸡、狗等动物塑形取代。广西多角坛上莲花装饰及动物塑形的共存,与浙西南龙泉地区颇有同曲异工之趣。南方其他地区常见的龙形、人俑等塑形,在这一地区不发达。

6. 多角坛的区域交流

从多角坛的形制看,5 个区域已显示出各自的特点,同时体现了区域间的联系,主要表现在:

(1)湘江中下游地区与周边的联系　湖北和江西发现的多角坛分布在与湘江交通便利的地点,湖北武汉江夏、江西铜鼓和永新,均发现形制与湘江中下游地区相同的多角坛。

鄂东南与洞庭湖平原的陆路交通主要是沿幕阜山西北的山麓地带,今武汉市江夏区在宋代隶属鄂州,为潭州到鄂州的陆路必经之地。江西铜鼓位于九岭山西北侧,从铜鼓西南行可到浏阳河上游。永新位于武功山与罗霄山之间的河谷地带,从永新西行翻越罗霄山的交通线是沟通赣中南和湘江中游的主要交通线。铜鼓、永新与湘江中下游地区的交通,比鄱阳湖平原更为便利。便利的交通为文化的交流创造了条件,并在丧葬用器的形制上得到鲜明的反映。

(2)湘江中下游地区与北流河流域的联系　广西多角坛实则为长沙等地多角坛的变体,湘江通道在历史时期的文化传播中发挥过相当重要的作用,在讨论青白瓷的销售线路时已涉及这一问题。湖南的文化因素很容易随着移民、商旅甚至战争传播到广西。广西唐宋瓷窑主要分布在西江等大河及其支流上,多角坛的流布也不例外。这与中原汉族对岭南的开发进程是一致的。中原汉族开发岭南,往往只能从交通枢纽的城市入手,然后渐次向山区开拓,于是岭南形成了"汉人城居、土人乡成"的格局。因此,唐宋时期岭南以汉人风俗为主的州郡,也自然全都分布在岭南水路交通沿线,土著风俗浓厚的各州,则遍及岭南西部及相邻的东部大云雾山、云开大山两侧[①]。瓷器生产和使用的主体是汉族,它向岭南的传播,也是汉族开发岭南的一个标志。

(3)北流河流域与浙西南、闽西北的联系　南宋时期广西多角坛上还出现了流行于闽西北、浙西南的鸡、狗塑形,这是来自湘江流域之外的文化因素。鸡、狗形象多见于福建尤溪等地的北宋壁画®，鸡、狗塑型则多见于龙泉窑青瓷和闽西北的明器装饰上，可以认为是来自那一带的文化影响。这种跨越自然区域的文化传播往往以一定规模的移民为媒介。宋代福建存在向广西东部沿海地区的移民®，青白瓷多角坛的产地也正是沿海地区的容州(治今广西容县)和藤州(治今广西藤县)。突然出现在广西青白瓷多角坛上的鸡、狗塑形代表着本地区丧葬传统的转变，可能与宋代南方地区内部的移民有关。

(4)金衢盆地与闽西北和瓯江上游地区的联系 金衢盆地与闽西北之间有穿越仙霞岭的陆路。《旧唐书》卷一九下《僖宗本纪》载：乾符五年(878年)，"黄巢之众，再攻江西，陷虔、吉、饶、信等州，自宣州渡江，由浙东欲趋福建，以无舟船，乃开山洞五百里，由陆趋建州，遂陷闽中诸州。"经黄巢修整的这条山路就是一条连接衢州(治今浙江衢州)和建州(治今福建建瓯)的道路，也是五代时人们进入建州常走的路⑤。闽西北发现的与婺州窑相同的多角坛，可能就是进入闽西北的移民带来的新的丧葬用品。

衢州与处州的交通则可沿两州之间的河谷地带南行。衢江支流乌溪港发源于仙霞岭，在衢州附近汇入衢江，另一条支流灵溪由仙霞岭北流在龙游附近入衢江，溯两河南行穿越仙霞岭，即可达瓯江上游的松阴溪，松阴溪与龙泉窑所傍的龙泉溪相通。这些水陆通道将浙江西部地区的两大青瓷窑场——婺州窑和龙泉窑联结在一起。从唐宋时期两地多角坛和多管瓶的造型上，就可以看到二者之间的技术交流，特别是龙泉窑对婺州窑技术因素的吸收。

闽西北地区为闽江及其支流流经，这些河流是联结闽赣、闽浙的主要交通线。晚唐五代以后的历次移民中，闽西北地区都是移民入闽的重要通道。

(5)福建沿海地区与瓯江下游的联系 两地的联系主要是通过海上交通或沿海陆路来完成的。这种联系在多角坛的形制上反映得尤其明显。如漳州、福州等地唐五代墓的多角坛,与唐代瓯窑同类器如出一辙。

三　盘口瓶的分区及区域交流

盘口瓶是南方地区六朝以来流行的一种随葬用品。在湖北、湖南、江西、浙江和安徽等地的唐墓中常有出土。从中晚唐时期开始,盘口瓶的形制出现了较大的改变,区域特点更加鲜明。

盘口瓶中可确定为明器或者神煞器的器物,往往不是简单的盘口瓶造型,多附加了其他的图像。如青白瓷盘口瓶中最常见的"堆塑长颈瓶"(或称"堆纹瓶"、"龙虎瓶"或"魂瓶"),就是堆塑有人物或动物形象的盘口瓶。宋代的盘口瓶常见于今湖南、江西和浙江三省,福建、两广发现不多。

根据宋代盘口瓶的形制,大致可以将它在江南的分布分为 6 个区域,即湘江中下游地区、赣江流域、金衢盆地、瓯江上游地区、闽西北地区、以北流河流域为中心的岭南地区(图 5-10)。下面分述各区特点:

1. 湘江中下游地区(A 区)

本区宋代盘口瓶源自这一地区隋唐时期习见的高大的四系或六系盘口瓶。从晚唐五代开始,人们对这类瓶进行了改造,一些盘口瓶的腹部或肩部加上了荷叶边的装饰,另一些则出现了图案繁复的围栏装饰。与浙江地区相似,10 世纪中叶前后,湖南带围栏的盘口瓶上也出现了龙形堆塑①,但这种装饰并没有流行开来。北宋时期带围栏的盘口瓶总体形制变化不大,但围栏装饰部分新意辈出,图案不下 20 种。

湖南盘口瓶依口部可分为盘口和盂口两种形制。前者只流行于五代和北宋时期,盂形口的盘口瓶从五代流行到南宋,南宋时已

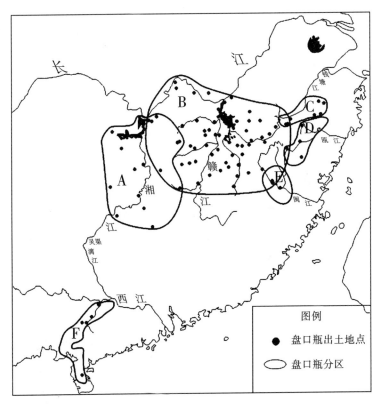

图 5—10 宋代盘口瓶分区示意图

非常接近江西同类器的造型。本区五代北宋时期带围栏的盘口瓶富有地方特色,围栏装饰被广西青白瓷小口修身瓶吸收。南宋以后,盘口瓶在湘江中下游地区逐渐衰落(图 5—11)。

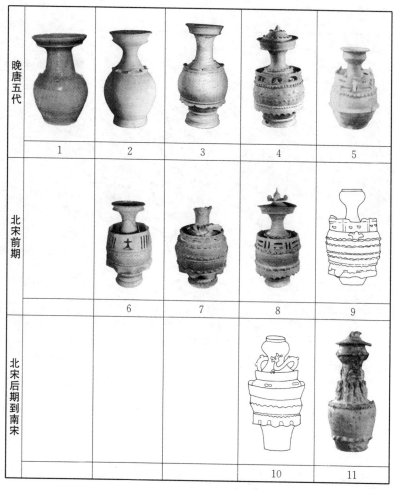

图 5—11　湖南盘口瓶的演变

　　1.长沙隋唐 M123:1;2.长沙隋唐 M73:1;3.长沙马楚 M237:1;4.长沙马楚 M68:1;5.资兴马楚 M483:1;6.长沙北宋 M17:1;7.长沙北宋 M96:1;8.长沙北宋 M6:1;9.耒阳嘉祐六年墓;10.湘乡宏仑上 M3;11.陆城南宋 M1

　　1—4、6—10 分别见于周世荣编著《湖南古墓与古窑址》(长沙:岳麓书社,2004年)黑白图 32、138、139、140、222、227、219 以及第 513 页图 44:1、图 44:2;5 见于《考古》1990 年第 3 期;11 见于《考古》1988 年第 1 期

2. 赣江流域（B区）

本区用作明器神煞的盘口瓶多堆塑动物或俑类。北宋时期的盘口瓶一般塑龙，在造型与装饰上吸收了越窑的文化因素。南宋盘口瓶颈部更长，堆塑与道教有关的、成套缩小的俑类或神煞。

江西最早的长颈堆塑瓶来自越窑盘口瓶的造型。江西余江出土的 1001 年青瓷长颈堆塑瓶（图 5—12,11）是江西发现较早的此类明器。这件器物吸收了五代越窑细颈盘口瓶（C型）的细颈、修身造型，又借用了来自浙东粗颈盘口瓶（B型）的盘龙装饰。江西南城出土的 1057 年青白瓷堆塑瓶则吸收了越窑细颈盘口瓶细颈、修身的造型，荷叶边装饰，以及 D 型瓶的四系和塑龙装饰，并对瓶颈进行了夸张处理（图 5—12,7）。南宋时期长颈堆塑瓶颈部更长，且在肩部堆塑楼阁建筑、仙佛人物、乐伎杂耍、龙虎鸟兽，成为宋代鄱阳湖地区一种特征性极强的地方瓷器产品（图 5—13,1—5）。

这类产品出土数量众多。如 1983 年丰城地区打击破坏古墓葬的过程中，在一个乡就收集了宋元墓葬出土的长颈堆塑瓶一百余对，各地零星出土的也不在少数[32]。长颈堆塑瓶在江南西路的分布，以鄱阳湖东、南、西三侧的饶州、隆兴府和抚州最为集中，江州（治今江西九江）、南康军（治今江西星子）、建昌军（治今江西南城）、吉州（治今江西吉安）、筠州（治今江西高安）、临江军（治今江西樟树）一般有 3—4 处出土地点。远离鄱阳湖地区的福建路、荆湖路、两浙路只有零星出土（附表 5—2）。

从质地上看，长颈堆塑瓶以青白瓷多见，也有一部分为青瓷质，一般为就近销售。如抚州、饶州等地的宋代窑场主要生产青白瓷，本地随葬堆塑瓶也多青白釉。隆兴府分宁（今修水）、吉州永丰等地窑场以生产青瓷为主，本地随葬堆塑瓶也多为青酱或酱褐釉。总的来说，堆塑瓶是一类比较粗糙的产品，多选用淘洗不精的胎料制作，它的象征意义高于观赏意义。

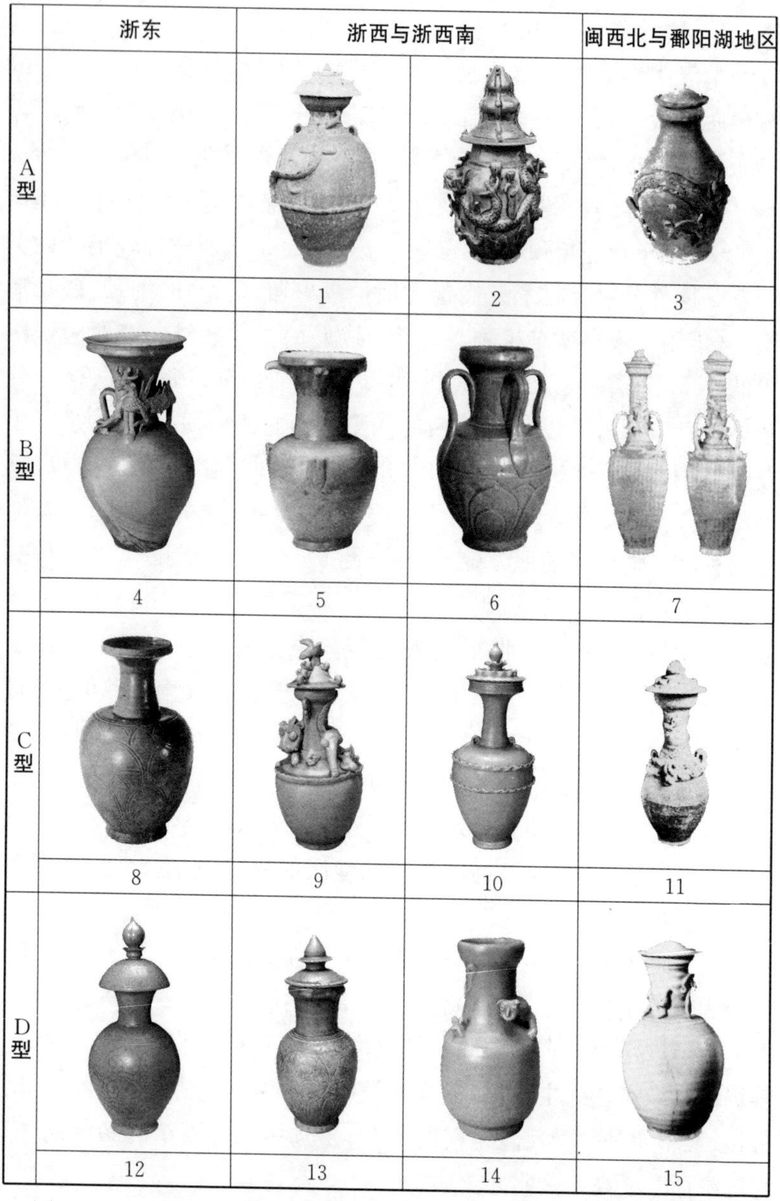

	浙东	浙西与浙西南		闽西北与鄱阳湖地区
A型		1	2	3
B型	4	5	6	7
C型	8	9	10	11
D型	12	13	14	15

图 5—12　越窑与婺州窑盘口瓶造型及其对周边盘口瓶的影响

　　1.浙江金华婺州窑唐代青瓷盘口瓶;2.浙江金华婺州窑北宋青瓷盘口瓶;3.福建邵武沿山北宋后期至南宋前期灰陶盘口瓶;4.浙江越窑唐代青瓷盘口瓶(834年);5.浙江绍兴越窑北宋青瓷罌瓶(998年);6.浙江金华婺州窑宋代罌瓶;7.江西南城北宋青白瓷堆塑盘口瓶(1057年);8.浙江越窑北宋青瓷盘口瓶(978年);9.浙江龙泉窑南宋青瓷盘龙瓶;10.浙江龙泉窑北宋晚期青瓷盘口瓶;11.江西余江北宋青瓷堆塑盘口瓶(1011年);12.浙江临安晚唐水邱氏墓越窑青瓷盘口瓶;13.浙江龙泉窑北宋青瓷带盖盘口瓶;14.浙江龙泉窑南宋后期青瓷盘口瓶;15.福建顺昌大干北宋后期青瓷盘口瓶。

　　1、2、6见于贡昌《婺州古瓷》(北京:紫禁城出版社,1988年)彩版伍、彩版陆;3、彩版陆;7;3见于《考古》1981年第5期;4见于浙江省博物馆编《浙江纪年瓷》(北京:文物出版社,2000年)图169;5、12见于《浙江省文物考古研究所学刊(1981)》(北京:文物出版社,1981年)图版拾陆;6、图版肆;4;7见于《考古》1965年第11期;8见于刘涛著《宋辽金纪年瓷》(北京:文物出版社,2004年)图5—2;9、10、13、14分别见于朱伯谦主编《龙泉窑青瓷》(台北:艺术家出版社,1998年)图99、图37、63、104;11见于《江西文物》1990年第3期贰;15见于《考古》1979年第9期

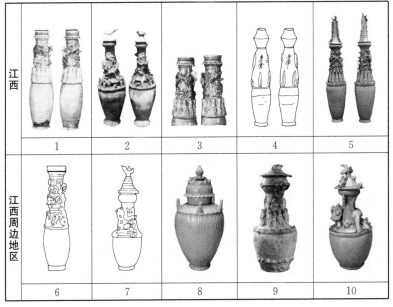

图5—13　江西宋代长颈堆塑盘口瓶及其对周边盘口瓶的影响

　　1.江西樟树青瓷堆塑长颈瓶(1260年);2.江西临川青白瓷堆塑长颈瓶(1165年);3.江西清江青瓷盘口瓶口部的莲瓣装饰(1260年);4.江西南昌南宋中期青白瓷

堆塑长颈瓶;5. 江西樟树青白瓷堆塑长颈瓶(1211 年);6. 福建邵武南宋晚期青白瓷
盘口瓶;7. 福建邵武南宋晚期青白瓷盘口瓶;8. 浙江龙泉北宋前期青瓷多管瓶上的
莲蓬装饰;9. 湖南陆城南宋晚期陶堆塑瓶;10. 浙江龙泉南宋青瓷盘口瓶

1 见于《考古》1965 年第 11 期;2 见于《文物》1990 年第 9 期;3 见于《考古》1965 年
第 11 期;4 见于《江西历史文物》1986 年第 2 期;5 见于《考古》1965 年第 11 期;6,7 见于
《考古》1992 年第 5 期;8,10 见于朱伯谦主编《龙泉窑青瓷》(台北:艺术家出版社,1998
年)图 36,99;9 见于《考古》1988 年第 1 期

3. 金衢盆地(C 区)

唐宋时期,金衢盆地的婺州窑与浙东越窑保持着密切的联系。
谭其骧先生认为浙江中区的开发起点在绍兴府西北部,其路径是从
浦阳江入婺港和衢港[53]。这条水上交通线将浙东越窑和浙西婺州窑
连接在一起。从唐宋盘口瓶的造型和装饰上也可看出两地窑场之
间的交流。金衢盆地婺州窑南朝时期的盘口瓶上已出现了贴塑
龙[54]。到了唐代,浙东越窑也生产出贴塑或堆塑龙形的盘口瓶,同时
婺州窑吸收了越窑四系盘口瓶等诸多器物造型。入宋以后,婺州窑
延续本地区南朝以来的装饰传统,生产一种器身堆塑龙形的盘口
瓶,使之成为金衢盆地独特的丧葬明器(图 5—12,1、2)。

4. 瓯江上游地区(D 区)

本区在宋代最大的窑场是处州龙泉窑。从瓷器造型和装饰上
看,龙泉窑吸收了越窑和婺州窑的许多文化因素。三地窑场瓷业技
术的交流符合汉代以来对浙江中部和西部地区的开发进程,即由婺
州窑率先接受来自越窑的影响,再将这种影响传播到处州地区。就
盘口瓶而言,龙泉窑继承了越窑粗颈和细颈(C 型和 D 型)两类盘口
瓶的生产传统。在装饰上,北宋前期的龙泉窑盘口瓶以越窑青瓷上
常见的莲瓣、宝珠等佛教色彩的装饰内容为主(图 5—12,13),北宋
后期到南宋出现了装饰于盖顶的鸡、狗塑形,以及装饰于颈部的龙、
虎塑形(图 5—12,14)。北宋中晚期以后越窑趋于衰落,龙泉窑瓷器
也逐渐摆脱越窑的影响,形成自己的风格。同时随着景德镇等窑场

的兴起,龙泉窑与江西地区的瓷业技术交流增多。部分龙泉窑南宋盘口瓶顶部造型与江西长颈堆塑瓶十分相似,就可以说明这一点(图5－12,9)。

5. 闽西北地区(E区)

闽西北特殊的地理位置,使这里容易吸收邻近地区的丧葬文化因素。闽西北晚唐墓中有一种浅盘口、矮身的陶盘口瓶,入宋以后,盘口瓶的外形发生了很大变化。盘口瓶形体变得修长,且多附龙纹装饰。南宋时期,闽西北邻近江西的邵武等地还出现了三类盘口瓶,一类器身盘龙,与金衢盆地婺州窑产品十分相似(图5－12,3);一类颈部盘龙,与浙西南龙泉窑同类器相近(图5－12,15);一类在肩部堆塑俑类,与鄱阳湖平原长颈盘口瓶如见一辙(图5－13,6、7)。与瓯江上游、金衢盆地和鄱阳湖平原在丧葬用器上的广泛联系,是闽西北地区显著的特点。

6. 以北流河流域为中心的岭南地区(F区)

广西窑工将湖南盘口瓶的围栏装饰借用到小口修身的瓶上,制作出独具特色的地方丧葬用品,从中再次看到两地的文化联系(图5－14,3)。

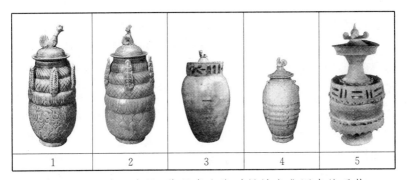

| 1 | 2 | 3 | 4 | 5 |

图5－14　广西容县、藤县青白瓷对异地文化因素的吸收

1.浙江龙泉北宋青瓷五叶瓶;2.浙江龙泉北宋青瓷五叶瓶;3.广西藤县北宋中晚期青白瓷魂瓶;4.广西容县宋代青白瓷魂瓶;5.湖南长沙北宋陶盘口瓶(M6:1)

1—2见于朱伯谦主编《龙泉窑青瓷》(台北:艺术家出版社,1998年)图60、59;3—4见于《南方文物》1998年第3期;5见于周世荣编著《湖南古墓与古窑址》(长沙:岳麓书社,2004年)黑白图219

7. 盘口瓶的区域交流

瓷质盘口瓶是南方地区六朝时期的流行器类。从晚唐五代开始,各地盘口瓶的形制发生了较大变化。如浙江越窑和婺州窑出现了堆塑龙形的盘口瓶,而湖南的盘口瓶上出现了围栏装饰。江西地区入宋后,出现了一类被称为"堆塑长颈瓶"的盘口瓶,特别是在南宋时期,以鄱阳湖为中心的广大地区流行堆塑神煞俑类的盘口瓶,并沿着交通线流传到周边地区。龙形和俑类堆塑的出现,是盘口瓶自晚唐以来发生的最明显的变化。

(1)越窑盘口瓶造型对周边地区的影响　盘口瓶的演进表现了浙东文化对周边地区的影响。晚唐到宋初,越窑技术向西、向南不断扩散,在江南各地生产的盘口瓶中,往往可以看到越窑青瓷的痕迹。

晚唐五代浙江的盘口瓶至少有4种形制,其中3种形制为浙东越窑所创造,它们的功能也应存在差异,这4种盘口瓶都对相邻地区的盘口瓶的形制产生了影响(见图5—12)。

就其装饰而言,唐五代时期浙西四耳带盖盘口瓶(A型)和浙东四鋬粗颈盘口瓶(B型)上都有贴塑或堆塑龙的装饰。另两类无耳的盘口瓶(C型和D型)主要为浙东越窑生产,一般不见堆塑动物形象,常用莲瓣和荷叶边装饰瓶身,盖纽作宝珠或塔形,与浙东佛教文化的昌盛有一定的关系。带鋬、有龙的塑形的两类盘口瓶(A型和B型)一般形体较大,质地比较粗糙;另两类盘口瓶则制作精致,其中细颈修身的盘口瓶(C型),其祖型可能来自唐代金银器。这4类盘口瓶在使用功能和使用对象上应存在差别。A型与B型盘口瓶无疑是民间用品,前述为"新化亡灵王七郎"定制的青瓷粮罂就是一个很好的例证。

各地民窑在制作专门用于丧葬的盘口瓶时,不加选择地吸收了浙江4种盘口瓶造型与装饰特点,包括或许是作为生活用品的C型和D型盘口瓶。

(2)婺州窑堆塑传统对周边地区的影响　在北宋以前堆塑或贴塑龙纹的装饰手法以婺州窑最为盛行。在浙江武义南朝元嘉墓即出土了肩部贴有龙纹的盘口瓶。晚唐五代,湖南等地的盘口瓶上也发现了龙纹。两宋时期盘口瓶上的龙形装饰更加普遍。

瓷器上堆塑俑类和其他图像是浙江青瓷窑场,特别是浙西婺州窑特有的传统。这一传统在北宋时期部分为江西地区吸收。北宋时期江西的一些陶罐上就已经出现了人物塑形,南宋以后,成套的俑类被放置到盘口瓶的肩部,成为鄱阳湖平原独特的丧葬用品。

(3)江西长颈堆塑瓶向周边地区的传播　南宋时期,江西的青白瓷长颈堆塑盘口瓶,成为流行范围最大的明器神煞。从附表5-2中可以看出,南宋长颈堆塑瓶的出土地点以鄱阳湖平原为中心,向四周扩散。东达福建浦城、浙江江山,西达湖北武汉江夏、黄石、黄梅及湖南临湘、醴陵,南面则到达赣中丘陵地带的广昌、吉安。盘口瓶一般沿着交通线向外传播,多停留在离中心区域不远的地点或山口附近。从江西进入闽西北,可从抚河流域经过铁关和杉关到达富屯溪,或从信江支流铅山河逆流而上经分水关到达崇安,沿闽江支流崇阳溪南行。前者至今是闽赣交通的主要通道。在邵武和顺昌等地发现的堆塑长颈瓶应受到了来自抚河地区的影响。鄱阳湖地区与湘江流域的交通则是通过罗霄山脉间的低矮谷地。其中,经过袁水上游谷地,过老关可到达醴陵。湖南临湘、武汉江夏及鄂东地区发现的堆塑瓶可能是通过长江干流传播的结果。

四　根据《太平寰宇记》复原的宋初江南风俗区

徐苹芳先生在谈到中国历史时期考古分区的问题时,曾经指出"考古发现的遗迹和遗物在当时社会中只能是局部的、零散的,它不可能反映社会的全貌。因此,在研究历史时期考古学文化分区上,必须注意文献上所记的当时人们对地理分区的认识"⑤。

乐史《太平寰宇记》是一部有利于认识宋代人文地理分区的文献。乐史(930－1007 年),江西人,曾在南唐和北宋两朝为官,学识渊博,又熟知南方风土人情,他在《太平寰宇记》中记录了各地风俗的特点,并将一州与邻近各州进行比较,可以据此将北宋初年的江南地区归纳为长江下游平原,青弋江、新安江流域与皖南沿江地区,环太湖地区,金衢盆地,浙东沿海与瓯江上游地区,闽江、汀江流域与瓯江下游地区,闽南地区,赣江流域,湘江中下游与鄂东南地区,湘江上游与漓江流域和岭南地区这 11 个风俗文化区(表 5－2),其分区特点如下:

1. 只有江西是风俗区、政区和自然区划统一的区域。

2. 政区与风俗区不吻合的情况,有的是因为河流在文化交流中纽带作用,比如睦州(治今浙江淳安)风俗同歙州(治今安徽歙县),主要是新安江在两地起到了文化纽带的作用。又如全州(治今湖南全州)、永州(治今湖南零陵)风俗同于桂州(治今广西桂林),也说明湘江—漓江起到了文化通道的作用。

一方面,河流可以起到文化通道的作用,另一方面这种作用又会受到河流交通状况的影响。一些不适通航或航行条件欠佳的河流,有时反倒阻隔文化交流。例如,北宋初同属瓯江流域的处、温二州风习不同,前者与浙东同俗,而后者有瓯越之风。这种状况应与交通条件有关。温州与处州的沟通主要通过永嘉江(即瓯江),永嘉江上游的大溪(今龙泉溪)、好溪等支流河水湍急,经常引起人舟覆没,直到北宋元祐七年(1092年),通过治理险滩,才改变这一状况㊲。

表5-2　根据《太平寰宇记》复原的江南主要风俗区

分区	州名	记载	卷数
长江下游平原	润州	……婚嫁丧葬,杂用周、汉之礼	卷八十九《江南东道一》
	昇州	风俗:同润州	卷九十《江南东道二》
	广德军	风俗:同昇州	卷一百三《江南西道一》
	常州	言地则三吴襟带之邦,百越舟车之会。举江左之郡者,常、润其首焉	卷九十二《江南东道四》
	江阴军	风俗:同常州	卷九十二《江南东道四》
青弋江、新安江流域与皖南沿江地区	宣州	大抵人性风俗与两浙相类	卷一百三《江南道十五》
	歙州	风俗:同宣州	卷一百四《江南西道二》
	太平州	风俗:同宣州	卷一百五《江南西道三》
	池州	风俗:同宣州	卷一百五《江南西道三》
	睦州	风俗:同歙州	卷九十五《江南东道七》
环太湖地区	苏州	东北有海盐县,复有章山之铜,擅三江、五湖之利,亦江东一都会也	卷九十一《江南东道三》
	秀州	风俗:同苏州	卷九十五《江南东道七》
	湖州	风俗:同苏州	卷九十四《江南东道六》
金衢盆地	婺州	郡国志云:"扬州东境婺州,正得东越之地。……民俗轻躁,少信行,好淫祀"	卷九十七《江南东道九》
	衢州	风俗:同婺州	卷九十七《江南东道九》
浙东沿海与瓯江上游地区	越州	《汉书》曰:"文身断发,以避蛟龙之害。"……《宋略》云:"会稽山阴编户三万,号为天下繁剧之所"	卷九十六《江南东道八》

续表

分区	州名	记载	卷数
浙东沿海与瓯江上游地区	杭州	风俗:同越州	卷九十三《江南东道五》
	明州	风俗:同越州	卷九十八《江南东道十》
	台州	风俗:同越州	卷九十八《江南东道十》
	处州	风俗:同台州	卷九十九《江南东道十一》
闽江、汀江流域与瓯江下游地区	温州	风俗:俗好淫祀,有瓯越之风	卷九十九《江南东道十一》
	福州	《开元录》:"闽州,越地,即古东瓯,今建州亦其地。皆蛇种。……"《十道志》云:"嗜欲、衣服,别是一方"	卷一百《江南东道十二》
	建州	风俗:同福州	卷一百一《江南东道十三》
	南剑州	风俗:同建州	卷一百《江南东道十二》
	邵武军	风俗:同建州	卷一百一《江南东道十三》
	汀州	风俗:同福州	卷一百一《江南东道十三》
闽南地区	泉州	风俗:泉郎,即此州之夷户,亦曰游艇子,即卢循之余。……其居止常在船上,兼结庐海畔,随时移徙,不常厥所	卷一百二《江南东道十四》
	漳州	风俗:同泉州	卷一百二《江南东道十四》
赣江流域	洪州	……人食鱼稻,尚黄老清净之教,重于隐遁,盖洪崖先生、徐孺子之遗风	卷一百六《江南西道四》
	筠州	风俗:同洪州	卷一百六《江南西道四》
	江州	风俗:同洪州	卷一百一十一《江南西道九》
	南康军	风俗:具载江州	卷一百一十一《江南西道九》
	饶州	风俗:同江州	卷一百七《江南西道五》
	信州	风俗:同饶州	卷一百七《江南西道五》
	虔州	风俗:吉州	卷一百八《江南西道六》
	袁州	风俗:同洪吉等州	卷一百九《江南西道七》

续表

分区	州名	记载	卷数
赣江流域	吉州	风俗:同洪州	卷一百九《江南西道七》
	抚州	风俗:同洪州	卷一百一十《江南西道八》
	建昌军	风俗:同抚州	卷一百一十《江南西道八》
湘江中下游与鄂东南地区	鄂州	……重巫鬼之祀……	卷一百一十二《江南西道十》
	兴国军	风俗:与鄂州同	卷一百一十三《江南西道十一》
	岳州	风俗:同湘州	卷一百一十三《江南西道十一》
	潭州	……俗信鬼,好淫祀。茅庐为室,颇杂越风……	卷一百一十四《江南西道十二》
	衡州	风俗:与潭州同	卷一百一十五《江南西道十三》
	郴州	风俗:与潭州同	卷一百一十七《江南西道十五》
	连州	风俗:与郴州同	卷一百一十七《江南西道十五》
	桂阳监	风俗:与郴州同	卷一百一十七《江南西道十五》
湘江中下游与鄂东南地区	澧州	风俗:大同荆楚,然少杂夷、獠之风	卷一百一十八《江南西道十六》
	朗州	风俗:与澧州同	卷一百一十八《江南西道十六》
湘江上游与漓江流域	道州	别有山傜、白蛮、俚人三种类,与百姓异居,亲族各别	卷一百一十六《江西西道十四》
	桂州	风俗:……信巫鬼重淫祀	卷一百六十二《岭南道六》
	全州	风俗:与永州同	卷一百一十六《江南西道十四》
	永州	风俗:与桂州同	卷一百一十六《江南西道十四》

续表

分区	州名	记载	卷数
岭南地区	广州	风俗:……婚嫁礼仪颇同中夏	卷一百五十七《岭南道一》
	潮州	风俗:同南海	卷一百五十八《岭南道二》
	恩州	风俗:与广州同……。土地多风少旱,耕种多在洞中	卷一百五十八《岭南道二》
	春州	风俗:同广州	卷一百五十八《岭南道二》
	韶州	风俗:同广州	卷一百五十九《岭南道三》
	南雄州	风俗:同韶州	卷一百六十《岭南道四》
	惠州	风俗:同广州	卷一百六十《岭南道四》
	端州	有夷、夏,人织蕉、竹、纻、麻、都落等布以自给	卷一百五十九《岭南道三》
	梅州	风俗:同南海	卷一百六十《岭南道四》
	英州	风俗:同广州	卷一百六十《岭南道四》

　　谭其骧先生认为金、衢、处三府地汉代以后的开发力量来自绍兴府西北部。他说:"人文开化之途径,间有不能以山河自然形势测定者,开辟婺港、衢港者来自浦阳江而非二港下游之钱塘江,斯其一例;开辟处州者不来自瓯江下游之温州而来自衢州,又其一例"[57]。区域开发的途径,也能导致风俗区与自然区域的背离,这可能是北宋处、温不同俗的原因之一。

　　3. 湖南和两广地区,在北宋初兼有汉人与土著居民,没有形成统一的文化区。风俗区呈现出沿主要交通线分布的特点。主要交通线沿线的州府,较早和较多地接受了中原文化风气,远离交通干道的州府,至少在北宋初年受汉人风俗浸染的程度还很不够。

　　乐史在讲唐宋之际广州风俗变化的原因时称:"爰自前代及于唐朝,多委旧德重臣抚宁其地,文通经史,武便弓弩,婚嫁礼仪颇同中夏。"进入广州的主要交通线经过的州郡,汉化程度都比较高,风俗多与广州相同,如由江西进入广东的"大庾岭道"沿线的南雄州

（治今广东南雄）、韶州（治今广东韶关）、英州（治今广东英德），由福建漳州入广东的"漳州路"沿线的潮州（治今广东潮州）、由福建汀州入广东的"循梅路"沿线的梅州（治今广东梅县），以及沿海的惠州（治今广东惠州）、恩州（治今广东阳江），它们与广州一起，在岭南道东部形成一个汉文化区。这种风俗区的分布状况与唐宋之际大量中原汉人移民沿主要交通线进入岭南有关。在岭南道西部还分布着大量蛮族居民，他们风俗各异，居住于远离交通线、风俗各异的州县。总的来说，北宋初的岭南道是一个存在多种风俗的区域。

五　讨论：多角坛、盘口瓶分区与《太平寰宇记》体现的风俗区的对比

《太平寰宇记》中体现的文化分区主要根据语言、服饰、婚丧礼仪、饮食、居民性格以及与受中原文化的影响程度等内容。这些内容虽然并不能在考古实物中得到全面反映，但墓葬随葬品的分区特色可以部分的体现历史文献记载的风俗文化区，并丰富其中的某些内容。作为明器神煞的多角坛和堆塑盘口瓶，是区域丧葬文化的组成部分，丧葬用品的流布是以共同的信仰为前提的，丧葬用品造型上的趋同，可以说明人们丧葬观念的趋同。通过对比《太平寰宇记》记载的风俗文化区与多角坛、盘口瓶这两类明器的分区，发现二者有相当的一致性。

其一，据《太平寰宇记》可知，长江下游平原、皖南和环太湖地区、浙东地区，是江南受中原文化影响最早、最深的区域，考古资料表明，这些地区的宋墓一般不见堆塑盘口瓶和多角坛等地方型明器。

其二，多角坛和盘口瓶反映的江西、两湖、两广的分区，不仅基本符合唐宋时期道、路的划分，也与《太平寰宇记》关于各州风俗的记载相符。长颈堆塑盘口瓶在江西的广泛流布，证明直到南宋时

期,江西基本上是一个以鄱阳湖为中心的统一文化区。多角坛、盘口瓶的组合在潭州的集中发现,与五代宋初湖南中原文化主要沿湘江一线传播、多元化文化格局在湖南的存在是相符的。多角坛所反映的瓯江下游与福建地区的联系,则证明温州有"瓯越之风"的特点并非虚言。宋代处州龙泉窑在北宋前期大量吸收越窑的瓷业技术,模仿其造型与装饰特点,又可以从处州、台州、越州、明州处于同一风俗区中得到更多的解释。

同时也应该看到,实物与文献记载体现的风俗文化区毕竟是有差别的。在同一个州内,因为地形、交通条件等因素,常存在多种风俗。这一点从瓷器明器神煞的流布上可以看得很清楚。但不能要求概括性的全国总志对此有太多的记述。比如洪州与潭州总体风俗显然不同,但在洪州与潭州交界的分宁(今江西修宁铜鼓),却出土了与潭州几乎一样的多角坛。又如建州俗同福州,但建州的宋代多角坛和堆塑盘口瓶与福州不同,却与信州、饶州、衢州和处州相同。这大概是因为《太平寰宇记》等全国地理总志,在描述风俗时多以州府城市为典型,不可能兼及明器体现的文化交汇地带。另外,我们还应该注意到,《太平寰宇记》记录的是北宋初年的状况,有宋一代,随着江南地区的进一步开发,原有的风俗文化分区也会发生变化。尚需参考更多的历史文献,了解宋代风俗文化区的演变。

从瓷器明器神煞的演变中看到的某些区域联系,涉及特定历史时期的文化传播,也不是地理文献所能穷尽的,比如广西青白瓷多角坛、魂瓶器盖上的鸡、狗塑形,体现了闽浙文化因素,是一种跨越自然区的文化传播。对这一类考古学文化现象,不一定都能从历史文献中找到具体的解释。

小 结

考古发现的青白瓷可以分为实用器和丧葬用的神煞明器两大

类。实用器可以在一个很大的地域内传播。实用瓷器有档次之分，使用什么档次的瓷器，取决于购买者的经济实力，因此出土瓷器的质量可以反映使用者的经济地位；瓷器又有日用品和奢侈品之分，奢侈品是判断使用者水准的依据，日用品则可以作为观察使用者生活情态的视角。本章通过对长江下游平原出土青白瓷的分析，指出运销于此的景德镇青白瓷成为官宦或富庶之家喜好的物品，通过它常与文房用具经常同出的事实，认为青白瓷得到这一地区知识分子的青睐，从粉盒多出于富家女性墓的现象判断，青白瓷盒也是富人家眷珍视的用品。总之，在长江下游平原，使用青白瓷代表了一种社会上层的品味和格调。

辽代壁画中常绘有瓷器，其中就有与景德镇青白瓷造型相近的图像。本章选取辽国高等级墓与南方墓主身份可靠的纪年墓出土的部分青白瓷，通过将它们与辽墓壁画中的瓷器图像、宋代金银制品造型进行比较，认为辽国社会上层日常生活中使用的青白瓷存在特定的组合，体现了他们追慕中原士大夫生活方式的心态。青白瓷的使用有一定的地域性，讨论青白瓷在宋代日用品中的地位时，还应考虑区域内特有的生活风俗习惯，并结合金银器及其他釉色品种瓷器的使用情况，做出公允的评价。

与实用瓷器相比，丧葬用的神煞明器一般在当地制造，传播范围有限，其制作与使用（下葬）的时间间隔不大，因此，在反映区域文化的内涵方面，神煞明器无疑包含更大的信息量。对这类产品分布地域及文化渊源的分析有助于从实物的角度认识唐宋之际区域文化的变迁，以及宋代各区域之间的文化交流。由于从考古实物并不能反映社会全貌，所以，从瓷器明器神煞入手观察南方丧葬文化分区时，还需参照当时人对于文化地理分区的认识。本章对南方唐宋时期常见的两种明器——多角坛和盘口瓶做了分区研究，又根据《太平寰宇记》中对各州风俗情况的记载，对北宋初年江南地区主要的风俗文化区做了简单的复原，然后讨论两种分区结论的差异，并分析了这种差异存在的原因。

① 镇江市博物馆:《镇江市南郊北宋章岷墓》,《文物》1977 年第 3 期,第 34—44 页。

② 《宋史》卷一三《英宗本纪》。

③ 黄宣佩:《上海宋墓》,《考古》1962 年第 8 期,第 418—419 页。

④ 沈令昕、谢稚柳:《上海西郊朱行乡发现宋墓》,《考古》1959 年第 2 期,第 110—111 页。

⑤ 陈晶、陈丽华:《江苏武进村前宋墓清理》,《考古》1986 年第 3 期,第 247—268,图版柒、捌。

⑥ 《宋史》卷一五三《舆服五》记载:"其销金、泥金、真珠装缀衣服,除命妇许服外,余人并禁。"

⑦ 王德庆、陈福坤:《江苏江宁东善乡冯村清理二座北宋墓》,《考古》1959 年第 1 期,第 46—47 页。

⑧ 江苏省文物管理委员会、南京博物院:《江苏淮安宋代壁画墓》,《文物》1960 年第 8,9 期,第 43—54 页。

⑨ 项剑云、乔健:《海州区发现宋代墓葬》,《中国文物报》1998 年 7 月 5 日第 1 版。

⑩ 绍兴县文物管理委员会:《浙江绍兴缪家桥宋井发掘简报》,《考古》1964 年第 11 期,第 558—560 页。

⑪ 李孝聪:《唐宋运河城市城址选择与城市形态的研究》,唐晓峰、黄义军编《历史地理学读本》,北京:北京大学出版社,2006 年,第 329—339 页。

⑫ 无锡市博物馆:《无锡市环城河古井清理》,《文物》1983 年第 5 期,第 45—54 页。

⑬ 王世杰:《上海奉贤县冯桥宋井的清理》,《考古》1997 年第 5 期,第 46—57 页。

⑭ 谭其骧:《辽后期迁都中京考实》,历史研究编辑部编《辽金史论文集》,沈阳:辽宁人民出版社,1985 年,第 284 页。

⑮ 韩茂莉:《辽金农业地理》,北京:社会科学文献出版社,1999 年,第 73 页。

⑯ 嵇训杰:《辽朝经济举隅》,历史研究编辑部编《辽金史论文集》,沈阳:辽宁人民出版社,1985 年,第 165 页。

⑰ 彭善国:《辽代青白瓷器初探》,《考古》2002 年第 12 期,第 64—73 页。

⑱ 河北省文物考古研究所编著:《宣化辽墓》,北京:文物出版社,2001 年,第 308—313 页。

⑲ 《端明集》卷三五《茶录》。

⑳ 同上注。

㉑ 程民生:《宋代地域文化》,开封:河南大学出版社,1997年。

㉒ 徐苹芳:《唐宋墓葬中的"明器神煞"与"墓仪"制度——读〈大汉原陵秘葬经〉札记》,《考古》1963年第2期,第87—106页。

㉓ 周世荣:《湖南出土盘口瓶、罐形瓶和牛角坛研究》,《考古》1987年第7期,第646—652页。

㉔ 朱伯谦主编:《龙泉窑青瓷》,台北:艺术家出版社,1998年,图版61。

㉕ 同上注,图版56。

㉖ 福建省博物馆:《福建顺昌宋墓》,《考古》1979年第6期,第504—507页。

㉗ 顺昌县文管会、顺昌县文化局:《福建顺昌县北宋墓清理简报》,《考古》1987年第3期,第283—241页。

㉘ 漳浦县博物馆:《漳浦唐五代墓》,《福建文博》2001年第1期,第40—45页。

㉙ 同注㉓。

㉚ 李宝平:《宋龙泉青瓷四管瓶》,《中国文物报》1999年5月30日第3版。

㉛ 浙江省博物馆编:《浙江纪年瓷》,北京:文物出版社,2000年,图171。

㉜ 沈作霖:《介绍一件宋咸平元年粮罂瓶》,《浙江省文物考古所学刊(1981)》,北京:文物出版社,1981年,第196页。

㉝ 转引自注㉒。

㉞ 万良田:《江西丰城县出土宋代稻谷》,《农业考古》1981年第2期,第112页。

㉟ 倪志福、项进良:《余江县锦江纪年宋墓出土文物》,《江西文物》1990年第3期,第71—72页,图版贰。

㊱ 薛尧:《江西南城、清江和永修的宋墓》,《考古》1965年第11期,第571—576页。

㊲ 陈定荣:《江西金溪宋孙大郎墓》,《文物》1990年第9期,第14—18页。

㊳ 同注㉒。

㊴ 罗小安:《广丰发现宋施师点墓》,《江西历史文物》1986年第2期,第42、18页。

㊵《江西贵溪陈家村发现张天师墓》,《文物参考资料》1951年第2期,第163页。

㊶ 如江西宜丰彭氏念一娘墓(彭适凡、刘玲:《江西分宜和永丰出土的宋俑》;《考古》1964年第2期,第72页、85页,图版捌)就同时出土了大批俑类和堆塑瓶。同样的情况还见于德兴蓝文蔚墓(德兴县博物馆:《江西德兴香屯宋墓》,《考古》1990年第8期,第737—740页,图版伍、陆)。

㊷ 周世荣:《湖南古墓与古窑址》,长沙:岳麓书社,2004年,第155页。

㊸ 贡昌:《婺州古瓷》,北京:紫禁城出版社,1988年,第59页。

㊹ 李知宴、童炎:《浙江武义县北宋纪年墓出土陶瓷器》,《文物》1984年第8期,第91页。

㊺ 同注㉔，图版 17。

㊻ 广西考古工作者将青白瓷的瓶类一律叫堆塑瓶，但我们发现它们至少可以分为两类，一类是多角坛及其变体；另一类是带围栏装饰的瓶。后者我们将在盘口瓶一节中予以讨论。

㊼ 廖纱华：《唐宋岭南宗教信仰与土风民俗之分布》，陕西师范大学西北历史环境与经济社会发展研究中心编《历史环境与文明演进——2004 年历史地理国际学术讨论会论文集》，北京：商务印书馆，2005 年，第 437－452 页。

㊽ 福建省博物馆：《福建尤溪麻洋宋壁画墓清理简报》，《考古》1989 年第 7 期，第 611－616 页。

㊾ 如南宋人周去非在《岭外代答》中将岭南人分为五类，其中第四类射耕人就是福建人。

㊿ 张剑光：《唐五代江南工商业布局研究》，南京：江苏古籍出版社，2003 年，第 269 页。

○51 这类带龙形的瓶，在周世荣的文章中归为南宋。但与此件器物同出的有"官"字款莲纹盒，后者是五代宋代的产品，故塑龙的盘口瓶也应为 10 世纪的作品。见周世荣《湖南出土盘口瓶、罐形瓶和牛角坛研究》《考古》1987 年第 7 期，第 646－652 页）。

○52 杨后礼：《江西宋元纪年墓出土堆塑长颈瓶研究》，《南方文物》1992 年第 1 期，第 87－95 页。

○53 谭其骧：《浙江省历代行政区域——兼论浙江各地区的开发过程》，谭其骧《长水集（上）》，北京：人民出版社，1987 年，第 398－416 页。

○54 武义县文物管理委员会：《从浙江省武义县墓葬出土物谈婺州窑早期青瓷》，《文物》1981 年第 2 期，第 51－56 页，图版柒：7。

○55 徐苹芳：《中国历史考古学分区问题的思考》，《考古》2000 年第 7 期，第 80－87 页。

○56 乾隆《龙泉县志》卷二《艺文》。

○57 同注○53。

附表 5－1　　出土青白瓷的部分辽墓墓主身份统计表

墓葬名称	墓主身份	时代	年代	今地名	道属	器类	件数
耿延毅夫妇合葬墓	户部使	辽前期	1020	朝阳	中京道	瓶2、刻花小罐、花口盘2、花口碗2	7
辽晋国夫人墓	圣宗法天皇后之妹,后族	辽前期	1038	阜新	中京道	碗2	2
萧慎微祖群2号墓	左监门卫上将军	辽后期	1057	义县	中京道	大碗8、小碗4、盖钵2、盏托2、杯1、卷唇碟5、花式碟2	27
萧闫夫妇合葬墓	监察御史武骑尉	辽后期	1071	宁城	中京道	托盏(副)2、狮纽器盖2、盏、杯	6
萧府君墓	一般节度使、高级贵族家庭成员	辽后期	1072	宁城	中京道	碗8、盘10、花瓣形盏5、盏3、划花牡丹纹碗、划花牡丹纹钵、折肩钵、杯	30
萧德温墓	左金吾卫上将军	辽后期	1075	阜新	中京道	碟、碗残片	2
库伦1号墓	一般王爵、重要节度使,高级贵族家庭成员	辽后期	1080	库伦	上京道	高足碗3、花式碗2、婴戏纹大盘5、花式碟7、杯、瓜棱罐、执壶	20
萧字特本墓	萧闫之子	辽后期	1081	宁城	中京道	盘8	8
萧袍鲁墓	北宰相	辽后期	1090	法库	东京道	碟、花口碟、划花大碗、水丞	4
耶律祺墓	南院大王、太师、中书令	辽后期	1108	阿鲁科尔沁旗	上京道	盘、碗20	21
豪欠营 M5	中级官吏与一般贵族	辽后期		察右前旗	西京道	碗	1
库伦 M5	一般节度使,高级贵族家庭成员	辽后期		库伦	上京道	瓶2、罐2、碗、盘11、熏炉盖	17
库伦 M2	一般节度使,高级贵族家庭成员	辽后期		库伦	上京道	盘4、碗、水盂数件	大于6
库伦 M6	一般王爵、重要节度使,高级贵族家庭成员	辽后期		库伦	上京道	碗3、盘6	9

注:1. 本表参考了彭善国《辽代青白瓷器初探》(《考古》2002 年第 12 期,第 64－73 页)

　　2. 墓葬等级的划定参考了刘未《辽代墓葬研究》(硕士学位论文,北京大学考古文博学院,2004 年)

　　3. 未注明件数者为 1 件

附表 5－2　宋代长颈堆塑瓶出土地点统计表

州所属路	今地名	宋代县名	县属州名	州所属路	今地名	宋代县名	县属州名
福建路	邵武	邵武	邵武军		黎川	新城	
	顺昌	顺昌	南剑州		南城	南城	建昌军
淮南西路	黄梅	黄梅	蕲州		广昌	广昌	
江南东路	星子	星子	南康军		瑞昌	瑞昌	
	都昌	都昌			九江	德化	
	安义	＊			湖口	湖口	江州
	永修	建昌			彭泽	彭泽	
	波阳	鄱阳	饶州		宜丰	新昌	
	万年	＊			上高	上高	筠州
	贵溪	贵溪			高安	高安	
	弋阳	弋阳			新干	新淦	
	横峰	＊		江南西路	新余	新喻	临江军
	玉山	玉山			樟树	清江	
	余干	余干			修水	分宁	
	乐平	乐平			武宁	武宁	
	德兴	德兴			靖安	靖安	
	景德镇	景德镇			奉新	奉新	
	鹰潭	金沙渡	信州		铜鼓	＊	隆兴府
	铅山	铅山			新建	新建	
	上饶	上饶			南昌	南昌	
	广丰	永丰			丰城	丰城	
	余江	＊			进贤	进贤	
江南西路	东乡	＊	抚州		黄石	大冶	兴国军
	崇仁	崇仁			宜春	宜春	袁州
	宜黄	宜黄			分宜	分宜	
	乐安	乐安		荆湖北路	武汉	江夏	鄂州
	临川	临川			临湘	临湘	岳州
	金溪	金溪		荆湖南路	醴陵	醴陵	潭州
	永丰	永丰	吉州	两浙东路	江山	江山	衢州
	吉安	庐陵					

注:1. 本表据谭其骧主编《中国历史地图集》(北京:中国地图出版社,1982 年)政
和元年政区统计
2. 标＊号的县为宋代以后设置

第六章 宋代南方瓷业与区域开发

本章将讨论制瓷业与各种自然或人文地理要素的互动,并以早期青白瓷窑场的兴起为例,探讨区域开发与瓷业生产的关系。

第一节 瓷业生产与各种地理要素的互动

一 原料

制瓷原料包括胎料和釉料两部分。中国历代南北窑场最重要的制胎原料有瓷石、高岭土、白坩土及紫金土等。瓷石是南方地区窑场最重要的制瓷原料,它含有瓷胎所需的各种成份,即使不配入其他原料,单独用瓷石也能在 1200℃ 左右烧结成瓷。瓷器的釉由瓷石与釉灰按一定比例配合而成。釉灰通常可以用石灰和某些植物相间迭叠反复煅烧而成[①]。

在工业化时代以前,原料在很大程度上决定着瓷窑的选址。出于成本与运输条件等方面的考虑,古代瓷窑往往选择在制瓷原料丰富、运输便捷的地点。

以湖南为例,根据勘探报告,全省共发现 26 个高岭土矿区,主要分布在 4 个地区:(1)长沙—汨罗—岳阳区;(2)醴陵区;(3)衡山区;(4)怀化—溆浦区[②]。

从上述分布区可知,湖南高岭土矿藏有沿湘江及其支流分布的特点,而省区内古代窑址的选址也正好与此吻合。瓷窑的选址反映着不同时期人们对瓷土资源的认识与利用的情况。历史时期湖南区域开发的进程从大河河谷低地开始,向丘陵山地扩展。因此,分布于河流两侧低矮丘陵上的瓷土资源,容易随着开发者的足迹所至被发现,并在一定的社会条件下,促成地方瓷业的产生。湖南瓷土矿沿河流分布的特点,使古代窑工容易沿着河谷地带寻找新的资源,开辟新的窑场,从而使沿江地带的窑业更为发达。湖南唐宋时期的窑址分布已遍及了今天所有的高岭土产区,尤其以衡阳和长沙二地最为集中。这两地也正是高岭土矿密集的地区。说明到唐宋时期,随着湘江流域区域开发的逐步展开,人们对各地的瓷土资源已有充分的了解。以晚唐五代的长沙窑为例,其原料含有 70% 左右的二氧化硅,属富氧化硅原料,含铁达 1.5% 以上,含钛也较高。物化性能与现今常用的蚌塘泥、明月塘泥、松花泥、梅兰村泥、晋家山泥大致相近。该窑的制瓷原料全部来自当地,至今还残存有窑头冲、瓦渣坪等几处挖泥坑洞[③]。

湖南瓷土资源和窑址分布在空间上的这种对应关系,在南方地区具有一定的代表性。在现今调查探明的瓷土与高岭土富集区,几乎都发现了古代瓷窑遗址[④]。

原料对窑址选址的重要性,还可以从区域瓷业的衰落上得到证明。尽管某些社会原因,如战争,对某一地区的瓷业生产会产生一定的影响,但如果原料有保障,产品有需要,一些暂时倒闭的窑场,还可以东山再起。比如两宋之际,北方地区饱经战火的摧残,熟练窑工南逃,北方窑业一时衰落,但入金后不久,一些窑场恢复生产,甚至呈现出繁盛的局面,如磁州窑、定窑的情况就是如此[⑤]。

制瓷原料的枯竭却是大多数窑场不可抗拒的衰落原因。刘新园在谈到景德镇南河流域宋代窑场的衰落时就指出,它们的停烧主要是南宋时期的原料危机所致[⑥]。直到清代,原料问题始终还是瓷业生产最紧要的问题。如清同治《南康府志》卷四《地理四》物产条"白土案附"录道光二十年(1840 年)星子县(今江西星子县)民项家福呈文谓："本年因土乏用,各窑关闭数十家,现存不及一半,转瞬一、二年歇业,自必殆尽。"将原料与瓷业衰落的关系说得一清二楚。

原料的短缺固然对区域瓷业的衰落起着决定性作用,然而,丰富的瓷土蕴藏却不能必然地带来区域瓷业的肇兴。从南方瓷业发展史看,成熟的瓷器至迟从东汉晚期就出现了,但制瓷业的第一次大发展还在其后两个多世纪的南朝时期。隋到中唐之间,南方瓷业又转于一个相对低迷的阶段。中唐以后,一直到明清时期,制瓷业都保持着良好的发展势头。这种阶段性变化的原因在于,作为一种以民窑为主体的手工业,制瓷业的生产经营很大程度上受到政府商业政策的制约。只有在一个鼓励和宽容商品交换的时代,制瓷业才有可能得到自由的发展。从地域上看,瓷石与高岭土在我国南方地区分布很广,但制瓷业在各地的发展却极不平衡。地方瓷业的发生,它的规模和走向,还受到区域开发程度、资源开采能力,以及政府的区域政策等诸多人文因素的制约。

二　水源与交通

水源对于制瓷业的作用是不言而喻的,在南方地区尤其如此。首先,瓷石的粉碎、淘洗和陈腐都需要水。南宋以前,南方大多数窑场都采用单一的瓷石原料制胎。瓷石中含有大量粗颗粒矿物,如石英等,必须经过粉碎舂细后才能具备较好的可塑性;瓷石中还含有金红石和铁质矿物等杂质,还需要用水淘洗后才能去除;南方瓷石和高岭土主要是风化型矿物,所含腐殖质和有机质都比较少,可塑性不强,必须经过长时间陈腐,才能通过发酵作用改进可塑性[⑦]。宋代以后,对瓷胎的精细度要求变高,淘洗加工也更为讲究。在吉州临江窑址曾经发现过宋代的作坊遗址,其中就有相互连通的陈腐池[⑧]。

对水源的依赖,使南方地区的窑场多修在河湖、溪流近旁。在不临近河湖的地点,窑炉附近往往开挖出很大的人工水塘。这是修建窑场对窑址微地貌的改变。

其次,在南方,瓷器的运输多借助河道,故窑场多修建于河流附近,如繁昌窑附近有峨溪、景德镇窑濒临昌江、青山窑等窑场位于与长江连通的梁子湖畔。在一些窑址附近还可见古代码头遗迹及从窑场通往码头的人工所铺道路。如在梁子湖一带,曾发现有用废弃匣钵和窑渣铺设的道路,从窑址通往湖边码头。这类遗迹在武汉江夏区土地堂乡的岭背叶第一号堆积、下屋叶第四号堆积等处均有发现,用窑渣和匣钵堆砌的小码头如今仍有部分保留⑨。

利用水道运输瓷器,一般解释为防止瓷器破碎。但这并不是水运瓷器的主要原因。事实上,从窑场到码头需要“肩夫”“运器入河”(《陶记》),贩夫走卒在街头巷尾叫卖瓷器自然也是采用陆运的办法。不止是短距离运输,即便是长距离运输,民间也有保证瓷器不碎的办法。比如刊刻于明万历年间的《野获编》记载:“……鞑靼、女真诸部及天方诸国贡夷归装所载,他物不论,即以瓷器一项,多至数十车。余初怪其轻脆,何以陆行万里,即细叩之,则初买时,每一器物纳沙土及豆麦少许,选数十个辄牢缚成一片,置之湿地,频洒以水,久之,则豆麦生芽,缠绕胶固。试投之牢确之地,不损破者,始以登车。既装车时,又从车上扔下数番,坚韧如故,始载以往,其价比常加十倍”⑩。宋代北方地区的一些窑场也有一部分是通过陆路用车子来运输瓷器的。《续资治通鉴长编》卷四八〇载:“左朝奉大夫温俊乂罢知同州,令吏部舆合人差遣。先是御史来之邵言俊乂知耀州日夕先是御史来之邵言,俊乂知耀州,日遣子弟载陶器四车入京贸易,令户部体量是实。”温俊乂派人从耀州窑运送到京城的瓷器,就是通过陆路运输的。

与陆运相比,水运的最大好处在运费低廉。《五代会要》卷十五《度支》载:“周显德五年闰七月,度支奏:‘当司漕运水陆行程制。陆行,马日七十里,步及驴五十里,车三十里;水行,泝流,舟之重者,泝河日三十里,江四十里,余水五十里;空舟,汴河日四十里,江五十里,余水六十里;沿流之舟,轻重同制,河日一百五十里,江一百里,余水七十里。其三峡,砥柱之类,不拘此限。若遇风、水浅不得行者,听折半功。河南、河北、河东、关内等四道诸州,运租庸杂物等,脚每驮一百斤,一百里一百文,山阪处一百二十文,车载一千斤九百文。从黄河及潞河,自幽州运至平州,每十斤沂流十六文,沿流六文,余水沂流十五文,沿流五文。从澧、荆等州至扬州四文。其山阪险难,驴少处每驮不得过一百五十文,平易处不下八十文。有人员处,两人分一驮。其运向播、黔等及涉海,各在本处量定"。在各种运输方式中,顺流水运价格较为便宜,其中,从长江中游的澧州、荆州沿流至扬州,全程直线距离 2720 里,每运百斤仅需 40 文,运价最为低廉。

北宋的情况可能与之相仿。水运不仅运费低廉,而且船舶载重量远非人力、畜力可比。宋代汴河漕船可载重七百石[11],长江上还可见到"二千五百斛大舟"[12]重舟逆流日行慢于行马,但速度与步担及驴马相当或略快,且船只的载重和价格优势远非人畜可比。南方窑场避免陆运,最重要的原因就在于此。比如赣粤之间的大庾岭道是宋代的官道所经,但景德镇等江西窑场并不选择此道向广州运输外销瓷器,很可能就是由于赣南到广东浈昌之间艰险陆路的存在,利用人力畜力驮运,将使瓷器成本大增。

在南方,以水运为主的交通条件对于制瓷业的重要性,还可以从唐宋时期南方名窑的选址上表现出来。权奎山先生指出,东汉晚期三国两晋南北朝时期创烧或始烧成熟瓷器的窑,最初烧瓷区域的交通运输、地理位置相对而言多不太理想,生产一个阶段之后开始向交通方便、地理条件优越、原料丰富且易开采的区域转移,隋至中唐时期创建的窑在建窑时就注意了这些条件[13]。前人还观察到窑场的衰落与交通的关系,如清代《南窑笔记》(旧抄本)载:"至景德之上相去二十余里,旧有湘湖、莹田、湖田等窑。……继以三窑处于山僻,挽运维艰,故不久传。惟景德舟车物力通便,为两江都会,而业陶者多于是居焉"⑭。这段话道出宋元以后,景德镇窑场从近郊向城区转移的原因就是"舟车物力通便"。

交通条件的改善还有助于瓷业生产规模的扩大,瓷业生产的发展反过来可以促进区域交通条件的改善。龙泉窑所在的处州(治今浙江丽水),"宛在穷山,湍流阻险"⑮。交通十分不便。龙泉水道"暗崖积石相蹙成滩,舟行崎岖,动辄破碎,盖当变色而惴栗,失声而叫号"。元祐七年(1092 年),由官府牵头,龙泉民出钱出力,治理了 65 处险滩,龙泉居半,此后瓯江上游的龙泉溪、秦溪、缙云的好溪等支流浅滩成为安流⑯。"龙泉青瓷和其他土特产可以通过船筏顺流而下运销到丽水、温州等地。龙泉窑凭着它取之不尽的优质制瓷原料和烧不尽的廉价燃料等优越条件,瓷业得到迅速的发展"⑰。尽管不能确定那些乐意捐资治理险滩的龙泉民众里有窑场主,但可以想象,当龙泉青瓷源源不断地外运,龙泉窑人从中获利致富后,他们一定会在以后的交通维护中发挥更大的作用。

交通与瓷业的另一层联系似乎不为学界所重视,那就是交通带来瓷业信仰的变化。随着瓷器大量输往海外,作为海运护佑神的天妃(或称天后或妈祖)进入瓷器商人的精神世界。据季志耀介绍,在衢江或其支流沿岸以及连接衢港流域和瓯江上游的南山通道上,曾设有多处天妃宫⑱。同时,沿线也分布着规模宏大的制瓷窑场。联系到本地区江山碗窑与福建窑场密切的技术联系⑲,关于衢港流域宋元窑场通过海运外销的推测不无道理。更大的可能是,福建移民来此兴建窑场,专门生产外销用瓷,在带来瓷业技术的同时,也带来了他们的天妃信仰。

三　人口数量与人口构成

在宋代,随着制瓷技术的提高,瓷器已成为最主要的日用器具。

宋代制瓷业与人口的关系表现在两个方面。一方面,人口的增长,带来瓷产品需求的提高,瓷器内销市场的扩大,尤其是对于一些以本地农村和中小市镇的中下层民众为主要销售对象的窑场来说,本地人口的增加,是推动瓷业发展的一个重要因素;另一方面,瓷业的发展与生产人口的构成也有一定的关系,许多瓷窑所在州县,其人口中客户数量往往在总人口数中占有较高的比例。以下从这两个方面分别加以讨论。

1. 人口数量对制瓷业的影响

在封建社会,人口的增长,一般意味着劳动人口的增长[20]。但是,人口数量的增长并不是制瓷业发展的必然原因。以北方地区为例,在唐代中期以前,瓷器主要发现于高级品官的墓葬中,除了瓷器产区附近,平民墓基本不见瓷器出土[21]。瓷器并没有普及于民间生活。在民间生活中,陶器还是一种日用必需品。那么,在此以前,劳动人口的增长,只会带来对陶器,而不是对瓷器的需求的增长。中晚唐以后,中国的制瓷业进入一个蓬勃发展的阶段,瓷器逐渐取代陶器成为最普通的日用品,北方晚唐以后的中、小型墓葬中已开始发现较多的瓷器。从晚唐到北宋,瓷器在社会上日益普及,瓷窑产品已分出不同的档次,以适应不同阶层的需要,普通瓷器价格低廉,成为劳动人口的一种生活必需品。在这样的前提下,增长的人口必然带来社会对瓷器需求的增加。

以虔(赣)州(治今江西赣州)、吉州(治今江西吉安)两地为例,讨论人口数量的增长与制瓷业的关系。晚唐到北宋初是虔州人口增长的第一个高峰时期,160余年间,人口增长了224%。从北宋初到北宋晚期,人口增长了15%,从北宋元丰年间到南宋宝庆年间公元(1078—1227年)这150年间,除开绍兴年间损失的人口,赣州人口仍增长了227%[22]。在第一个人口增长高峰内,虔州辖区内新出现一批窑场,包括五代时创烧白瓷的七里镇窑,入宋后这些窑场继续发展,达到一定的规模。如七里镇窑,窑址分布于贡江北侧东西长约 1.5 公里的范围,已发现窑包多达 14 处,面积 3000 多平方米。在第二个人口增长高峰内,即从北宋末期到南宋时期赣州瓷业生产达到高峰。

吉州永和镇因瓷而兴,它的兴起和发展与吉州人口的增长也是同步的。北宋初吉州户数为 126453 户,元丰初年为 273397 户⑳,到崇宁元年已增至 335710 户,百余年间,户数增加了近两倍。吉州永丰县在建县时,仅取吉水五乡,人口就多达 35000 家,接近唐天宝元年吉州全州的户数 37000 户㉔。南渡以后,由于大量北方移民迁入,江南西路绍兴二年户数与崇宁户数相比,平均增长了 137%㉕(图 6—1)。

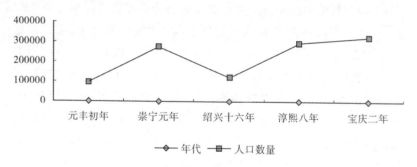

图 6—1 北宋中晚期至南宋虔(赣)州人口变化曲线图

以吉州窑和赣州窑为代表的赣中和赣南窑场,主要销售对象是本地及周边地区的普通民众。这些濒江临河的窑场,于北宋晚期和南宋时期纷纷扩大规模,进入一个盛烧时期。清同治《庐陵县志》称:"永和之盛著于宋,大发于崇宁、绍兴、宝祐(讹为绵)之间"㉖。清宣统三年本《窑岭曾氏族谱》载:"永和东昌自唐宋末称胜地,而尤莫胜于宋,宋置大镇陶于此市,有官司纲纪税务,其器用如炉、盏、缸、缶,至今犹存"。永和镇的繁盛期与考古资料显示的吉州窑的盛烧期正相吻合。

总之,人口数量对瓷业的影响主要在于刺激窑场生产,促使其扩大规模。此外,南方地区两宋时期的人口增长,尤其是南宋时期的人口增长,与北方移民南迁有很大的关系。南迁人口中掌握瓷业技术的人,必然会在迁入地寻找谋生机会,从而将北方瓷业技术带到南方。南北方技术的结合,提高了瓷业生产水平,降低了制瓷成本,窑场生产规模也会随之扩大。瓷业的发展促使人们寻求新的制瓷原料,从而使一些原本人迹罕至的地方也出现了制瓷窑场,区域制瓷业的地理布局也因此发生改变。

2. 制瓷业与区域人口构成

　　这里所说的人口构成,主要指生产人口中客户与主户的比例。宋代的主户指"有常产之人也,客户则无产而侨寓者也"[②]。客户在总人口中所占的比例,在不同的地区可能代表着不同的经济含义。我们在这里试图分析瓷窑的分布与区域客主户比例之间的联系性。

　　据《太平寰宇记》等记载,北宋初年客户占总户数的 40%,客户比数从宋仁宗天圣初年至宋神宗熙宁五年是逐年下降的,从 37.9% 下降到 30.4%,这是最低点,此后又从这个最低点逐年回升,到宋高宗绍兴四年升至 36.15%,与宋仁宗初年的比数接近。从南宋初年到南宋中晚期,客户比例是逐渐增长的,到南宋末年,客户比数不仅要超过南宋初的 36.15%,而且可能达到 40%[③]。

　　附表 6-1 列出了宋代南方 8 路(江南东、西路,荆湖南、北路,两浙路,福建路和广南东、西路)发现瓷窑遗址的各州军客户占总人口的比数。以元丰年的数据为准,客户比数在 30% 以上的有 33 个州军,占总数的一半略强。上述各窑场,大部分的盛烧期都在北宋后期到南宋这一段时间,福建路的泉州沿海地区、荆湖南路各州、江南西路各州、两浙路南部和西南部、广南西路的窑场都是如此。因此,可以认为,宋代南方瓷窑多分布在客户比例偏高的州军。

　　客户比数在各地的差异,反映了宋代各区域发展的不平衡性。上表中客户比例高的州军大致可以分为三种情况。

第一种,在江南一些经济发达的地区,原本存在人多地少的矛盾,大量移民的涌入,可能导致客户在总人口中比数的增加。

在宋代乡村,客户其实就是失去土地的农民,宋人石介说:"乡墅有不占田之民,借人之牛,受人之土,佣而耕者,谓之客户人"[29]。人口的大量繁殖,使南方部分地区从北宋中晚期起就出现了人多地少的矛盾。吉州就是一例,这里因为人口密度过大,人均耕地极少,频繁发生田地争端[30]。为寻找生存机会,吉州的部分民户还自发地迁徙到相邻的湖南南部诸州[31]。神宗元丰年间,吉州的客户比数就已经达到 44%,超出平均比数 14%。南渡以后,吉州接纳了大量来自下层的北方移民,他们很难在新的定居地获取土地。这些人会被纳入客籍,通过租佃他人土地或从事其他行业来求得生存。在吉州永和镇,那些从事瓷业生产与交易,以及为这个商业市镇服务的从业人员,就可能包括没有田地的"客户"。

第二种情况,在一些经济并不发达,但可耕地极为有限的山区,客户比数较高。在这些地区,农业以外的多种经营成为人们谋生的手段,制瓷业就是其中的一种。以处州(治今浙江丽水)为例加以说明。

北宋时期,龙泉窑所在的处州(治今浙江丽水)还是一个农业生产十分落后的地区,宋人杨亿称处州"多乏膏腴之产,火耕水耨,获地利甚微"[32],说明这里还处于山地开垦的原始阶段。处州的人口密度也不高,北宋太平兴国五年每平方公里仅 1.2 户,元丰元年每平方公里 5.3 户,崇宁元年 6.5 户,与崇宁时期两浙路首府杭州每平方公里 27.8 户相比[33],可谓地广人稀。但元丰年间,处州的客户在总人口中的比例高达 77%,在江南地区位居榜首,是值得注意的。

宋代处州客户比数高的原因与农业之外的多种经营有关。其一是矿业。北宋熙宁年间,处州龙泉、遂昌、松阳等县先后设过永丰、棱溪、竹溪、高亭等银场,是两浙路诸州府中银场最多的州。熙宁后期,两浙路上供银 29577 两,除一部分为衢州、越州、婺州所产

外,其余大部分为处州所产③。宋代矿产区的生产单位名称多样,有
"监"、"冶"、"务"、"场"、"坑"等,其中有些以场命名的矿产区是超大
型的,可以容纳数以万计的劳动者。从事矿冶业,尽管有一定的生
命危险,但其获利比务农大。于是,一地发现矿脉,往往吸引周围众
多的农民前来从业。如韶州(治今广东韶关)岑水铜场,创建后,"四
方之人弃农亩,持兵器,慕利而至者不下十万"④。在可耕地有限、交
通不便的处州地区,银矿的开采,必定也吸引四方之人弃农务矿。

其二是制瓷业,这应该是比矿业规模更大、从业人员更多的一
种产业。根据朱伯谦的研究,从北宋早期到南宋时期,龙泉窑的生
产规模逐年扩大,在处州地区呈现出蔓延之势。考古发现本地区北
宋早期的窑址集中在龙泉金村和庆元上垟等 8 个地点;北宋中期则
有龙泉大窑、金村、大白岸,庆元上垟、丽水石牛等地二、三十处窑
址,瓷窑数量增加,分布范围变广;南宋时期的瓷窑增至一百多处,
分布范围扩大到丽水等 8 个县市,影响到温州地区,在温州泰顺、文
成、永嘉等县市都相继生产龙泉青瓷。这一时期龙泉窑创造了同时
期最长的龙窑,在龙泉安福、山头等地发掘的几座龙窑长度多在 60
米以上,最长的达 80 米,根据保存在窑底的底层匣钵计算,一窑可
烧四、五万件,产量巨大⑤。

处州人口基数不大,到北宋元丰年间才 89358 户,当大量的外
来农业人口投入到采矿、制瓷等行业,加入客籍以后,客户在总人口
中的比例自然会居高不下。

第三种情况,在一些交通便利、移民聚集的地方,客户比数居高
不下,从事商贸和贩运成为客户的谋生手段,其中也应包括制瓷手
工业的从业人员。属于这种情况的有处于内河航运枢纽的鄂州、潭
州和衡州,以及沿海贸易港口所在的广州、泉州、明州等。

杨果以今湖北地区为例,讨论了宋代主户与客户的地理分布问
题,指出湖北地区客户数量大、比重高的 7 个州,基本都处于重要的
水运或陆路交通线上,有的还是重要的交通枢纽。这些地方由于交

通便利,便于迁徙,往往是移民聚集之所⑰。从宋仁宗时期起,客户有起移的自由,不少客户处于迁徙不定的状态。神宗时曾布曾说:"近世之民,离乡轻家,东西南北转徙而之四方,固不以为患,而居作一年,即听附籍"⑱。离乡之民在定居地居住一年后,便可编入当地客户户籍,于是在移民较多、交通便利的地方,自然会出现客户数量多、比重大的现象。杨果还认为,交通状况对人口的职业构成造成了影响,处于水运交通要道上的地区,商贸交通比较繁盛,许多人从事运输或贩卖,他们当中的相当一部分或是城镇中没有房产的坊廓客户,或是乡村中没有田地的客户,后者在租种土地没有保障的情况下,往往不得不从事"盘摊"之类与交通运输有关的职业。

在上述州府城市周边都出现过发达的制瓷手工业。内陆城市附近的窑场,其产品一部分需通过河网运输到各级内销市场,另一部分运输到港口城市以供外销,海港城市附近的窑场则直接为外销生产服务,如福建、广东、广西沿海的窑场就是外销导向型的窑场。

一处窑场建立以后,采集原料、燃料需要大量的劳力,制坯装窑需要专业工匠;瓷器从窑场到码头,从码头到市场的搬运,需要肩夫力役;瓷器交易需要"牙人";瓷器在州府、县城、镇市各级市场及海外的销售必然产生从富裕瓷器商人到贫苦盘摊小贩,再到运瓷船工等形形色色的谋生者。可见,瓷器的生产、运输与销售,可以解决周边地区部分人口的生计问题。在人多地少矛盾尖锐的地区,从事瓷器买卖,显然也是一种生存的选择。

广州是我国南海最早的通商港口,也一直是岭南的政治、经济和文化中心,地区开发程度较高,有良好的生产和生活基础,因此吸引了许多内地人移居此地。唐代正式在广州设立市舶司,以管理日趋繁盛的对外贸易活动。入宋以来,广州又是沿海诸港中第一个设立市舶司的城市。北宋初年广州人口仅 16059 户,元丰三年猛增至143261 户,人口增长了近 8 倍。其中客户占到总人口的 55%。广州以西村窑为代表的诸多窑场,也是在这一地区人口迅速增长的背景下兴起的。广东窑的产品在东南亚等地被广泛发现。许多移居于此的无地农民——客户可能就参与到瓷器外销的活动中。

以上通过对宋代江南烧造瓷器诸州客户在总人口中所在比数的统计，分析了三类客户比数高的地区瓷业生产与客户数量的关系。值得一提的是，瓷业与生产人口构成的关系，是与它在区域经济中的地位相联系的。在窑场广布、从业人口巨大的区域，客户比率与窑业规模可能形成直接的比例关系。在一些只有零星窑场分布的地区，影响客户比数的应该主要是其他因素。

四　州府城市与镇市

1. 窑场与州府城市的关系

从窑场选址来看，南朝至唐中期以前，窑址数量不多，一般接近区域政治中心，多处平原，濒临大河干流或一级支流，如湘阴窑近岳阳、临湘江，洪州窑近南昌、临赣江，黄堡窑近西安和渭河，巩县窑近洛阳和洛河，寿州窑近淮南和淮河。从墓葬出土的情况来看，瓷器主要为社会上层使用。这一时期，瓷器尚未普及于普通民众生活。服务于社会上层人士聚集的大都市，并在离大都市不远的地点选址设窑，是瓷业初兴时期的特点。如六朝时期的越窑就选址在上虞曹娥江中游两旁，其产品可以经由曹娥江航运到杭州湾，然后向西抵山阴城（今浙江绍兴），或经运河直达京口（今江苏镇江）、建业（今江苏南京）等大城市⑨。从墓葬出土的情况看，这一时期的越窑瓷器主要出土于一些高等级的贵族墓葬。

中晚唐以后，窑址数量剧增，前期窑场除越窑外，纷纷衰落或发生生产中心的转移。一方面在濒临大河的其他大城市出现了新的窑场，如湖南长沙窑、江西赣州窑、江西吉州窑等；另一方面随着区域开发的进行，一些面对平原、连通江湖、有着优质瓷土资源的低山丘陵区也开辟了窑场，如景德镇窑、繁昌窑和武汉青山窑等。到南宋时期,江南人口进一步增长,一些偏远山区得到开发,新的原料产地也随之被发现,在远离大都市的地区也出现了很多窑场,有的成为新的瓷业中心,龙泉窑就是其中的代表。

总的来说,窑址由州府城市向县级城市,再向偏远山区扩散,是历史时期南方制瓷业空间分布的一个规律。中唐以后,制瓷业作为一种满足民生需要以及解决一部分人生计问题的手工业,总是随着区域开发者的足迹,从水陆便利的都市向人迹罕至的荒山僻野拓展。

从产品销售来看,尽管中晚唐以后,随着制瓷业的持续发展,州府城市不再是瓷窑唯一的服务对象了,但它们始终是各大名窑优质瓷器的销售中心。宋代各大瓷窑的产品,普遍针对不同的消费对象,分出不同的产品档次,即《陶记》中所说的"釉有三色"。既有装饰着精美花纹的高档瓷器,也有光素无纹、制作相对粗糙的瓷器;既生产碗、盘、盏、杯、盂、瓶、罐等家庭生活必需的品种,又生产花瓶、香炉、塑像等满足人们玩赏、装饰、宗教需要的奢侈用品。从墓葬和遗址出土瓷器的情况看,州府城市始终是高档瓷器和陈设瓷、宗教用瓷等非生活必需品的销售中心。明代陆容《菽园杂记》卷十四云:"青瓷初出于刘田,去县六十里,次则有金村窑,与刘田相去五里余,外则白雁、梧桐、安仁、安福、禄遴等处皆有之。然泥油精细、模范端巧、俱不若刘田。……凡绿豆色莹净无瑕者为上,生菜色者次之。然上等价高皆转货他处,县官未尝见也"。龙泉窑生产的极品瓷器连本地县官都见不到,显然是专门为卖得出高价的州府城市或都城准备的。

名窑瓷器由富商大贾长途贩运至较远的州府城市,再由小商贩在县乡之间、邻县之间转运。北宋苏轼曾指出:"凡小客本少力微,不过行得三两程。若三两程外,须藉大商兴贩,决非三百斤(指食盐)以下小贩所能行运"[40]。这段话虽讲贩盐,但也反映了一般商贩的共同特点。根据傅宗文的计算,三两程的距离,约100多里,一般不出县界,依人力负米 1 石日行 30 多里计算,这个距离须耗四五个劳动日。如改为畜力,马日行 70 里,需 2 日,驴 50 里,需 2 日,车 30 里,需 5 日。这与小商贩的运输能力相适应。因此,在县乡之间、邻县之间转运的是小商贩,而从事长程转运的就只能是大商贩了^⑩。

以景德镇窑为例,景德镇青白瓷东运的第一个目标地是江宁府(南宋改为建康府,治今江苏南京)。从景德镇到江宁府直线距离 344 公里,当时的瓷器运输线路应是从昌江入鄱阳湖,转长江水道东行,行程迂回,若非富商大贾是没有能力作此长途贩运。景德镇青白瓷经由衢江道运抵杭州,路途也很遥远。景德镇到信州府治上饶(今江西上饶市)的直线距离为 121 多公里,上饶到杭州为 291 公里,两者相加达 412 公里,一般小贩显然也不能承担。

在宋代已经出现拥有丰厚资产的专销瓷器商人。元丰七年(1084 年),一位叫马化成的茂陵瓷器商人在耀州(治今陕西耀县)黄堡镇捐资为窑神庙立碑,这块题铭为《德应侯之碑》的碑文上写道:"一方之人,赖(德应)侯为衣食之源,日夕只畏,曾无不懈。得利尤大者,其惟茂陵马化成耳!岁以牲豚荐享之,又喜施财,为之完饰,此真所谓积善之家,宜有余庆者也"^⑫。碑文的撰写者是退休官吏张隆,官方代表是镇将刘德安、张化成以及镇酒税兼烟火吕润,说明马化成不仅因经营瓷器致富,而且在地方上也有了一定的声望。这类富裕瓷商的出现,与远距离、服务于大都市的瓷器贸易是分不开的,如果不是通过高附加值的上等瓷器贸易,很难想象瓷器商人巨额财富的积累。

在宋代,州府城市的商业功能普遍增强。特别是南宋以后,随着北方移民的大量南迁,州府城市人口大增,并云集富商大贾、高官显贵,他们一方面从事商业活动,另一方面也是奢侈品的主要消费者。富裕阶层对瓷器的品位和要求,影响着瓷窑的生产方向。各大窑场新产品的推出、新的装饰手法的运用,无不是为了适应市场的需要,尤其是来自大城市的市场需要。

州府城市中专业店铺的出现,为瓷器与其他材质的高档用品在工艺上的互仿提供了可能。在宋代瓷器中瓷器与金银器、漆器和铜器的互仿十分普遍,若非瓷器与这些材质的器用同城出售,工匠们也不会有随时模仿的机会。就瓷器与其他材质工艺品的互仿而言,名窑比普通小窑更加普遍,模仿也更加准确。这是因为,名窑瓷器有更多的机会与金银器、铜器和漆器一起在州府城市出售。如《梦粱录》卷十三"铺席"条记载的杭州各大店铺中就有"李博士桥邓家金银铺"、"彭家温州漆器铺",平津桥沿河还有"温州漆器"与"青白瓷器"一起销售。

总的来说,名窑为州府城市服务的功能比普遍窑场更强,州府城市既是名窑瓷器的销售中心,又是名窑工艺创新的重要动力。

2. 窑场与镇市的关系

镇市包括镇和草市两类。镇原是以军事职能为主的行政单位,宋惩唐末五代藩镇跋扈之弊,于建隆三年(962 年)诏置县尉,削夺镇将权力,所存者称为监镇,掌警烟火兼收商税。镇至此摆脱军事色彩,以商贸市镇出现于经济领域。

作为农村集市的草市,始见于南北朝时期。中唐以后,手工业、商业的兴盛和水陆交通的发展,促使草市大量兴起。宋时,在州县治所附近、交通要道两旁、关梁津渡之处,出现了众多的草市,它们或以"市"命名,或被称作坊、场、店、务等等,是官府征收商税的对象[43]。制瓷业作为宋代多种经营的重要形式,它与广布于水陆交通线上的镇市有着密切的关系。文献中就记载着不少与制瓷业有关的草市镇。如耀州窑所在地耀州同官县黄堡镇、介休窑所在地汾州介休县洪山镇、定窑所在地定州曲阳县龙泉镇、磁州窑所在地磁州滏阳县观台镇、相州窑所在地相州安阳县天禧镇、曲河窑所在地河南府登封县曲河镇[44]、萧窑所在地徐州萧县白土镇[45]、景德镇窑所在地饶州浮梁县景德镇、永和窑所在地吉州庐陵县永和镇、磁灶窑所在地泉州晋江县磁市镇、赣州窑所在的赣州赣县七鲤镇⑯和白舍窑所在的抚州南丰县白舍镇⑰等等。上述市镇，大致又可分为两类。

一类是因镇设窑，曲河窑和白土镇就属于这种情况。河南登封曲河宋代窑址附近发现的清代碑记说："尝就里人偶拾遗物，质诸文献通考而知，当有宋时窑场环设，商贾云集，号邑巨镇。"白土窑，则由世居兖州的邹氏迁到白土镇后所设⑱。这两个例子都说明，窑场主在选择窑址的时候，考虑到了镇市对于窑场的有利条件。

据权奎山先生的研究，"在县城或镇的附近设窑，从晚唐五代开始已成为南方名窑生产选址的普遍现象"⑲。他认为名窑生产中心接近市镇的原因在于镇内劳动力密集，商品市场活跃，可以为瓷窑业生产、产品销售提供诸多方便，加上镇均设监镇官负责收税，所以，晚唐以后的窑场的选址，不再需要也不可能像以前那样大幅度移动，而是以镇为中心安排窑场。

另一类是因窑设镇，以吉州永和镇和景德镇为代表。关于景德镇，前人有较多的研究，这里只谈谈永和镇。吉州窑所在的永和镇原是一个农村聚落，由于当地瓷业发展，发展为草市，北宋景德年间（1004—1007年）升为镇市，市区大为扩展，"辟坊巷六街三市。时海宇清宁，附而居者数千家，民物繁庶，舟车辐辏"，号称"西南都会"。北宋晚期到南宋中期，永和镇进入一个鼎盛时期，邑人描述其街区景观时称："百尺层楼万余家，连甍峻宇，金凤桥地杰人稠，鸳鸯街弦歌宴舞"⑳。

永和镇市镇的发展与考古发现吉州永和窑的生产历史是一致的。陶瓷考古与研究的成果表明，吉州窑创烧于唐末五代，兴盛于南宋至元代前期，元代后期逐渐衰落，前后生产近500年，现遗址内分布瓷窑堆积24处，位于遗址中部的窑岭堆积最大，高21米，面积9000余平方米㉑。永和镇"大发于崇宁、绍兴、宝祐之间"，这一时期，永和窑名品辈出，出现了五个姓氏的制瓷名家，其中以舒家技术最高㉒。《青原山志》卷一二《褅记》"东昌窑"条云："永和镇舒翁、舒娇，其器重仙佛,盛于乾道间"。1980 年江西文物考古队对吉州窑进行调查试掘,发现了"舒家记"铭记的瓷枕残片,应是南宋初期舒窑的产品,证实了文献的记载。

制瓷业还影响着市镇形态。考古调查与实地测绘资料表明,瓷城永和镇北起林家园、柘树下、窑门岭,南至上蒋岭、辅顺庙,东起赣江岸,西至茅家边、翰塘、瓦窑一带。在长达 2 公里、宽 1 公里的范围内,瓷片匣钵成堆,大街小巷全系窑砖瓷片铺路。当时永和街市,以今桐木桥肖家为界,当地称之为"中市",往北为"下市",以南称"上市",现在残存古街道经逐段查对核实,实地测绘,参照方志与族谱,找出了过去的"瓷器街"、"莲池街"、"茅草街"、"锡器街"、"鸳鸯街"和"迎仙街"等街名及其大致位置,与永和古迹分布图基本吻合⑤。

北宋时期在瓷器销售上还出现了一个值得注意的现象,那就是各地名窑瓷器已广泛见于乡野草市。北宋后期,王安石指出"自虽蛮夷湖海山谷之聚,大农、富工、豪贾之家,往往能广其宫室,高其楼观,以与通邑大都之有力者争无穷之侈,夫民之富溢矣"⑥。农村中不但有大农,而且有富裕工匠和豪雄商贾,其经济实力已不在"通邑大都"的富户之下。农村人口购买力的提高,出现了对高档奢侈品瓷器的需求,使名窑瓷器贸易网从城市扩展到乡村,以至于在一些偏远的草市镇上,出现多个窑口瓷器共存的现象。如湖北枝江赫家洼遗址⑦,地处长江百里洲北侧的内江,"有港,有桥梁津渡……一苇可杭"⑧,是一处典型的草市。这里发现了大量的宋代瓷器和瓷片,不仅有梁子湖窑场生产的青白瓷,更有来自于宋代名窑的景德镇窑和耀州窑的高档瓷器。类似赫家洼遗址的宋代草市遗址应该还有很多处,将来的考古工作可能提供更多有关宋代基层瓷器市场的信息。

第二节　个案研究:唐宋之际的区域开发与早期青白瓷窑场的兴起

一　皖南沿江地区的开发与繁昌窑的兴起

已报道的皖南地区瓷窑,时代最早为中晚唐时期。除前述烧制白瓷和青白瓷的繁昌柯家冲、骆冲窑、泾县晏公窑外,还有烧制青瓷的泾县碗冲窑、歙县竦口窑、绩溪霞间窑、休宁岩前窑等[㊲],这些窑场的始烧年代多在晚唐五代。皖南瓷业的兴起,与晚唐以来对这一带的开发有着密切的关系。晚唐以来皖南的开发主要表现在三个方面。

第一,区域的经济地位的提高。皖南丘陵地区在唐代分属宣州(治今安徽宣城)、歙州(治今安徽歙县)和池州(治今安徽贵池),南唐增设广德军(治今安徽广德)和太平州(治今安徽当涂)。这一地区的开发自初唐就已开始,中晚唐以后区域经济有了长足发展。宣州和歙州均为江南重要城市。宣州,北临长江,从州城到长江有水道相通,晚唐时期在这里设有宣歙观察使理所,管宣州、歙州和池州。韩愈云:"歙,大州也;刺史,尊官也。由郎官而往者,前后相望也。当今赋出天下,江南居十九。宣使之所察,歙为富州"[㊳]。杜牧也指出,宣歙"赋众口多,最于江南"[㊴]。

第二,人口的增长与县镇的增设,皖南的区域开发从山区拓展到沿江地带。从附表6-2可以看出,晚唐五代期间,宣州人口有减少的趋势,原因是这一时期,宣歙地区遭到动乱的破坏,尤其是因为唐末北方黄河流域的战争,许多盗寇流窜至此。五代期间,又有不少军阀在此地厮杀,造成人口大量减少[㊵]。但入宋后,今皖南地区人口增长很快,从仁宗太平兴国年间到神宗元丰年间(976-1085年),宣州、太平州、池州和广德军的人口分别增长2-3倍左右,北宋中期歙州人口则为初期的近 2 倍,其中池州与太平州均濒临长江。

皖南地区中唐以前的开发主要集中在丘陵山区,唐宋之际转移到了沿江地带。从唐代到北宋,皖南地区新析县 13 个(附表 6—3)。其中中唐以前增县 9 个,即歙州绩溪、婺源、祁门;宣州的宁国、太平、旌德;池州青阳、至德和石埭,其中 6 县在皖南山地。南唐新增 4 县是由他州割属江宁府的铜陵、芜湖和繁昌,以及池州东流,全部位于沿江地带。入宋以后,皖南地区新增县有广德军的建平县,另外在沿江地区兴起了许多镇市,其中贵池、青阳、繁昌、当涂的镇市数量都在 5 个以上,可与宁国府(唐代宣州)府治宣城的镇市数量相比[61]。

第三,山地资源的开发。皖南地区物产丰富,尤以铜、银等矿产和茶叶著名。早在汉代,宣州铜山县就设有铜官。晚唐时南陵县铜井山产铜,本县设有梅根监,每年铸铜钱五万贯。当涂县赤金山,"出好铜与金类"[62]。唐人元稹曾说:"宣城重地,较缗之数,岁不下百余万"[63]。宣州还是江南重要的产银区。皖南丘陵的南陵、宁国在唐前期就已成为重要的银矿开采区,早在贞观年间,持书侍御史权万纪就向唐太宗进言:"宣、饶部中可凿山冶银,岁取数百万"[64]。晚唐时江南进奉的金银器中,就有宣州刺史刘赞进奉的银盘[65]。

五代宋初对这一地区的开发仍以银、铜等山区特产为重点。其中宁国的银矿直到宋初还有开采[66]。杨吴、南唐曾向中原进贡大量银器,其来源除了吴越上贡、通商收购、搜刮百姓诸途外,应该说宣州银矿是其主要供应源[67]。

茶叶经济的发展也对皖南地区的开发有一定推动作用。唐宋时期,皖南地区的宣、歙、池等州都为重要的产茶区,其中宣州的宣城、宁国、广德、太平、当涂、溧阳、旌德,歙州的婺源、祁门、歙县、黟县,池州的至德、青阳都是江南重要的产茶地。茶叶也是南唐向辽和中原王朝进贡的物品中很重要的一项。如后唐同光二年(924 年)四月,南唐向中原贡鸦山茶、含膏茶;后周显德五年(958 年),南唐贡乳茶 3000 斤;北宋乾德四年(966 年),南唐纳茶 20 万斤。其中鸦山、含膏茶就是宣州产品[⑧]。

种茶与采矿,主要在丘陵和山区进行,政府对这些资源的大量需求,使不适宜粮食生产的丘陵山区得到了快速的开发。种茶、采矿与制瓷业的关系很值得深入探讨。瓷土和高岭土属于山地资源,采矿与种茶之类山地经济活动的深入,使得瓷土和高岭土资源不断被发现;饮茶需要大量的陶瓷茶具,茶业的发展必定扩大制瓷业的内销市场;采矿业的发达,是金银器加工业发展的前提,商品化的金银器通常成为瓷器模仿的范本。此外,运输和销售矿产和茶叶的需要,使丘陵和山区的交通条件得以改善,商业活动更加频繁,这一切都可以为瓷业生产的兴起创造条件。

繁昌窑正是在五代宋初开发皖南地区,特别是发展沿江经济的背景下,发展成为早期青白瓷的生产中心。繁昌为南唐时期沿江新设四县之一,它的增设与矿产有关。据《太平寰宇记》卷一〇五《江南道三·太平州》记载,繁昌县原属宣州南陵县,唐代曾在此设石录,征收赋税。由于石录场濒临长江,运输方便,"实津国之地",老百姓请求输税於场,南唐析南陵之五乡立为繁昌县,属金陵府。繁昌因矿产和便利的交通由场升格为县,在五代宋初的区域开发中具有代表性。

繁昌瓷业的兴起还与南唐国内对优质瓷器的需求有关。如前所述,以金陵为中心的长江下游平原,城镇密布,商贸发达。除金陵外,常州、润州等都是经济中心城市。这一区域也是南唐人口密度最大的地区,研究者估计金陵的人口不少于 10－20 万,润州人口也在 10 万以上[⑨]。城市人口的增加,对各种家居器用的需求自然扩大,优质瓷器就是城市生活必备的商品之一。这一时期,南唐境内并没有生产优质瓷器的窑场,自六朝以来兴烧了几个世纪的江南名窑——洪州窑已趋衰落,其他窑场只能生产质量粗劣的青瓷。北方定窑和南方越窑的优质瓷器,产量不大,而且南唐与吴越和中原王朝时而交恶，并不存在大规模的商品贸易。与南唐交往较多的马楚国，虽有产品装饰新颖的长沙窑，但质地粗糙，主要供下层民众使用。五代时期，长江中下游地区存在对优质瓷器的市场需求，这种需求为本地瓷业的发展提供了契机。

有人提出繁昌窑等皖南白瓷和青白瓷窑场，很可能就是南唐政府的"官窑"。民国黄矞《瓷史》卷上曰："宣州瓷器，为南唐所烧造，以为供奉之物者。南唐后主尤好珍玩"。《南唐二陵发掘报告》即认为南唐二陵所出白瓷可能是宣州窑所产[⑩]。另有研究者根据泾县晏公窑的发现，提出宣州窑即南唐国御窑，而泾县晏公窑可能是宣州窑所在[⑪]。还有人认为繁昌窑是宣州官窑[⑫]，或者说古宣州内一系列的窑群共同构成宣州官窑[⑬]。对繁昌窑的生产性质，现在尚不能做肯定的推断，但从出土繁昌窑产品的墓葬形制和墓主身份，可知它主要供应大城市社会中上层，官府从繁昌窑选用一部分上等瓷器作为宫廷用瓷也是理所当然的。

如前所述，皖南地区在唐代就有一些烧造粗质青瓷的窑场，有一定的瓷业基础。在南迁的北方移民中，很可能也包括来自北方白瓷产区的陶瓷工匠。繁昌窑在烧制青白瓷时，放弃了皖南地区原有的以泥点为间隔具的装烧方法，采用来自北方的漏斗形匣钵和垫饼、垫圈的装烧具组合，这是一种深层的技术革新，需要工匠的流动方能完成，证明北方窑工参与了繁昌窑的烧瓷活动。这一点与五代时期大量北方人移居南唐国的背景也是相符的。北方移民来到新的定居地，必然首先到有着瓷业生产历史基础的窑场谋生，一些有实力的窑场主也可能经过对定居地资源的考察，在原有的窑场周围另辟新的窑场，或者通过发现新的瓷土资源创建窑场。

也许繁昌窑兴起的具体过程，是由某些偶然因素决定的，但它的兴起，与所在地域的经济开发有着必然的联系。开发山地带来新的瓷土资源的发现，北人南迁带来的新瓷业技术，政府外运矿物和茶叶等山地资源带来的交通条件的改善，以及地方经济发展带来的区域商品交换的频繁,都能为瓷业生产创造有利的条件。

但是,制瓷业是一种对自然资源,特别是瓷土资源有极大依赖性的手工业,作为早期青白瓷生产中心的繁昌窑,在兴烧了一个多世纪以后,到北宋中晚期即告衰落,在此后皖南地区的制瓷业没有再度兴起,估计很大程度上与瓷土资源的枯竭有关,同时与整个皖南地区经济地位的下降也有一定的关系。

皖南地区唐五代的开发原本是以矿产资源的利用为重点的。入宋以后,本区银矿等矿产资源逐渐开发殆尽,《元丰九域志》等文献中不再有皖南矿场的记载。加上这里地形多山,恶劣的自然条件成为发展山区农业的严重障碍,农业基础相对薄弱,经济发展的后劲不足。入宋以后,江南山区开发的重点进一步南移。在原南唐国境内,赣东北和闽西北成为两个颇受关注的地区。作为南唐时期因经济发展而新设的沿江四县之一,繁昌在北宋时期的发展并不可观。到北宋庆历时期,"县百四十余年,无城垣而滨大江,常编竹为障以自固","出入无门关,宾至无舍馆"[20]。在时人眼里繁昌还是一个亟待建设的小城。神宗元丰以后,繁昌改属江南东路,更成为一个远离经济中心、默默无闻的弹丸小邑。其北宋中期产品表现的草率与粗糙,已显示出衰落的征兆。其白中乏黄的素面釉瓷器,与同时期景德镇精美绝伦的刻划花青白瓷相比,可谓望尘莫及。当一个巨大的南方青白瓷窑系形成时,繁昌失去其竞争优势已在所难免。

在青白瓷初创时期,它很可能是作为一种奢侈品面世的,只是进入北宋,随着这种技术的推广,物以稀为贵的局面不复存在。青白瓷在北宋时期的流行,也从一个侧面证明了南唐文化对宋代的影响。无论是文学绘画,还是众多的手工艺术,南唐文化的成就都得到了宋人的传承。仅就南方白釉瓷的生产史而言,南唐也无疑是唐宋之间的重要联结点。

二 鄂东沿江地带的经济开发与青山窑的兴起

根据已知的材料，鄂东地区的瓷器生产大约始于晚唐五代时期，从五代宋初开始生产青白瓷并延续至两宋之际。唐宋之际青山窑的兴起可以说是南唐（吴）及北宋政府发展长江中游沿江经济的结果之一。

南唐（吴）统治时期，今鄂东地区主要有鄂州（治今武汉市武昌区）、黄州（治今湖北黄冈）、蕲州（治今湖北蕲春）等。其中，位于江南的鄂州始终是南唐国开发的重心之一。鄂州地处长江中游江汉合流之处，"地居形要，控接湘川，边带浥、沔"[⑮]，地理位置十分重要。从鄂州西北行可达襄州（治今湖北襄樊），北上在安州（治今湖北安陆）之上有黄岘、武阳、平靖三关。安史之乱后，"淮、河阻兵，飞挽路绝，盐铁租赋，皆溯汉而上"[⑯]。东南贡赋先在鄂州集中，再转汉江西运。顾祖禹《读史方舆纪要》曰："唐之中叶以淮、汝多虞，荆江隔远，因立军府于此，为控御之备，自是鄂渚为雄镇"[⑰]。可见，鄂州地位的突显，与唐中叶以后的政治形势有很大关系。唐元和初，鄂岳观察使治于鄂州，鄂州的地位进一步提高。

从唐天宝至元和间，鄂州人口增加了一倍。北宋初年，人口较元和时期略有下降，因为兴国、通山、大冶已从鄂州析出。若加上此三县的人数，从晚唐到宋初鄂州人口实际上也增加了近一倍（图6—2）。鄂州在中唐已是漕运和人口南迁干路的双重枢纽，吸引了大批北方移民南下定居，北宋时进一步成为长江中上游的交通和商业中心，因此是移民的主要分布区。鄂州从中唐到北宋，人口大幅度上升，客户比例居高不下的现象，实则反映了这一地区交通便达、移民在人口中所占比重较大的事实。

鄂州一带，地近江湖，土地卑湿，常被水患，直到宋代，农业生产水平都不高。许多陆地弃而不耕，就是仰以为生的水田，也因地广

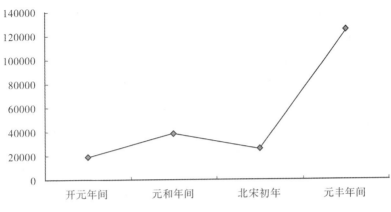

图 6—2　中唐至北宋中后期鄂州人口变化曲线图

　　唐开元年间:19190 户(据《元和郡县图志》);唐元和年间:38618 户(据《元和郡县图志》);北宋初年 25484 户(据《太平寰宇记》);元丰年间:125257 户(据《元丰九域志》)

人稀而耕之不利,种之不时[⑦]。因此,这一地区大量增加的人口,除一部分从事农业生产外,应有相当多的人从事商业与山地资源的开发活动。

　　鄂东一带矿产丰富,且集中在江南地区。《太平寰宇记》就记载鄂州及兴国军(治今湖北阳新)有铜、铁和银矿[⑦]。大冶为唐代鄂州旧地,这里冶铜的历史十分悠久。两晋时期在鄂县(今湖北鄂州)设有新兴、马头二铁官,其中新兴铁官就设在大冶县治西,大冶一名也因此而来[⑧]。杨吴时期又在此置青山场院,并增设大冶县。入宋后,继续开发鄂东地区的铜、铁及银矿。《宋史·地理志》记载熙宁七年(1074 年)在鄂州江夏县(今湖北武汉市武昌区)东置宝泉监,在大冶县东置富民监,负责铸造铜钱(附表 6—4)。

　　唐宋时期鄂州和兴国军都是重要的产茶区,鄂州的蒲圻、江夏、通城、武昌、嘉鱼、咸宁、崇阳都生产茶叶[⑨]。地方特产的发现和利用,往往是区域开发的契机。场的设立乃是管理地方特产的需要,鄂东地区五代宋初新增的永安、大冶和通山等县,均为场镇升格而来,反映了这一地区的经济活动多与山地资源和商业贸易有关。

随着区域经济的发展,制瓷业也在这一地区应运而生。至迟从五代宋初开始,梁子湖地区通过引进先进的漏斗型匣钵－垫饼或垫圈装烧技术、龙窑砌筑技术,全面开发这一带的瓷土资源,烧制出质量胜过前代的青白瓷产品。梁子湖诸窑场的产品中,碗、盏、执壶是数量最大的三类,它们是被用作饮食具和茶具的。

瓷业与茶业的关系值得关注。与瓷器一样,茶叶也按成色和品牌分出不同的等级。宋代的茶叶既有每斤达 1001 文的上等茶,也有大量每斤价格 100 文,甚至 50 文以下的下等茶。荆湖北路江陵府和岳州的散茶,每斤茶价不到 20 文[②]。低等的茶价格十分便宜,是一种普通百姓有能力消费的商品。此外,茶农还可以享用自己茶园的茶叶。因此,茶叶与矿产等贵重商品不同,它的产地与消费市场可以在空间上重合。不难观察到,唐宋时期南方的主要产茶区都曾建有规模很大的瓷窑。这些瓷窑,尤其是普通小窑场的产品又往往以茶具为大宗。位于晚唐江南道重要产茶区潭州的长沙窑出土的瓷碗上就题有"岳麓山茶碗"的字样。但是,另一件与之形制相仿的碗内却题着"酒盏"二字[③],说明民间使用茶具并无特别的讲究,这种写着"茶碗"的器物,同时也可用来做酒碗或饭碗,因此它们在民间的使用量是很大的。

北宋中期以后,鄂东的开发进一步加快,这一时期出现了两个变化。一是人口的大幅度增长;二是商贸市镇的发展。据《元丰九域志》记载,当时全国有镇 18711 个,江汉平原不少于 30 个,此后又有所增加。这些镇大多数分布在江河湖泊交通线旁,尤其是在平原向丘陵过渡或平原与丘陵交会的地带。此外,在州县治所附近、交通要道两旁、关梁津渡之处,都出现了众多的草市。鄂州南草市,就是其中突出的代表[④]。

这种变化对瓷器手工业的发展有着深远的影响。劳动人口的增长,使社会对瓷器的需求量也相应增加;生产的发展,又使增长的劳动人口对所需要手工业品的购买力提高。湖北的沿江地区,拥有便利的交通,广布的市镇,客户多在这些地域活动,且在人口的职业构成上表现为商贾贩运占较大的比重⑩。其中的一部分客户很可能充当牙人或盘摊小贩,以经营瓷器作为生存手段。

到北宋神宗时期,梁子湖地区诸窑场在具备成熟的制瓷技术与丰富的自然资源的前提下,随着本地区生产力的发展和对瓷产品需求量的增长,生产规模也空前扩大。这一点可以从考古发掘的瓷窑遗址与同时期的墓葬资料两方面加以印证。

从宋神宗到钦宗时期,梁子湖地区窑场规模普遍扩大,一方面,旧窑场中或窑炉加长,或修建新的窑炉;另一方面,在同一地区出现了众多新的窑场。1992 年,武汉市博物馆对梁子湖地区瓷窑遗址作了全面调查⑪,调查中共发现窑业堆积 85 处,窑炉 105 座,其中 15处窑址同时建造 2 座或 2 座以上的龙窑,最多的在一地同时修建 4座龙窑。它们集中分布在武汉市江夏区。采集的标本表明,这些窑场(至少是上层窑炉)的时代大致为北宋中晚期。这一时期的瓷产品一般光素无纹,外壁可见拉坯痕迹,内底多有一个圆形凸起,外壁施釉多不及圈足。说明窑场主对产量的追求已超过了对质量的追求,其原因可能在于其供应对象主要是针对本地区的中下层群众。

对湖北地区宋代墓葬资料的分析结果也可以印证这一点。北宋神宗到钦宗时期,今湖北地区进入一个人口增殖的高峰,已发现的大多数宋墓也集中在这一时期。这些宋墓多为中小型,一般随葬一两件梁子湖窑场生产的青白瓷碗、盏或执壶。如安陆蒋家山所发现的 200 多座宋墓,所出瓷器 90% 以上为梁子湖地区所产,只有少数可能来自景德镇窑,说明梁子湖窑场的主要销售对象是本地下层民众。梁子湖诸窑场于北宋后期进入盛烧期,正是以本地劳动人口的增长为前提的。

三　赣江流域的开发与赣州窑等窑场的兴起

从唐末五代至宋初,南方人口增长最快的两个地区,首推福建,次为江西。《元和郡县图志》中所记户数,由于大量隐匿人口的存在,往往比实际户数低出许多,所记各州户数,只有 9 个州的数据比《旧唐书·地理志》高,其中就包括了江西的三个州,即洪、饶、吉州。在《太平寰宇记》所记南方诸州中,吉州和洪州更是户数最大的两个州级单位。

从晚唐到宋初,江西人口增幅很大,可从《元和郡县图志》与《太平寰宇记》人户数对比上得到证明(附表 6－5)。从宋初到元丰年间,是江西又一个人口增长高峰期。由于户口增多,新增了筠州、南康军和建昌军 3 个州级行政单位,以及一些县级政区。户口的增长以及州县政区的增设,是区域开发最显著的标志。北宋时期,江西的经济得到了长足进展,文化辐射力增强,人才不断涌现,区域地位明显提高。这一时期的瓷业生产一方面反映了区域开发的进程,另一方面,也促进了江西地区的经济发展。

晚唐以前,江西瓷业生产的中心在赣江中游的洪州窑。洪州窑是唐代六大青瓷名窑之一,首见录于唐代陆羽的《茶经》。洪州窑最迟在东汉晚期就能烧制出比较成熟的瓷器;东晋南朝时逐渐进入兴盛时期,盛烧期大约一直延续到中唐时期:晚唐五代时期衰落,前后生产长达 800 余年[②]。洪州窑窑址总计 31 处,皆坐落于赣江或与赣江相通的清丰山溪、药湖岸畔的山坡和丘陵岗阜地带,以赣江为纽带连成一片。从最南边的河洲乡罗坊窑址到最北边的同田乡麦园窑址的距离约 20 公里,最宽处的曲江镇罗湖窑址群宽约 1 公里[③]。

洪州窑所在的丰城县,与洪州府(今江西南昌市)同处赣江东岸,北至州"一百四十七里"[④],顺赣江而下,运输瓷器到洪州及鄱阳湖周边地区,极为便利。1983 年,从赣江丰城段汉代沉船中打捞出东汉晚期青瓷器 20 余件,研究者认为是洪州窑港塘窑址的产品⑩。唐代洪州窑的产品也应由赣江外运。

洪州窑在各个时期的窑场选址上,考虑了原料、交通和市场等各种因素。总的来说,它与中晚唐时期的各大名窑一样,都有接近和服务于区域中心城市的特点。

作为赣江流域中心城市的洪州(今江西南昌),从唐开元到元和年间,人口都位居江西各州榜首。洪州处中原通往岭南的交通线上,由扬州到广州,可顺赣水而下,交通十分便利。唐中叶以后,洪州驻江西观察使,属晚唐的东南八道之一。洪州一州有五万余户,35 万余口,仅稍次于太湖周围诸州,农业十分发达,其财赋是“国用所系”⑨。

到晚唐五代时期,赣江流域最大的窑场洪州窑趋于衰落。其烧造范围从赣江东岸长达 2 公里的沿江地带,收缩到今曲江镇和丰城市区。与此同时,赣江流域其他人口众多的州城附近,兴起了一批制瓷窑场。洪州窑从赣江流域一枝独秀的窑场变成了一个有众多竞争对手的普通窑场,其瓷器质量亦无过人之处。

新兴的窑场在空间分布上有三个特点。其一,溯赣江而上,在人口最多的吉、虔两州州治所近旁,吉州窑和赣州窑创烧;其二,在鄱阳湖周边丘陵地区的州府城市附近如抚州(治今江西抚州)临川、袁州(治今江西宜春)宜春出现窑场。其三,在赣南、赣东、赣西北远离州府城市的丘陵山区,也兴起了一批窑场。它们有些建在县治附近,如大余壶头山窑、于都东坑、窑塘窑、乐平南窑、景德镇窑等,与洪州窑晚唐五代窑场临近丰城县治的情形相似;另一些窑场远离县治,但处于人口稠密、交通便利的地点,如铜鼓永宁窑和寻乌上甲窑,分别处于赣西北与湘江流域、赣南与珠江流域的交通线上。

新兴的窑场在规模上有等次之分。州府城市附近的窑场生产规模大,生产潜力大,延烧时间长。赣州窑和吉州窑是其中的代表。这两处窑场不仅生产潜力大,而且技术和产品更新也早于本地区其他窑场。大约在五代宋初,赣州和吉州两窑都抛弃了传统的废品率较高、瑕疵较多的明火叠烧工艺,纷纷采用漏斗形匣钵和垫饼的装烧工艺。漏斗形匣钵和垫饼的组合装烧具是一种来自北方窑场的技术,它最早被位于长江南岸的繁昌窑采用,稍后吉、虔二地吸收了这一工艺,当与吴和南唐对赣江流域有组织的开发有密切的关系。

明《东昌县志》(江西省博物馆手抄本)在讲述吉州永和镇的源起时称:"至五代时,民聚其地,耕且陶焉,由是井落圩市,祠庙寺观始创。周显德初,谓之高唐乡临江里磁窑团,有团军主之。"磁窑团就是瓷业行会性质的组织,永和窑创烧白瓷以及采用比明火叠烧更先进的漏斗形匣钵和垫饼的装烧具组合,很可能与磁窑团的进入有关系。随着窑场规模的扩大,吉州永和镇与景德镇一样,设镇征税,从"耕且陶焉"的农村聚落变成了烟火稠密的瓷器专业镇市。

另一些窑场处于偏远的地点,在那里制瓷业还不是一个独立的生产部门,而是农业的一种补充形式。南宋人陆九渊曾这样描述抚州农村生活:"金溪陶户,大抵皆农民於农隙时为之。事体与鄱阳镇中甚相悬绝。今时农民率多穷困,农业利薄,其来久矣。当其隙时,藉他业以相补助者,殆不止此"[32] 尽管不知道鄱阳镇的情形如何,但从永和镇"秀民大家,陶埏者半之,无高城深池,……窑焰竟日夜"[33]的情景中,可以了解瓷器专业市镇与"耕且陶焉"的农村聚落之间的差别。

赣江流域各州唐宋之际新兴窑场的数量,以虔州最多(附表6-6)。有些窑场似乎并不是以县治为销售重心,而是供应场、镇之类的次级市场,如林岗坝窑所在的会昌县,本唐雩都县地,太平兴国年中析雩都县六乡于九州镇置会昌县。唐代,这里可能就已是一个人口稠密的村镇聚落。象莲窑所在的龙南县,本信丰县地,吴武义中析信丰顺仁乡之新兴一里为场,南唐保大十年(952年)改为县。这些例证说明,中晚唐以来江南地区瓷器的生产和销售渠道已趋多元化。

在赣江上游地区的开发中,唐宋之际是一个值得重视的时期。就人口的变动而言,从唐开元年间到北宋初年,赣州人口上升了 2 倍余。从政区的变动来看,虔州是唐宋之际江西新增县数最多的州(见附表 6—7)。唐元和六年(811 年)虔州被升为上州。五代时,虔州原统辖的 7 县分为 13 县。与区域开发相对应,唐宋之际虔州的瓷业生产也呈现出全方位的发展态势。一方面是州府城市附近的窑场出现技术革新,增烧新的白釉产品;另一方面是在远离区域政治和经济中心的地点,随着人口的增长,对瓷器的需要增加,民间窑场纷纷兴建。唐宋之际以虔州为中心的赣江上游地区,出现了一个瓷业生产的新局面。

与皖南与鄂东一样,在讨论唐宋之际赣江流域的区域开发时,同样不能忽视山地资源的利用问题。赣江流域的大部分州军如吉州、虔州、信州、袁州、临江军等都是唐宋时期的产茶区,这些州军的茶产品主要是价格低廉的散茶,只有饶州出产一些高档的茶品,如"头金"、"腊面"和"头骨"[64]。景德镇所在的浮梁县是以茶叶闻名的地方。早在中唐时期,白居易就在《琵琶引》诗中描绘了他在浔阳江头(今江西九江市)看到的一位到浮梁买茶的商人妻子[65],说明浮梁茶已销往鄱阳湖北岸甚至更远的地方。

在矿产开发方面,虔州最为可观。据《元丰九域志》等文献记载,虔州赣县、虔化、雩都、会昌、瑞金等县共有银场 4 处、铅场 1 处、锡场 2 处、铜场 1 处。饶州德兴设有市银院,另有银场、金场和铜场各一。在发现宋代瓷窑遗址的其他地点,也往往有宋代矿场,如信州(江今江西上饶市)上饶、弋阳、贵溪和铅山分布着银场和铜场,袁州(治今江西宜春)分宜有铁务、南安军(治今江西星子)南康县和上犹县有锡务和铁务,建昌军(治今江西南城)南丰一县就有 4 处银场[66]。矿区通常会汇集大量的浮浪人口,供手工业作坊雇募,如韶州(治今广东韶关)岑水场"聚浮浪至十余万"[67]。汇集着众多人口的矿区,需要粮食和手工业品来维持基本的生活,因此出现草市,如江南西路筠州(治今江西高安)上高县银场,由土豪请买,"招集恶少,采银山中,又于近山清溪创立市井,贸通有无"[⑩]。有了市井,"贸易有无"的商品中就可能包括瓷器。因岑水场而建的建福县有草市、墟市 38 处,这里很可能也是附近曲江窑等窑场产品的货物集散地。一方面,矿区可以成为瓷窑的本地市场,另一方面,矿区内游动的雇工也同样可以参与制瓷或贩卖瓷器的活动。瓷窑与矿区在空间分布上的重合,说明二者联系的存在。

小 结

本章分析了原料、水源、交通、人口、城镇等自然与人文地理要素与制瓷业的互动。区域瓷业的兴起是一定自然资源与恰当的社会时机结合的产物。原料是制瓷业兴起的前提,也常常成为制瓷业衰落的主要原因。原料因素对于区域瓷业的兴起固然重要,但社会条件如政府的商业政策,社会对瓷器的需求等等也是不可忽略的因素。水源对制瓷业的影响表现在生产和运输两个方面,瓷器的运输以水运为主,主要原因在于水运比陆运成本低廉。南方地区的窑场普遍沿河道分布,运输瓷器借助水上交通。同时瓷业的兴盛对区域交通也有一定的改善作用。

当瓷器成为普通日用品以后,人口的增长会扩大社会对瓷器的需求,从而推动制瓷业的发展。制瓷业的兴盛及分工的细化,需要一大批专门从事瓷器生产、运输和销售的劳动者。宋代窑场多分布在客户比率较高的地区,这些地区存在的大量客户,有可能加入到制瓷业之中。制瓷业对劳动力的吸收,解决了一部分的谋生问题,改变了区域的经济结构和劳动人口构成。

州府城市是优质瓷器和瓷质奢侈品的集散地,也是瓷产品创新的动力来源。在瓷器尚为不易获取的稀有产品时,瓷窑多接近大城市,以社会上层为主要服务对象。随着制瓷业的发展,瓷窑扩散到一些远离中心城市、后期开发的区域。到宋代,市镇越来越成为一个与制瓷业密切相关的地理要素。为便于瓷器的销售和生活资料的获取,窑场主往往选择在市镇附近建立窑场,一些瓷业兴旺的市镇因此成为瓷器专业市镇,其城市形态受到制瓷业的影响,景德镇和吉州永和镇就是其中的代表。随着农村富户的出现,财富由都市向市镇的转移,农村购买力提高,市镇也出现了优质瓷器和瓷质奢侈品市场。

　　本章还探讨了唐宋之际的区域开发与早期青白瓷窑场兴起的关系。从唐宋之际皖南、鄂东和赣江流域的开发中,可以看到以采矿、种茶等山地资源开发为核心的手工业门类与制瓷业的内在联系,也论证了人口和城镇确为瓷器手工业兴起中不可忽视的社会因素。

---

①　张福康:《中国古陶瓷的科学》,上海:上海人民美术出版社,2000 年,第 12、19 页。

②　黄镜友:《湖南省高岭土资源概况》,《湖南地质》1996 年第 3 期,第 147—150 页。

③　长沙窑课题组编:《长沙窑》,北京:紫禁城出版社,1996 年,第 28 页。

④　参阅廖克主编《中华人民共和国国家自然地图集》(北京:地图出版社,1999 年)第 151—152 页"非金属矿产"。

⑤　中国硅酸盐学会主编:《中国陶瓷史》,北京:文物出版社,1987 年,第 231 页。

⑥　刘新园、白焜:《高岭土史考》,《中国陶瓷》1982 年增刊,第 111—170 页。

⑦　张福康:《中国古陶瓷的科学》,上海:上海人民美术出版社,2000 年,第 14—15 页。

⑧　江西省文物工作队、吉安县文物管理办公室:《吉州窑遗址发掘报告》,《江西文物》1982 年第 2 期,第 1—23 页。

⑨　武汉市博物馆等:《武汉市梁子湖古瓷窑址调查》,《江汉考古》1998 年第 4 期,第 12—16 页。

⑩　转引自注⑤,第 410—411 页。

⑪　《梦溪笔谈》卷十一《官政二》。

⑫　《入蜀记》卷五。

⑬ 权奎山:《试论南方古代名窑中心区域移动》,《考古学集刊(11)》,北京:中国大百科全书出版社,1997 年,第 276—288 页。

⑭ 转引自上注。

⑮ 《方舆胜览》卷九《浙东路·处州》。

⑯ 〔宋〕龚原:《治滩记》,乾隆《龙泉县志》卷十二《艺文·纪述》。

⑰ 朱伯谦主编:《龙泉窑青瓷》,台北:艺术家出版社,1998 年,第 14 页。

⑱ 季志耀:《试谈浙西宋元窑址及其产品的外销》,《中国古陶瓷的外销(87 晋江年会)》,1988 年,第 66—69 页。

⑲ 浙江省文物考古研究所、江山市博物馆:《江山碗窑窑址发掘报告》,浙江省文物考古研究所编《浙江省文物考古研究所学刊》,北京:长征出版社,1997 年,第 178 页。

⑳ 漆侠:《宋代经济史(上、下)》,上海:上海人民出版社,1987 年。

㉑ 秦大树:《宋元明考古》,北京:文物出版社,2004 年,第 278 页。

㉒ 吴松弟:《中国人口史(第三卷)》,上海:复旦大学出版社,2000 年,第 148 页"表 4—4 南宋部分府州军县的户数"。

㉓ 分别见于《太平寰宇记》和《元丰九域志》。

㉔ 同注㉒,第 489 页。

㉕ 胡道修:《宋代人口的分布与变迁》,《宋辽金史论丛》第二辑,北京:中华书局,1991 年,第 93—125 页。

㉖ 清同治《庐陵县志》卷四十九引陈嘉谟《重修永和古佛堂记》。转引注⑬。

㉗ 《宋会要辑稿》食货一二之十九至二十。

㉘ 同注⑳,第 48—49 页。

㉙ 《石徂徕集》卷下《录微言者》。

㉚ 《龙云集》卷二五《送盛大夫仲孙归朝序》:"皆相谓吉难治,求脱者十常八九,曾不知一切烦委实户口使然。"

㉛ 《宋史》卷八八《地理志四》:"而南路有袁、吉壤接者,其民往往迁徙自占,深耕概种,率致富饶,自是好讼者亦多矣。"

㉜ 《武夷新集》卷十二《贺再熟稻表》。

㉝ 同注㉒,第 472 页表 11—4"江南人口密度"。

㉞ 王菱菱:《宋代矿冶业研究》,石家庄:河北大学出版社,2005 年,附录 1—3。

㉟ 《武溪集》卷五《韶州新置永通监记》。

㊱ 同注⑰,第 1—29 页。

㊲ 杨果:《北宋时期主户与客户的地理分布》,《湖北大学学报(哲社版)》1998 年第 6

期,第63－66页。

㊳ 《续资治通鉴长编》卷二一四,熙宁三年八月戊寅条。

㊴ 同注⑤,第139页。

㊵ 《东坡全集》卷五二《奏议六首·论河北京东盗贼状》。

㊶ 傅宗文:《宋代草市镇研究》,福州:福建人民出版社,1991年,第222页。

㊷ 陈万里:《我对耀瓷的初步认识》,《文物参考资料》1955年第4期,第72－74页。

㊸ 杨果:《宋代江汉平原城镇的发展及其地理初探》,《武汉大学学报(哲学社会科学版)》,1998年第6期,第109－113页。

㊹ 同注⑤,第227页。

㊺ 《夷坚志》卷二十七《萧县陶匠》记载:"邹氏世为兖人,至于师孟,徙居徐州萧县之北白土镇,为白器窑户总首。凡三十余窑,陶匠数百人"。

㊻ 同治《赣县志》卷四:"仙人井……附近皆瓦砾层,盖先朝瓷窑旧镇也"。"郡东南七鲤镇,七山排列如鲤,故名。镇为东关务,又为窑场"。

㊼ 同治《南丰县志》卷之三《古迹》:"旧县治,在四十一都白舍。自吴至唐中间或建或废皆在于此。……古窑,在四十一都白舍。宋时置官监造瓷器,窑数十处,后废。清光绪二十一年贡生刘良炽复振兴窑业,后以资本不济旋中辍。"

㊽ 同注㊺。

㊾ 同注⑬。

㊿ 〔明〕《东昌志》卷一,江西省博物馆手抄本。转引自注⑬。

(51) 同注⑧。

(52) 《景德镇陶录》卷七"吉州窑"条:"宋时吉州永和市窑即今之吉安府庐陵县,昔有五窑……五窑中惟舒姓烧瓷者颇佳。"

(53) 李德金等:《南宋永和镇的考察》,《中国考古学会第七次年会论文集(1989年)》,北京:文物出版社,1992年,第336－344页。

(54) 《临川文集》卷八三《抚州通判厅见山阁记》。

(55) 田海峰:《略谈赫家洼和梁子湖的青白瓷》,《江汉考古》1985年第3期,第75－79页。

(56) 同治《枝江县志》卷之二《地理志中》。

(57) 安徽省博物馆编《安徽省博物馆藏瓷》(北京:文物出版社,2002年)附录《安徽历代主要古窑址概况》。另据安徽省文物考古研究所吴卫红研究员见告,在黄山市黄山区亦发现烧造青瓷的窑场,发现平面为圆形的馒头窑遗迹,以泥点为间隔具。从采集标本看,时代应为五代到北宋前期。

(58) 《韩昌黎文集》卷四《送陆歙州诗序》。

㊾ 《全唐文》卷七五五《唐故宣州观察使御史大夫韦公墓志铭》。

⑥ 顾立诚:《走向南方——唐宋之际自北向南的移民与其影响》,台湾大学出版委员会,2004 年,第 147 页。

⑥ 同注㊶,"草市镇名录",第 369 页。

⑥ 《元和郡县图》卷二八《江南道四·宣州》。

⑥ 《文苑英华》卷四一二《授卢尊监察里行宣州判官制》。

⑥ 《新唐书》卷一〇〇《权万纪传》。

⑥ 喀喇沁旗文化馆:《辽宁昭盟喀喇沁旗发现唐代鎏金银器》,《考古》1977 年第 5 期,第 327-334 页,图版伍至柒。

⑥ 《太平寰宇记》卷一〇三《江南西道一·宣州》。

⑥ 张剑光:《唐五代江南工商业布局研究》,南京:江苏古籍出版社,2003 年,第 105 页。

⑥ 同上注,第 106 页。

⑥ 同上注,第 348-355 页。

⑦ 南京博物院编著:《南唐二陵发掘报告》(北京:文物出版社,1951 年)第二章"出土遗物——陶器和瓷器"第二节"瓷器"。

⑦ 张勇、李广宁:《宣州窑白瓷的发现与探索》,中国古陶瓷研究会编《古陶瓷研究》第四辑,北京:紫禁城出版社,北京,1997 年,第 107-110 页。

⑦ 张道宏:《试掘繁昌瓷窑址》,《文物参考资料》1958 年第 6 期,第 75 页。

⑦ 安徽繁昌县文物管理所:《安徽繁昌柯家村窑址调查报告》,《东南文化》1991 年第 2 期,第 219-226 页,图版壹、贰。

⑦ 《元丰类稿》卷一七《繁昌县兴造记》。

⑦ 《南齐书》卷一五《州郡志下·郢州》。

⑦ 《旧唐书》卷四九《食货志下》。

⑦ 《读史方舆纪要》卷七六《湖广二·武昌府》。

⑦ 韩茂莉:《宋代农业地理》,太原:山西古籍出版社,1993 年,第 145 页。

⑦ 《太平寰宇记》卷一一二《江南西道·鄂州》。

⑧ 《太平寰宇记》卷一一二《江南西道·鄂州》。

⑧ 孙洪升:《唐宋茶叶经济》,北京:社会科学文献出版社,2001 年,第 67-68 页。

⑧ 同上注,第 139 页表 2-3"宋代茶叶出售价格表"。

⑧ 同注③,彩图 115、116。

⑧ 同注㊸。

⑧ 同注㊲。

㊻　同注⑨。

㊼　江西省文物考古研究所等：《江西丰城洪州窑遗址调查报告》，《南方文物》1995
　　年第 2 期，第 1—29 页。

㊽　同注⑬。

㊾　《元和郡县图志》卷二八《江南道四·江西观察使·洪州》。

㊿　万良田：《江西丰城发现汉代沉船瓷器》，《江西历史文物》1987 年第 2 期。

91　《全唐文》卷六六一白居易《除裴堪江西观察使制》。

92　《陆九渊集》卷十《与张元鼎》。

93　〔明〕《东昌志》卷二引南宋周必正《辅顺庙记》。转引注⑬。

94　同注81，第 139 页"表 2—3 宋代茶叶出售价格表"。

95　《全唐诗》卷四三五《琵琶引》。

96　同注34。

97　《续资治通鉴长编》卷二四〇，熙宁五年十一月庚午。

98　《宋会要辑稿》职官四八之一三六。

附表 6-1　发现窑址的宋代江南各州客户比率(四川地区除外)

路名	州名	北宋初客户率	元丰年客户率	有宋代窑址分布的县市
荆湖北路(1 州)	鄂州	59%	58%	江夏、鄂州
荆湖南路(15 州)	岳州	57%	48%	岳阳、平江、临湘
	潭州	65%	51%	长沙、望城、宁乡、益阳、湘阴、汨罗、浏阳、长沙、望城、湘乡、双峰、衡山、衡东
	鼎州			桃源、常德、汉寿、沅江
	衡州	52%	59%	衡阳、衡南、市区、常宁、耒阳、茶陵、安仁、酃县
	郴州	15%	41%	永兴、资兴、桂东、汝城、
	桂阳监		24%	蓝山、临武
	道州	42%	37%	新田、宁远、江华、江永
	永州	43%	33%	祁东、祁阳、永州、东安
	邵州	37%	36%	安化、新邵、邵阳、邵东、双牌
	鼎州	42%	20%	桃源、常德、汉寿、沅江
	澧州	49%	67%	澧县、临澧、津市
	全州		14%	全州
	靖州			会同、靖县、通道
	辰州			沅陵、辰溪、溆浦、怀化、麻阳、黔阳
	武冈军			洞口、城步、新宁、绥宁、武冈
江南西路(5 州)	吉州	54%	44%	吉安、永丰
	袁州	44%	40%	萍乡
	抚州		40%	临川、金溪
	虔州	20%	17%	赣县、宁都、瑞金、全南、龙南、寻乌、于都
	建昌军	42%	22%	南丰、南城
江南东路(7 州)	宣州	26%	15%	泾县、绩溪
	歙州	6%	3%	休宁、歙县
	太平州	20%	18%	繁昌、芜湖

续表

路名	州名	北宋初客户率	元丰年客户率	有宋代窑址分布的县市
江南东路（7 州）	池州	45%	19%	贵池
	信州	31%	31%	铅山、横峰、贵溪
	饶州	50%	18%	景德镇、浮梁
	江州	49%	20%	九江
福建路（8 州）	南剑州	40%	50%	南平、顺昌、将乐、三明、大田、尤溪
	邵武军	28%	33%	邵武、光泽、泰宁、建宁
	建州	48%	63%	建阳、浦城、崇安（武夷山）、松溪、政和、建瓯
	漳州	18%	64%	漳州、华安、漳平、龙岩、永定、南靖、长泰、龙文、龙海、平和、漳浦、云霄、诏安、东山
	福州	48%	46%	福州、闽侯、长安、马尾、福清、永泰、连江、闽清、罗源、宁德、古田、屏南、周宁、福安、霞浦、柘荣、福鼎、周宁
	泉州	46%	46%	泉州、南安、晋江、石狮、同安、集美、厦门、杏林、安溪、永春、德化
	兴化军	61%	36%	莆田、涵江、仙游
	汀州	18%	19%	宁化、长汀、连城
两浙路（9 州）	杭州	13%	19%	杭州、临安、于潜、余杭
	湖州			德清、吴兴
	明州	61%	50%	宁波、奉化、鄞县、象山
	处州		77%	遂昌、丽水、龙泉、松阳、庆元、云和
	温州	61%	34%	温州、永嘉、瑞安、文成、泰顺、乐清
	越州		2‰	余姚、诸暨、嵊县、新昌、上虞、慈溪
	衢州		20%	江山、衢县、龙游
	婺州	2%	6%	兰溪、金华、武义、东阳、永康
	台州	45%	17%	仙居、黄岩、临海

续表

路名	州名	北宋初客户率	元丰年客户率	有宋代窑址分布的县市
广南东路(10 州)	广州		55%	广州、南海、佛山、番禺、东莞
	惠州		63%	惠阳、河源、紫金
	梅州		53%	梅县
	循州	23%	46%	五华
	潮州		24%	潮州、揭阳、揭西
	封州		37%	封开
	韶州	9%	7%	南雄、曲江、仁化
	南恩州		79%	阳江
	康州			郁南、德庆
	贺州	27%	16%	钟山
广南西路(11 州)	化州		35%	廉江
	高州		26%	高州
	桂州	32%	14%	兴安、桂林、永福
	邕州		8%	南宁、大新
	浔州	73%	64%	桂平
	柳州	77%	16%	柳城
	雷州	5%	69%	遂溪、海康、湛江、澄迈
	容州		26%	容县
	宾州		39%	宾阳
	廉州		12%	合浦、浦北
	藤州		21%	藤县、岑溪

注：1. 本表所列州军以谭其骧主编《中国历史地图集》(北京：中国地图出版社，1982 年)政和元年(1111 年)政区为准

2. 此表的窑址分布主要参考了：

(1)福建部分：曾凡《福建陶瓷考古概论》(福州：福建地图出版社，2001 年)

(2)湖南部分：国家文物局主编《中国文物地图集·湖南分册》(西安：西安地图出版社，1997 年)

(3)江西部分:余家栋《江西陶瓷史》(开封:河南大学出版社,1997 年)

(4)浙江部分:傅振伦《继往开来的唐越窑》(《中国考古学会第三次年会论文集》,北京:文物出版社,1982 年,第 170—176 页)

(5)中国硅酸盐学会主编《中国陶瓷史》(北京:文物出版社,1987 年)第 230 页"宋代瓷窑遗址分布图"

3. 人口数据参考了梁方仲《中国历代户口、田地、田赋统计》(上海:上海人民出版社,1980 年)甲表 35、36

附表 6—2　中唐至北宋皖南户数统计表

州名	开元户数(据《元和郡县图志》)	元和户数(据《元和郡县图志》)	北宋初期户数(据《太平寰宇记》)	北宋元丰户数(据《元丰九域志》)
宣州	87231	57350	46952	142811
歙州	31960	16745	51763	106584
池州	24600(据《太平寰宇记》)	17591	33424	131365
太平州(析自宣州)			14060	50997
广德军(析自宣州)			10913	40399

附表 6—3　唐五代宋初时期皖南新增州县统计表

增置时间	新增县名	县所属州	新增州
永徽五年(654 年)	绩溪	歙州	
开元二十八年(740 年)	婺源	歙州	
天宝元年(742 年)	青阳	池州	
天宝三年(744 年)	宁国	宣州	
天宝十一年(752 年)	太平	宣州	
至德二年(757 年)	至德	池州	

续表

增置时间	新增县名	县所属州	新增州
宝应二年(763 年)	旌德	宣州	
永泰二年(766 年)	祁门	歙州	
永泰二年(766 年)	石埭	池州	
乾祐三年(950 年)	铜陵	江宁府	
广顺二年(952 年)	东流	池州	
南唐	芜湖	江宁府	
南唐	繁昌	江宁府	
南唐			太平州
南唐保大八年(950 年)			广德军

注:本表参考了张剑光《唐五代江南工商业布局研究》(南京:江苏古籍出版社,
2003 年)第 385 页"表一江南新析县(以时间为序)"

附表 6—4 唐宋之际鄂东新增州县统计表

新增州军	新增县	属州	沿革情况
	嘉鱼	鄂州	本蒲圻县。隋之鲇渎镇,镇川多生鲇鱼,为镇名。唐天宝三年,本道以镇界所营怀仁、宣化三里合为一乡属镇征科。南唐升嘉鱼县
	永安县	鄂州	江夏县之界,南北旧县三百里,征发调赋动浃旬。唐大历二年,割金城、丰乐、宣化等乡置镇,吴贞元三年改为永安场,南唐保大十二年升为县
永兴军	通山县	永兴军	本唐永兴县地,五代吴为羊山镇,宋太平兴国二年升为通山县,属永兴军
永兴军	大冶县	永兴军	本永兴县地,唐天祐二年吴置大冶青山场院,宋乾德五年,南唐始升为大冶县,属鄂州。太平兴国二年,改属兴国军

注:资料来源于《太平寰宇记》

附表 6－5　唐开元至宋元丰年间江西地区户数统计表

	唐天宝元年(742年)	唐元和年间(806—820年)	大平兴国五年(980年)至端拱二年(989年)			元丰初年		
	总户数	总户数	主户数	客户数	主客户合计	主户数	客户数	主客户合计
洪州	55530	91129	72350	31128	103478	180760	75474	256234
虔州	37647	26260	67810	17336	85146	81621	16509	98130
吉州	37752	41025	58673	67780	126453	130767	142630	273397
袁州	27093	17126	44800	34903	79703	79207	50477	129684
抚州	30601	24767	61279		61279	93915	61921	155836
筠州			29396	16933	46329	36134	43457	79591
饶州	40899	46116	22805	23113	45917	153605	34590	188195
信州		28711	28199	12486	40685	109410	23207	132617
江州	19025	17945	12319	12045	24364	75888	19496	95384
南康军			14642	12306	20948	55527	14969	70496
建昌军			11002	7845	18847	89582	25626	115208

注:表中数据来自梁方仲《中国历代户口、田地、田赋统计》(上海:上海人民出版社,1980年)甲表 26、27、35、36

附表 6－6　唐宋之际江西新兴瓷器窑场统计表

窑名	今所在城市	地理位置(距县城,临河湖)	规模(窑堆数,面积)	属北宋州名	属北宋县名	与州府距离
永和窑①	吉安市	位于吉安县永和镇西侧,紧靠赣江西岸	东北自林家园和柘树下起至西南部的塔前里、船岭下,长达2公里;西北由窑门岭起到东南侧的辅顺庙,宽达1.5公里。现有窑包24处。面积3平方公里	吉州	庐陵	州治所在

续表

窑名	今所在城市	地理位置（距县城，临河湖）	规模（窑堆数，面积）	属北宋州名	属北宋县名	与州府距离
赣州窑②	赣州市	位于七里镇贡江北侧的斜坡地带上接近贡江与章水汇合处,北面有赣于公路通过,为古梅关道。距离赣州城仅 1.5 公里	在东西长约 1.5 公里的范围,共有窑包 14 处,面积 3000 多平方米	虔州	赣县	州治所在
白浒窑③	临川县	位于县城上顿渡西面 8 公里的白浒渡,临崇仁河,东北距抚州市 26 公里	分布在附近三个倚山面水的村落约2.5 公里长的后山坡一带	抚州	临川	州治所在
渥江窑④	宜春市	位于渥江乡南端约 0.5 公里的店下村旁一台地上,袁河自南向北流经	6000 平方米以上,延续 200 多米	袁州	宜春	州治所在
景德镇窑⑤	景德镇市	位于江西景德镇市区和郊区,均坐落在昌江东岸和昌江的支流南河、东河流域	保存尚好的窑场遗址有 150 余处,分布在湖田等 31 个村或地点。每个村或地点,少者 1 处,多者达 16 处;面积小者 400 平方米,大者竟有 40 万平方米	饶州	浮梁	西南至州 220 里
南窑⑥	乐平县	位于钟家山乡的南窑村东南约 0.5 公里处	窑包高约 15 米,面积18000 平方米	饶州	乐平	西至州 120 里
永宁窑⑦	铜鼓县	位于永宁镇东北古桥村近旁	面积约 20000 平方米,堆积在 2 米以上	洪州	分宁	
江村窑⑧	铅山县	位于鹅湖乡江村		信州	铅山	东至州 100 里
东坑窑⑨	于都县	位于岭背乡南端约 1 公里的梅江河畔,南距县城 15 公里	7 个窑包,绵延 300 米	抚州	雩都	西北至州 170 里

续表

窑名	今所在城市	地理位置（距县城,临河湖）	规模（窑堆数,面积）	属北宋州名	属北宋县名	与州府距离
窑塘窑⑩	于都县	位于梅江下游的窑塘村,西南距县城约4公里接近梅江与会昌江交汇处	分布在窑塘村周	虔州	雩都	西北至州170里
林岗坝窑⑪	会昌县	位于县城南端2公里的林岗坝村,东面紧靠湘水约30米	4处堆积,面积9294平方米。	虔州	会昌	西北至州170里
壶头山窑⑫	大余县	位于县城南郊约3公里的前湾村,依章水旧河道,梅关驿道从村前经过	3处堆积,面积约100平方米,堆积厚约3米。	虔州	大庾	东北至州220里
象莲窑⑬	龙南县	位于县城以西的象莲乡北端约50米处	面积不大	虔州	龙南	北至州195里
上甲圆墩背窑⑭	寻乌县	位于文峰乡上甲村,距县城15公里。窑址东面和南面分别有寻乌江及其支流上甲河流过	13处堆积	虔州	安远	

———————————

① 余家栋、陈定荣:《吉州窑遗址发掘报告》,《景德镇陶瓷》1983年第1期,第5—23页,图版3—5。

② 江西省文物考古研究所、赣州地区博物馆、赣州市博物馆:《江西赣州七里镇窑址发掘简报》,《江西文物》1990年第4期,第3—23页。《赣州七里窑乌头塘出土瓷器》,《江西文物》1990年第4期,第24—30页。

③ 杨后礼:《临川县白浒窑调查》,《文物工作资料》1960年第2期。

④ 易汀州:《宜春渥江店下唐代窑址》,《江西历史文物》1984年第1期,第11—12页。

⑤ 陈万里:《景德镇几个古代窑址的调查》,《文物参考资料》1953年第9期,第82页。

⑥ 江西省文物管理委员会:《江西乐平、龙南两县发现古窑址》,《考古》1966年第5期,第260—262页。

⑦ 黄颐寿:《江西铜鼓发现唐代窑址》,《考古》1989 年第 1 期,第 91—92 页。

⑧ 王立斌:《铅山县发现古瓷窑址》,《江西历史文物》1983 年第 2 期,第 27、5 页。

⑨ 万幼楠:《于都县东坑、窑塘窑址调查》,《江西历史文物》1986 年第 1 期,第 24—27、第 9 页。

⑩ 同上注。

⑪ 池达程:《会昌县林岗坝唐代窑址》,《江西历史文物》1984 年第 2 期,第 56—58 页。

⑫ 夏金瑞:《大余县壶头山唐窑》,《江西历史文物》1984 年第 2 期,第 59—60 页。

⑬ 同注⑥。

⑭ 赣州地区文物局文物科等:《江西寻乌上甲村古瓷窑址调查》,《江西文物》1991 年第 3 期,第 86—93 页。

附表 6—7　唐宋之际江西新设州县统计表

增置时间	新增县名	县所属州	新增州军临
吴顺义元年(921 年)	万载县	筠州	
吴顺义七年(927 年)	德安县	江州	
南唐(937—975 年)	德兴县	饶州	
南唐昇元三年(939 年)	瑞昌县	江州	
南唐昇元年间(937—942 年)	靖安县	洪州	
南唐昇元年间(937—942 年)	清江县	筠州	
南唐(937—975 年)	铅山县	信州	
南唐保大八年(950 年)	吉水县	吉州	
南唐保大十年(952 年)	龙南县	虔州	
南唐保大十年(952 年)	上高县	筠州	
南唐保大十年(952 年)			筠州

续表

增置时间	新增县名	县所属州	新增州军临
南唐保大十一年(953 年)	上游县	虔州	
南唐保大年间(943－957 年)	湖口县	江州	
后周显德五年(958 年)	龙泉县	吉州	
南唐(937－975 年)	瑞金	虔州	
南唐(937－975 年)	石城县	虔州	
南唐(937－975 年)			永平监
南唐李煜时期(961－975 年)	宜黄县	抚州	
宋太平兴国二年(977 年)	星子县	江州	
北宋太平兴国六年(981 年)	新建县	洪州	
北宋太平兴国六年(981 年)	新昌县	筠州	
北宋太平兴国七年(982 年)			南康军
北宋太平兴国年间(976－984 年)	兴国县	虔州	
北宋太平兴国年间(976－984 年)	会昌县	虔州	
北宋雍熙元年(984 年)	分宜县	袁州	
北宋淳化五年(994 年)	金溪县	抚州	

结语:瓷器生产与古代社会
——地理学的反思

　　制瓷业仰赖于环境,其兴起又改变着环境,它是最能体现人与环境互动的手工业,这一特性决定了制瓷业与地理学天然的联系;不同的自然与人文环境造就了瓷器及瓷业生产技术的鲜明地域性。因此,制瓷业特别适合于地理学的区域观察视角。瓷器并非从来就有,它是在一定的社会条件下,人在大地上的创造,古代瓷业遗存是大地上的人文景观,将它纳入研究视野,历史地理学者责无旁贷。

　　区域观察方法是地理学的基本方法。用区域方法观察古代制瓷业,就是找出区域的各个特性与制瓷业之间的关联性。区域的特性分为自然与人文两个方面。自然特性包括地形、水文、气候、土壤、植被等方面,制瓷业的兴起和发展需要一定的自然地理基础。各地自然条件的不同,决定了瓷器品质的差异,也决定了瓷业生产的潜力,如景德镇之所以成为中国的瓷都,蕴藏丰富的优质制瓷原料是最重要的原因。

　　区域的人文特性很多,与制瓷业相关的主要有区域开发程度、人口数量与劳动人口构成、城镇分布、商业发达状况等等。

　　制瓷资源原本存在于自然界中,它们何时被人们利用来烧造瓷器,取决于一定的社会条件和社会时机。因此,一定的自然地理基础,只有在相关人文因素的作用下,才能被人类所利用,产生出服务于人类生活的制瓷手工业。人们掌握制瓷技术、发现制瓷原料、便利地获取燃料和水源,改造交通条件或开辟交通道路,才能完成烧制和运销瓷器的全过程。瓷业技术的传播、制瓷原料的发现、水源的利用和道路的开辟,都是在一定历史时期区域开发的进程中完成的。因此,制瓷业的产生,可以说是区域开发的一种结果。

县级政区和镇市的增设是区域开发的重要指标,县级政区的设立一般以人口的增长为前提。在瓷器普及的唐宋时期,区域人口的增长会带来瓷产品社会需求的增长。人口的流动则改变着区域的瓷业生产传统。制瓷业吸收大量从业人员,从而改变了区域劳动人口的构成。镇市的出现与商业贸易紧密相连。在宋代,镇市不仅成为瓷器的销售市场,还成为许多窑场的生产地点,瓷器生产促进了镇市的繁荣,也改变着镇市的面貌。宋代已出现了诸如景德镇、永和镇之类的瓷器专业市镇。

与此同时,其他的人文因素,如农业和其他手工业的发展水平、商业贸易、交通状况、区域经济政策、文化传统、风俗习惯等,都会在制瓷业本身及其产品上打下鲜明的地域烙印。

瓷器的发明和普及,也从自然与人文两个方面改变着区域的面貌。制瓷业所需的一切原料都取之于自然,也破坏着自然。9世纪中叶澧州诗人李群玉的《石渚》诗,讲到烧瓷带来的区域环境变迁:"古岸陶为器,高林尽一焚。焰红湘浦口,烟烛洞庭云。迥野煤乱飞,遥空爆响闻。地形穿凿势,恐到祝融坟"[①]。烧瓷破坏了植被,污染了空气,采掘煤矿和瓷土使山体被凿空。南宋蒋祈《陶记》也感叹制瓷使"山川脉络不能静于焚毁之余,而土风日以荡耶,'一里窑,五里焦'之谚语其龟鉴矣!"到了人口繁炽的清代,某些地区的制瓷业与农业的冲突更加严重,据同治《南康府志》卷四《地理四·白土案附》记载,在清代,星子县各制作瓷泥的厂户"俱在切近港堰处所开池,堵水淘洗,三分成土,七分成沙,土渣堆积港边,一遇天雨,冲激下流,不但港堰俱塞,两岸军民田亩亦俱被淤。如遇天旱,因各厂户堵水洗土,各田无水,庠阴禾苗尽皆枯槁,租赋无出,民生日窘。各厂附近周围俱有民田、庐墓,该厂户挖洞取土,绵亘数里,年深月久,山崩土裂,坟墓伤残,概成荒山。"由于采矿制作瓷泥,破坏了生态环境,而且影响到当地民生大计,清道光二十年(1840 年)官方全面封禁星子高岭。这些由制瓷业引起的严重的环境问题,是后人优雅从容地把玩古瓷的时候难以想象的。

制瓷业对区域人文面貌的改变,又体现在经济与文化两个层面。从经济上看,瓷器的普及,改善了人们,特别是底层民众的生活质量。瓷器生产又可以解决一部分人的生计问题。尽管无法统计古代制瓷业从业人员的具体数量,但可以从历史典籍中发现一些线索。如明代景德镇"列市受廛,延袤十三里许,烟火逾十万家。陶户与市肆当十之七八,土著居民十之二三。凡食货之所需求无不便"②。景德镇也许是个特例。其他地方情况又是怎样的呢? 南宋洪迈《夷坚志》卷二七载:"邹氏世为兖人,至于师孟,徙居徐州萧县之北白土镇,为白器窑户总首。凡三十余窑,陶匠数百人。"从考古发现看,萧县白土窑在宋元时期的窑场中规模一般,只是普通地方小窑,但陶匠数目就达到"数百人"。湖南已调查的窑址多达 399处③,以每处平均 100 个陶匠计算,陶匠就多达 39000 人。这是最保守的估计。如果加上从事瓷器运输和销售的人口,制瓷业囊括的劳动力数目就相当可观,至于被制瓷业养活的人口更是难以估计。

唐宋瓷业生产的繁荣,是晚唐以来政府经济政策转变、商品经济发展的结果。以商品生产为导向的制瓷业,活跃了商品市场,增加了政府税收。山西介休洪山镇附近的源神庙内立宋大中祥符元年(1008 年)源神庙碑记,碑阴题名有"瓷窑税务任韬"、"前瓷窑税务武忠"。此外,河南修武县当阳峪发现的崇宁四年(1105 年)德应侯百庙灵碑、陕西铜川黄堡镇发现的元丰七年(1084 年)德应侯碑的立碑人中都有瓷窑税务④。熙宁十年(1077 年)以前,景德镇的商税以买扑的方式征收,由监镇官兼管;熙宁十年开始设商税务,负责征收商税,此外,元丰年间还设立了瓷窑博易务等管理景德镇瓷业生产与贸易⑤。熙宁十年景德镇商税额为 3337 贯 957 文,接近德兴一县的商税总额⑥,其商税应主要来自瓷器生产。

从人文方面看,瓷器上体现的审美创造,丰富了区域精神文化的内容。瓷器的功能,不再限于实用或丧葬,还用来观赏。观赏瓷不仅成为士大夫把玩的艺术品,也为民间生活的增添了情趣。宋人杨万里,曾描写路经江东道时的道旁野店:"路傍野店两三家,清晓无汤况有茶。道是渠侬不好事,青瓷瓶插紫薇花"⑦。饮食虽然简陋,也不忘以青瓷器作为店面装饰。瓷器的装饰,体现了窑工对时尚文化的理解,宋代的民窑工匠,不仅注重釉色的美玉,追求似冰类玉的审美意境,还将漆器、铜器、金银器、缂丝、铜镜等其他工艺品的装饰手法广泛吸收到瓷器制作中来。制瓷的原料易于获取,瓷器的价格也相对低廉,因此窑工们得以将及时捕捉的审美信息运用到瓷器上,使这类手工艺品成为今天观察区域美术传统的一个窗口。

在制瓷业内部,窑神信仰的流传,为区域民众的心灵世界增添了色彩。区域间的窑神信仰存在差异,当从各地瓷业生产的环境差异中寻找原因。在众多的窑神中,不仅有虚构的仙人,也有英雄人物、贤士名臣,甚至有普通的窑工⑧。窑神起初因烧瓷而兴,外销的兴起,使保佑海船安全的妈祖也与瓷业发生了关联。

瓷器的流布,也像一面镜子,映射着区域的诸多特性。比如,瓷器中奢侈品与日用品的区分,暗示着区域内不同阶层生活方式的差别;不同窑口瓷器的汇聚或分离,往往是区域关系的缩影。形形色色的丧葬瓷器组合,则记录着区域风俗传统流变的轨迹。总之,从瓷业生产中,可以清楚地看到环境—人—文化三大系统的内在关联性。

瓷器的外销至迟到9世纪的晚唐时期就已经开始。到宋代,瓷器与其他中国土特产的外销,对于遏制铜钱和金银的流失,起到了一定的作用。南宋时期,与中国保持外贸关系的海外国家如交趾、日本等,缺乏先进的铸币工艺,热衷于收藏优质的中国铜钱,由此引起中国铜钱的大量外泄,发生"钱荒",严重地影响到中国经济的发展。用瓷器等土特产换取舶来品,成为宋廷解决铜钱外泄问题的重要途径⑨。从已发现的海底沉船看,宋代外销瓷数量巨大。人们称宋元时期的海外贸易航线为"海上陶瓷之路",中国外销瓷影响着国内的经济生活,也改变着海外国家的生活方式。

瓷器最终成为中国的象征。

---

① 《全唐诗》卷五六九。

② 《景德镇陶录》卷八《陶说杂编(上)》引黄墨舫《杂志》。

③ 根据国家文物局主编《中国文物地图集·湖南分册》(西安:西安地图出版社,1997 年)统计。

④ 中国硅酸盐学会主编:《中国陶瓷史》,北京:文物出版社,1987 年,第 250 页。

⑤ 彭涛、石凡:《青白瓷鉴定与鉴赏》,南昌:江西美术出版社,2004 年,第 32 - 35页。

⑥ 《宋会要辑稿》食货一六之十。

⑦ 《诚斋集》卷三二《道傍店》。

⑧ 李建毛:《中国古陶瓷经济研究》,长沙:湖南人民出版社,2001 年,第 438 - 447页。

⑨ 《宋会要辑稿》刑法二之一四四:"(嘉定)十五年(1222 年)十月十一日,臣僚言:国家置舶官于泉、广,招徕岛夷阜通货贿。彼之所阙者如瓷器、茗、醴之属,皆所愿得,故以吾无用之物易彼有用之货,犹未见其害也。"

附录:征引古籍版本备览（按作者时代排列）

（一）唐、五代

《茶经》〔唐〕陆羽撰,北京:中华书局,1991 年(丛书集成初编本)。

《韩昌黎文集》〔唐〕韩愈撰,马其昶校注,上海:上海古籍出版社,1986 年。

《皇甫持正集》〔唐〕皇甫湜撰,四库全书文渊阁本。

《樊川文集》〔唐〕杜牧撰,四库全书文渊阁本。

《柳河东集》〔唐〕柳宗元撰,四库全书文渊阁本。

《入唐求法巡礼行记》〔唐〕圆仁撰,顾承甫、何泉达点校,上海:上海古籍出版社,
1986 年。

《沈下贤集》〔唐〕沈亚之撰,四库全书文渊阁本。

《唐六典》〔唐〕李林甫等撰,陈仲夫点校,北京:中华书局,1992 年。

《唐国史补》〔唐〕李肇撰,上海:上海古籍出版社,1979 年。

《通典》〔唐〕杜佑撰,北京:中华书局,1984 年(影印本)。

《元和郡县图志》〔唐〕李吉甫撰,贺次君点校,北京:中华书局,1983 年

《旧唐书》〔后晋〕刘昫等撰,北京:中华书局,1975 年。

（二）宋代

《册府元龟》〔宋〕王钦若等撰,北京:中华书局,1960 年。

《诚斋集》〔宋〕杨万里撰,四库全书文渊阁本。

《传家集》〔宋〕司马光撰,四库全书文渊阁本。

《东京梦华录》〔宋〕孟元老撰,邓之诚注,北京:中华书局,1982 年。

《东坡全集》〔宋〕苏轼撰,四库全书文渊阁本。

《都城纪胜》〔宋〕耐得翁撰,台北:台湾商务印书馆,1983 年。

《端明集》〔宋〕蔡襄撰,四库全书文渊阁本。

《范石湖集(上、下)》〔宋〕范成大撰,上海:上海古籍出版社,1981 年。

《方舆胜览》〔宋〕祝穆撰、祝洙增订,施金和点校,北京:中华书局,2003 年。

《侯鲭录》〔宋〕赵德麟撰,四库全书文渊阁本。

《建炎以来纪年要录》〔宋〕李心传撰,北京:中华书局,1985 年(丛书集成初编本)。

《临川文集》〔宋〕王安石撰,四库全书文渊阁本。

《岭外代答》〔宋〕周去非撰,杨武泉校注,北京:中华书局,1999 年。

《龙云集》　〔宋〕刘弇撰,四库全书文渊阁本。

《梦粱录》　〔宋〕吴自牧撰,北京:商业出版社,1982年。

《梦溪笔谈》　〔宋〕沈括撰,胡道静校注,北京:中华书局,1959年。

《渑水燕谈录》　〔宋〕王辟之撰,吕友仁点校,北京:中华书局,1981年。

《默堂集》　〔宋〕陈渊撰,四库全书文渊阁本。

《南唐书》　〔宋〕陆游撰,北京:中华书局,1985年(丛书集成初编本)。

《攻媿集》　〔宋〕楼钥撰,四库全书文渊阁本。

《入蜀记》　〔宋〕陆游撰,北京:中华书局,1985年(丛书集成初编本)。

《清波杂志》　〔宋〕周辉撰,刘永翔校注,北京:中华书局,1994年。

《容斋随笔》　〔宋〕洪迈撰,孔凡礼点校,北京:中华书局,2005年。

《邵氏闻见录》　〔宋〕邵伯温撰,李剑雄、刘德权点校,北京:中华书局,1983年。

《石徂徕集》　〔宋〕石介撰,北京:中华书局,1985年(丛书集成初编本)。

《太平广记》　〔宋〕李昉撰,北京:中华书局,1961年。

《太平寰宇记》　〔宋〕乐史撰,王文楚等点校,北京:中华书局,2007年。

《唐会要》　〔宋〕王溥撰,上海:上海古籍出版社,1991年。

《陆九渊集》　〔宋〕陆九渊撰,钟哲点校,北京:中华书局,1980年。

《新唐书》　〔宋〕欧阳修、宋祁撰,北京:中华书局,1975年。

《续资治通鉴长编》　〔宋〕李焘撰,北京:中华书局,1995年。

《巽斋文集》　〔宋〕欧阳守道,四库全书文渊阁本。

《夷坚志》　〔宋〕洪迈撰,杨名标点,重庆:重庆出版社,1996年。

《文苑英华》　〔宋〕李昉等编,中华书局影印本,1966年。

《吴越备史》　〔宋〕钱俨撰,四库全书文渊阁本。

《五代会要》　〔宋〕王溥撰,上海:上海古籍出版社,2006年。

《武夷新集》　〔宋〕杨亿撰,四库全书文渊阁本。

《舆地广记》　〔宋〕欧阳忞撰,李勇先、王小红校注,成都:四川大学出版社,2003年。

《舆地纪胜》　〔宋〕王象之撰,北京:中华书局,1992年。

《元丰九域志》　〔宋〕王存撰,魏嵩山,王文楚点校,北京:中华书局,1984年。

《资治通鉴》　〔宋〕司马光撰,北京:中华书局,1956年。

《诸蕃志》　〔宋〕赵汝适撰,杨博文校释,北京:中华书局,1996年。

(三)元、明、清及民国

《宋史》　〔元〕脱脱等撰,北京:中华书局,1977年。

《真腊风土记》　〔元〕周达观撰,夏鼐校注,北京:中华书局,2000年。

《南村辍耕录》　〔元〕陶宗仪撰,中华书局,1959 年。

《文献通考》　〔元〕马端临撰,北京:中华书局,1986 年。

《岛夷志略》　〔元〕汪大渊撰,苏继顾校释,北京:中华书局,1981 年。

《历代名臣奏议》　〔明〕黄淮、杨士奇编,上海:上海古籍出版社,1989 年。

《说郛三种》　〔明〕陶宗仪等编,上海:上海古籍出版社,1988 年。

《菽园杂记》　〔明〕陆容撰,北京:中华书局,1985 年。

《天工开物》　〔明〕宋应星撰,潘吉星译注,上海:上海古籍出版社,1993 年。

《星槎胜览》　〔明〕费信撰,冯承钧校注,北京:中华书局,1954 年。

《青原山志》　〔清〕释大然编,收入国家图书馆分馆编《中华山水志丛刊·山志卷(26)》,北京:线装书局,2004 年。

《读史方舆纪要》　〔清〕顾祖禹撰,贺次君、施和金点校,北京:中华书局,2005 年。

《赣县志》　〔清〕黄德溥等修、褚景昕等纂,北京大学藏清同治十一年刻本,民国二十年重印本。

《湖北通志》　〔清〕张仲炘修、杨承禧纂,商务印书馆影印民国十年刊本。

《景德镇陶录》　〔清〕蓝浦、郑廷桂撰,《中国陶瓷名著汇编》,北京:中国书店,1991 年。

《龙泉县志》　〔清〕苏遇龙修、沈光厚纂,北京大学图书馆藏乾隆二十七年刻本。

《南丰县志》　〔清〕柏春修、鲁琪光纂,北京大学图书馆藏同治十年刻本。

《南康府志》　〔清〕盛元等纂修,成文出版有限公司影印(同治十一年刊本)。

《十国春秋》　〔清〕吴任臣撰,徐敏霞、周莹点校,北京:中华书局,1983 年。

《全唐诗》　〔清〕彭定球等编,北京:中华书局,1960 年。

《全唐文》　〔清〕董诰等编,北京:中华书局,1983 年。

《宋会要辑稿》　〔清〕徐松辑,北京:中华书局,1957 年。

《枝江县志》　〔清〕查子庚修、熊文澜等纂,成文出版有限公司影印(同治五年刊本)。

后　记

　　本书在我的博士论文的基础上修改完成。2003 年，我到北京大学环境学院历史地理研究中心攻读博士学位。入学之初，导师唐晓峰教授就和我商定从历史地理学的角度研究古代制瓷手工业这样一个选题。一方面，他考虑到我有一定的古陶瓷研究基础；另一方面，是选题本身的挑战性吸引了他。虽然唐老师不研究陶瓷，但从我平日的言谈中，他敏锐地捕捉到了其中地理学的学术趣味。唐老师提倡有一定研究基础的学生选择具备复杂性的、有趣的课题。基于这样的原则，我们很快就确定了选题。

　　由于历史地理学界以实物为主要内容的研究并不多见，我的研究基本上是在一个没有成熟参照范式的情形下展开的。入学之初，我对历史地理学理论与方法还是一知半解，遑论将数量庞大的考古材料融入历史地理学的理论体系，写成一篇像样的论文。唐老师费了很大的心思来培养我的地理思维。在人文地理学的门槛前徘徊了很久以后，我终于迈进一步，看到了它的天空下闪烁的星光。这门"管得宽"的学问，不仅有着体国经野的责任，更有对每一个普通人生活的深情关怀。

　　我的硕士阶段在北大考古系度过。在博士学习期间，这里是我温暖的"娘家"。宿白先生是我最景仰的考古学家，在制定研究计划期间，我曾经拜访过宿先生。那次与先生的交谈长达两个小时，先生仔细阅读了我的研究计划，提出了许多具体建议。

　　徐苹芳先生是我的博士论文答辩委员会主席。他仔细阅读了我的论文，写出了整整一页评议，老一辈学者这种严肃认真的态度至今让我铭刻于心。我的硕士导师权奎山教授也是我博士论文答辩委员,他一如既往地关心着我,亲自为我复印论文,赠送书籍,并多次抽出专门的时间回答我的问题,还对我的研究计划和博士论文提出很多宝贵的建议。

秦大树教授也一直关注着我在学术上的成长。我在武汉工作期间,他多次邀请我参加陶瓷国际会议,为我争取研究课题。读博期间,经常告诉我最新的学术动态,慷慨馈赠图书,答疑解惑,可以说是有求必应。

北大历史地理研究中心韩茂莉教授给了我诸多学术上的指教。我还有幸认识北大历史系的张传玺教授和辛德勇教授,他们亲自为我一字一句地修改文章,使我在古文献学习方面受益匪浅。在感受他们的严谨学风的同时,我也深为其扶持后学的为师之道所感动。北京大学历史系的李孝聪教授、中国文化遗产研究院的刘兰华研究员也给我提出了一些建议。

我到江西、安徽两地参观考察期间,得到了樊昌生、李荣华、周崇云、吴卫红、张钟云、李广宁、张敬国、张居中等同仁学长的热情帮助;我在湖北省文物考古研究所、北京大学的同事与朋友为我提供过各种帮助;秦彧先生帮我仔细校读了书稿;陈秋红先生为本书清绘了所有器物线图;研究生罗丹、许若茜协助了校对工作,在此一并表示谢意。

最后感谢文物出版社张昌倬先生多年来对我的关心与支持,本书责任编辑张征雁女士为本书的出版付出了很多心血。

本书既是对我在学术上的一段成长经历的交待,也是对众多师长、学友深厚情谊的铭记。

黄义军

2010 年 6 月

责任编辑:张征雁
封面设计:周小玮
责任印制:王少华　张　丽

图书在版编目(CIP)数据

宋代青白瓷的历史地理研究 / 黄义军著 . — 北京:
文物出版社,2010.9
ISBN 978 - 7 - 5010 - 3019 - 4

Ⅰ.①宋… Ⅱ.①黄… Ⅲ.①青白瓷(考古)—历史
地理—研究—中国—宋代　Ⅳ.①K876.34

中国版本图书馆 CIP 数据核字(2010)第 169960 号

宋代青白瓷的历史地理研究

黄义军　著

文物出版社出版发行

(北京市东直门内北小街 2 号楼)

http://www.wenwu.com

E - mail: web@wenwu.com

北京君升印刷有限公司印刷

新　华　书　店　经　销

850×1168　1/32　印张:10.75

2010 年 9 月第 1 版　2010 年 9 月第 1 次印刷

ISBN 978 - 7 - 5010 - 3019 - 4　定价:38.00 元